中国经济文库·应用经济学精品系列（二）

·河北省社会科学基金项目“京津冀协同发展背景下河北省农村社区养老体系的构建及创新研究”（项目编号：HB17GL076）结项成果

周爱玲◎著

保险公司投资农村养老社区研究
——以京津冀协同发展中的河北省为例

Study on Insurance Company Investing in Rural Aging Community

中国经济出版社
CHINA ECONOMIC PUBLISHING HOUSE
北 京

图书在版编目（CIP）数据

保险公司投资农村养老社区研究：以京津冀协同发展中的河北省为例／周爱玲著．-- 北京：中国经济出版社，2021.12（2023.8 重印）
ISBN 978-7-5136-6780-7

Ⅰ．①保… Ⅱ．①周… Ⅲ．①保险投资-农村-养老-社区服务-研究-河北 Ⅳ．①F842.5 ②D669.6

中国版本图书馆 CIP 数据核字（2021）第 261828 号

责任编辑 耿 园
责任印制 巢新强
封面设计 华子图文

出版发行 中国经济出版社
印 刷 者 北京建宏印刷有限公司
经 销 者 各地新华书店
开　　本 710mm×1000mm 1/16
印　　张 14.75
字　　数 210 千字
版　　次 2021 年 12 月第 1 版
印　　次 2023 年 8 月第 2 次
定　　价 78.00 元
广告经营许可证 京西工商广字第 8179 号

中国经济出版社 网址 www.economyph.com 社址 北京市东城区安定门外大街 58 号 邮编 100011
本版图书如存在印装质量问题，请与本社销售中心联系调换（联系电话：010-57512564）

序一

兜底基层　资源下沉　创新保险公司投资农村养老社区模式

中国人寿养老保险股份有限公司河北省中心总经理、党委书记　武丽英

由廊坊师范学院经济学院周爱玲院长撰写、中国经济出版社出版的《保险公司投资农村养老社区研究——以京津冀协同发展中的河北省为例》一书，是河北省社会科学基金2007年度项目“京津冀协同发展背景下河北省农村社区养老体系的构建及创新研究”（项目编号：HB17GL076）系列成果的集成。本书以习近平新时代中国特色社会主义思想为指导，深入贯彻党的十九大和十九届二中、三中、四中、五中、六中全会精神，以京津冀协同发展背景下河北省农村社区养老体系为研究对象，将农村养老社区建设纳入国家发展大局，把积极老龄观、农村社区健康老龄化理念融入京津冀全域环境之中，对于弘扬中华民族孝亲敬老传统美德，促进农村社区老年人养老服务、健康服务、社会保障等统筹发展，推动老龄事业高质量发展，走出一条中国特色的积极应对人口老龄化道路具有现实意义。特别是在保险公司投资农村养老社区的运行方式及实际操作的相关政策建议上，对京津冀协同发展背景下河北省农村社区养老拓展具有借鉴参考作用，值得一读。2021年11月14日发布的《中共中央 国务院关于加强新时代老龄工作的意见》中指出：“坚持党委领导，各方参与，充分发挥市场机制，提供多元化产品和服务；发展城乡社区两级养老服务网络，结合乡村振兴战略，加强农村养老服务机构和设施建设，发展互助式养老服务。”本书基于保险公司投资农村养老社区的研究，充分展现了市场机制下多元主体积极参与老龄事业的新局面。同时，本

书从河北省作为京津冀“三轴、四区、多节点”区域承接京津人口和产业转移的协同功能出发，衔接了国家区域发展重大战略，结合乡村振兴战略，在增强区域资源共享合力优势，提升养老服务均等化方面创新了思路，有助于农村养老社区布局，发展城乡社区两级养老服务网络。

纵观全书，作者论述分析了老龄化问题日趋严峻，社区养老有很大的发展空间的背景；初步提出完善农村养老体系契合了国家城乡融合发展战略和老龄化战略及其相关政策依据。在理论上，运用保险投资与养老社区建设的思维观念；以延伸到农村养老服务的金融保险产品切入，分析了我国保险公司投资养老社区的现状并进行了实证探讨。书中理论联系实际，翔实统计了京津冀三地在经济发展水平方面的差距、养老社区建设方面的问题，并运用SWOT模型方法进行战略分析，初步确立了保险公司投资河北省农村养老社区的发展方式及策略。这一发展策略体现了面向农村、问题导向、兜底基层、资源下沉的思维方式和实践举措，不失为保险公司服务农村养老的创新之举。

在中国共产党成立一百周年之际，习近平总书记反复强调，从十九大到二十大，是“两个一百年”奋斗目标的历史交汇期。我们既要全面建成小康社会、实现第一个百年奋斗目标，又要乘势而上开启全面建设社会主义现代化国家新征程，向第二个百年奋斗目标进军。农业农村现代化是社会主义现代化的重中之重，国务院印发的《“十四五”推进农业农村现代化规划》中提出，力争到2035年，乡村全面振兴取得决定性进展，农业农村现代化基本实现。这就要兜底基层、资源下沉、不断创新农村养老模式，延伸金融保险业服务农业农村现代化建设的服务链条，将老龄事业和农村社区养老发展纳入统筹推进“五位一体”总体布局和协调推进“四个全面”战略布局之中，落到实处见到实效。因此，期待作者在本书的基础上，再接再厉、潜心研究、深入农村、走进社区，总结保险公司创新农村社区养老运行模式的经验教训，形成更具应用价值的成果，为推进农业农村现代化服务。

序二

险资助力河北乡村养老　拓展协同发展新格局

中国人寿保险股份有限公司厦门市分公司副总经理（主持工作）黄伟

20 世纪 90 年代以来，我国保险业飞速发展，经历了由规模发展到质量发展的转型。目前，我国拥有完备的保险市场体系，保险品种和服务形式不断丰富，监管日趋完善，行业整体实力显著增强。截至 2021 年 10 月，我国保险总资产规模达 244420 亿元，保险资金运用余额达 225814 亿元，保险投资结构呈现多元化趋势，投资收益率基本稳定，保险业进入高质量发展阶段，在服务国家大局、提供民生服务方面作出了巨大贡献。

我国进入老龄化社会以来，保险机构积极参与国家养老服务供给，在全国各地纷纷布局保险养老社区，服务于中高端养老客户群体，开创了养老社区建设新局面，为完善养老服务体系贡献了保险力量。在老龄化程度不断加深的形势下，融合了"三农"问题和老龄化问题的农村养老问题成为阻碍乡村振兴和城乡融合发展的"堵点"和"痛点"，社区养老为其最优解决之道。建设农村养老社区、创新农村养老模式对于促进城乡养老资源流动、提升农村老人的养老保障水平和服务能力至关重要。本书在考察了保险养老社区的基本情况后，以河北省为例，研究了京津冀协同发展下河北省农村社区养老体系的构建及创新，具有较强的现实意义。主要贡献在于本书的研究契合了国家京津冀协同发展与老龄化战略大局，着眼于区域协同发展和城乡协调发展，在总结了全国主要保险养老社区投资情况、经营模式等内容的基础上，论证了河北省在城乡养老社区建设中引进保险资金的可行性，为推进京津冀养老服务协同发展、区域间养老服务均等化进程提供了一个思路，也为保险机构布局城乡养老产业提供了一定的参考。

目前我国各大保险机构投资的养老社区已经具有一定的市场影响力，随着老龄化程度的加深、人民生活水平的提高和对养老生活品质需求的提升，保险养老社区的吸引力不断增强，但也在经营管理方面逐渐暴露出一些问题。农村社区养老有着巨大的市场，城乡融合发展战略为构建完善农村养老体系带来新机遇，探索城乡融合体制下农村养老社区的建设不仅是完善农村养老体系的必要内容，也是保险公司服务农村养老、延伸保险服务价值链、提升行业影响力的关键所在。

多年来，河北省稳步推进协同发展，在产业转移、生态建设和交通一体化方面率先突破，凸显了其独特的区位优势、生态优势和交通优势，为提升区域城乡公共服务均等化水平奠定了基础。我们期待更多的险资入冀，握手燕赵大地，建设农村养老社区，完善城乡养老体系，使河北省不仅成为首都政治的“护城河”，而且成为首都养老的“后花园”，以其“山青、水秀、地肥、人美”的独特优势，构建京津冀生态安全屏障，不断拓展京津冀协同发展新格局。

目　录

引言　京津冀协同发展下建设农村养老社区是构建河北省农村养老体系的发展方向

京津冀协同发展是国家区域经济发展的重大战略之一，对京津冀三地的区域功能定位以及经济发展有着重大的历史意义。从区域空间布局上看，河北省是“三轴、四区、多节点”的主要区域，其产业发展和城镇聚集是京津冀协同发展的支撑，是有序疏解北京非首都功能、承接京津人口和产业转移的主要基地。自2016年国家统计局、北京市统计局和中国社科院京津冀协同发展智库联合研究建立京津冀区域发展指数后，天津市统计局和河北省统计局每年开展检测评价。测算结果显示，2019年京津冀区域发展指数为167.72，较2018年提高7.59%①，表明京津冀协同发展稳步推进。三地不断完善基本公共服务共享机制，但区域内养老服务呈现不均衡态势，河北省各项指标明显偏低。比如，2019年区域每千人卫生技术人员增加至7.8人，但河北省该指标为6.4人②；2018年天津农村每万人医疗机构床位数为61.2张，河北省为45.1张③。

新形势下促进京津冀区域协同发展的基本思路是按照经济发展规律，发挥各地区比较优势，促进各类要素合理流动，形成优势互补、高质量发展的区域经济布局④，基本要求是实现基本公共服务均等化。养老、医疗等社会公共服务功能的均等化是区域协调发展的民生底线。京津冀三地经济发展水平

---

① 国家统计局. 京津冀区域发展指数持续提升［EB/OL］，［2020－09－29］. http://www.stats.gov.cntjsjzxfb/202009/t20200928_1791984.html.

② 根据2019年统计公报计算得出。

③ 资料来源：国家统计局网站。

④ 习近平. 习近平谈治国理政：第三卷［M］. 北京：外文出版社，2020：270-273.

存在明显差距，在养老社区建设方面，京津两地具有资金、人才和医疗卫生资源优势，但是土地资源紧张。河北省尤其是农村地区拥有丰富的土地资源，良好的生态环境，丰富的温泉、森林等资源，加上其邻京津、环雄安的区位优势和毗邻大兴机场的交通优势，发展养老社区有着得天独厚的自然条件和人文基础，对于京津地区的老年人来说有很大的吸引力。同时，对于虹吸效应带来的“干活在城市，根基在农村”的离村打工的“原生”居民来说，落叶归根的情结使得社区养老成为河北农村地区的一种发展趋势。在此背景下，2016 年 5 月，河北省政府正式印发《河北省“大健康、新医疗”产业发展规划（2016—2020 年）》，明确指出河北将建设环京津健康养老产业圈，打造绿色生态医疗健康和老年养护基地，为河北省发展建设农村养老社区提供了发展目标。河北省借力国家战略，引入京津地区的保险资金和高效高质的养老服务，促进京津冀各类要素合理流动，优势互补；融合生态养老、健康养老理念，培育养老特色小镇，以点带面，打造养老服务产业群，不断完善河北省农村社区养老体系，为京津冀三地老人提供优质服务，缓解京津养老压力并承接雄安新区养老服务，有助于构建协同养老服务体系，实现京津冀协同发展。所以，构建和完善河北省农村养老体系是京津冀协同发展的重要内容和推动京津冀协同发展的重要抓手之一，建设发展河北省农村养老社区是构建、完善河北省农村社区养老体系的发展方向。

第一章　绪　论

第一节　研究背景

一、老龄化问题日趋严峻，养老社区有很大的发展空间

（一）人口老龄化

人口老龄化是指人口年龄分布向老龄化转变，其中的一个表现就是老年人比例的增加。就描述人口结构指标而言，最简单、最常见的标准是65岁及65岁以上人口的百分比和中位年龄，而涉及与人口老龄化有关的社会保护时，经常使用老年抚养比指标。联合国人口司第一任司长Frank Notestein在人口司出版的《标准指标汇编》中介绍了老年抚养比，指出这是用来估计与老年人口比例不断增加有关的经济依赖程度的第一个指标①。国家统计局数据显示（见图1-1），1949年以来，我国人口发展经历了几个阶段。第一阶段（1949—1957年）为中华人民共和国成立初期的高速增长期。在常住人口出生率平均高达35.7‰的条件下，常住人口自然增长率以年均0.9个千分点的增速迅速由1949年的16‰上升到1957年的23.23‰，为中华人民共和国成立后的生产生活进行了必要的劳动力储备。第二阶段（1957—1961年）为短期

① United Nations Department of Economic and Social Affairs, Population Division. World Population Ageing 2019 [EB/OL]. New York, 2020. https://www.un.org/development/desa/pd/sites/www.un.org.development.desa.pd/files/files/documents/2020/Jan/un_2019_worldpopulation ageing_report.pdf.

急剧下降阶段。自然灾害致使出生率下降、死亡率上升，常住人口自然增长率迅速下降，1960 年甚至出现了罕见的-4.57‰的人口负增长。在第三阶段（1961—1980 年），常住人口自然增长率整体上趋于下降，但整体水平较高，与同阶段的出生率变化趋势基本吻合，尤其在 1962—1969 年的第二次生育高峰，人口自然增长率保持在年均 27.7‰的高速，主要是由于当时还没有形成稳定的生育政策。第四阶段（1980—2016 年）为有计划地稳定增长阶段。1980 年刚性计划生育政策全面实行，老年人口的数量和比重一直处于较低水平，老龄化问题逐渐浮出水面。该阶段生育政策经历了从全面的计划生育政策到 2013 年的单独“二孩”政策，再到 2016 年的全面“二孩”政策，人口增长规模得到有效控制。同时在这一阶段，我国经济社会生活发生了巨大变化，医疗水平和人们的生活水平不断提高，预期寿命不断延长，人们的生育观念也发生了改变，人口结构发生了重大改变。1999 年我国进入了老龄化社会，之后老年人口的数量和在总人口中的比重不断上升(见表 1-1)，老龄化问题随之而来。2012 年，中国人口年龄中位数已达到了 35.12 岁①，65 岁及以上人口占比达 9.40%，老年抚养比为 12.7%。在第五阶段（2016 年至今），在全面“二孩”政策下，我国的人口出生率和自然增长率依然逐年下降，相对应地老龄化程度日趋加重，至 2019 年底，我国 65 岁及以上人口总量达 17725 万，占总人口的 12.57%，当年的老年抚养比为 17.8%（见表 1-1）。

① 资料来源：世界卫生组织官方网站（http://data.un.org/Data.aspx?q=ageing&d=WHO&f=MEASURE_CODE%3aWHS9_88）。

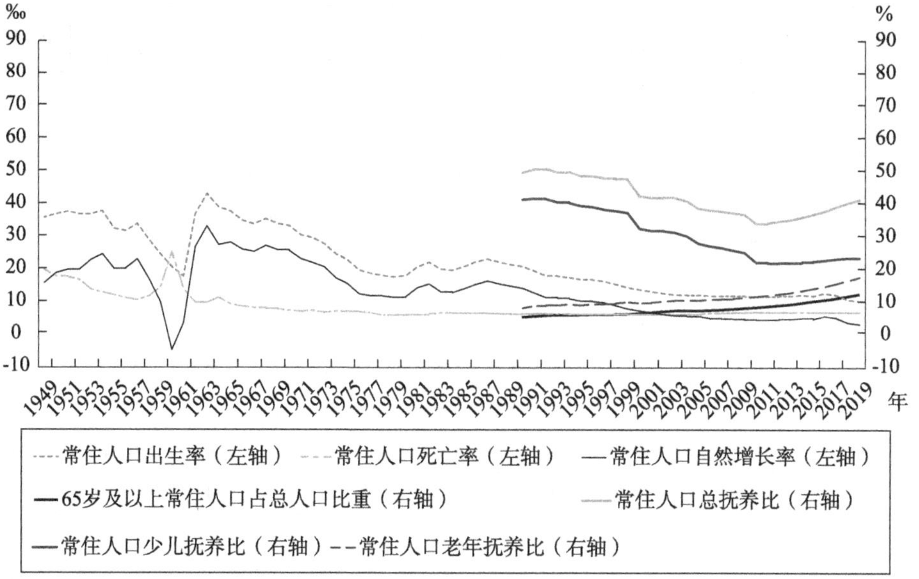

图 1-1　1949—2019 年中国人口发展状况

注：1. 总抚养比=（0~14 岁人口数+65 岁及以上人口数）÷15~64 岁人口数。2. 少儿抚养比=0~14 岁人口数÷15~64 岁人口数。3. 老年抚养比=65 岁及以上人口数÷15~64 岁人口数。

资料来源：国家统计局官方网站、中经网数据库。

表 1-1　1980—2020 年中国各阶段年龄人口比例及老龄化程度

年份	年末总人口/万人	0~14 岁人口/万人	15~64 岁人口/万人	65 岁及以上人口/万人	总抚养比/%	少儿抚养比/%	老年抚养比/%	65 岁及以上人口比例/%
1980	98705	—	—	—	—	—	—	—
1981	100072	—	—	—	—	—	—	—
1982	101654	34146	62517	4991	62. 6	54. 6	8	4. 91
1987	109300	31347	71985	5968	51. 8	43. 5	8. 3	5. 46
1990	114333	31659	76306	6368	49. 8	41. 5	8. 3	5. 57
1991	115823	32095	76791	6938	50. 8	41. 8	9	5. 99
1992	117171	32339	77614	7218	51	41. 7	9. 3	6. 16
1993	118517	32177	79051	7289	49. 9	40. 7	9. 2	6. 15
1994	119850	32360	79868	7622	50. 1	40. 5	9. 5	6. 36

续表

年份	年末总人口/万人	0~14岁人口/万人	15~64岁人口/万人	65岁及以上人口/万人	总抚养比/%	少儿抚养比/%	老年抚养比/%	65岁及以上人口比例/%
1995	121121	32218	81393	7510	48.8	39.6	9.2	6.20
1996	122389	32298	82245	7845	48.8	39.3	9.5	6.41
1997	123626	32093	83448	8085	48.1	38.5	9.7	6.54
1998	124761	32064	84338	8359	47.9	38	9.9	6.70
1999	125786	31950	85157	8679	47.7	37.5	10.2	6.90
2000	126743	29012	88847	8821	42.6	32.6	9.9	6.96
2001	127627	28716	89849	9062	42	32	10.1	7.10
2002	128453	28773	90302	9377	42.2	31.9	10.4	7.30
2003	129227	28559	90976	9692	42	31.4	10.7	7.50
2004	129988	27947	92161	9879	41	30.3	10.7	7.60
2005	130756	26543	94144	10068	38.8	28.1	10.7	7.70
2006	131448	26027	95037	10384	38.3	27.3	11	7.90
2007	132129	25633	95794	10702	37.9	26.8	11.1	8.10
2008	132802	25232	96547	11023	37.4	26	11.3	8.30
2009	133450	24688	97419	11343	36.9	25.3	11.6	8.50
2010	134091	22259	99898	11934	34.2	22.3	11.9	8.90
2011	134916	22261	100378	12277	34.4	22.1	12.3	9.10
2012	135922	22427	100718	12777	34.9	22.2	12.7	9.40
2013	136726	22423	101041	13262	35.3	22.2	13.1	9.70
2014	137646	22712	101032	13902	36.1	22.5	13.7	10.10
2015	138326	22858	100992	14476	37	22.6	14.3	10.47
2016	139232	23252	100943	15037	37.9	22.9	15	10.80
2017	140011	23522	100528	15961	39.2	23.4	15.9	11.40
2018	140541	23751	100065	16724	40.4	23.7	16.8	11.90
2019	141008	23661	99622	17725	41.5	23.8	17.8	12.57
2020	141178	25338	96776	19064	45.9	26.2	19.7	13.50

资料来源：国家统计局官方网站。

（二）我国养老产业有很大投资空间

2019年6月，联合国经济和社会事务部人口司发布《世界人口展望2019：发展提要》①，指出世界人口继续老龄化，预计到2050年，全世界65岁及以上老年人口比例将由2019年的9.1%上升至15.9%。而据相关预测，全世界老年抚养比将由1950年的8.4%增至25.3%，年龄中位数升至36.2岁，80岁以上的高龄人口增速甚至会超过65岁及以上人口增速，其数量将从1.43亿人增加至4.26亿人，2100年预计将增至8.91亿人。东南亚地区65岁及以上的人口数量将是2019年的2倍，占比预计将由2019年的11%升至24%。就中国而言，2020—2050年，预计65岁及以上人口比例由12%升至26.1%，老年抚养比由17%提高到43.6%②，人口年龄中位数由38.4岁提高为47.6岁，15岁以下人口比例则由17.7%下降到13.8%（见表1-2）。与同阶段世界平均水平相比，我国人口呈现“三高一低”状态，即65岁及以上人口比例、老年抚养比和人口年龄中位数高于世界平均水平，而15岁以下人口比例低于世界平均水平。这意味着中国的老龄化是年龄中位数增加、老年人口比例上升、少儿人口比例下降和老少比增长的年龄结构变动，是典型的人口老龄化③。老龄化加深意味着劳动年龄人口在总人口中的比例下降。在世界范围内，潜在支持率（25~64岁劳动年龄人口与65岁及以上人口的比例）处于下降态势。据联合国经济和社会事务部预测，到2050年，东亚或东南亚地区的潜在支持率将低于2%。较低的潜在支持率突现了老龄化对劳动力市场和经济表现的潜在影响，以及许多国家在未来几十年可能面临的公共卫生保健、养老金和老年人社会保护计划等方面的财政压力。从老龄化的情况来看，我国“三高一低”的状态意味着我国的压力将远远高于世界平均水平（见表1-2）。

---

① United Nations Department of Economic and Social Affairs, Population Division. World Population Ageing 2019 [EB/OL]. New York, 2020. https://www.un.org/development/desa/pd/sites/www.un.org.development.desa.pd/files/files/documents/2020/Jan/un_2019_worldpopulation ageing_report.pdf.

② 参照表1-1，根据中国国家统计局数据，2020年中国真实老龄化程度比预测的还要严重，65岁及以上人口比例已超过12%，为13.5%，老年抚养比也比预测的17%要高2.7个百分点（达到19.7%）。

③ 杜鹏．中国人口老龄化过程研究［M］．北京：中国人民大学出版社，1994：38.

表 1-2　1950—2100 年世界和中国人口老龄化（预测）情况

年份	总抚养比/%		少儿抚养比/%		老年抚养比/%		0~14 岁年龄人口比例/%		65 岁及以上人口比例/%		总人口的中位年龄/岁	
	世界	中国	世界	中国	世界	中国	世界	中国	世界	中国	世界	中国
1950	64.9	62.5	56.5	55.3	8.4	7.2	34.3	34	5.1	4.4	23.6	23.9
1955	68.4	71.4	59.9	64.5	8.5	6.9	35.6	37.6	5	4.1	23.1	22.2
1960	72.8	77	64.2	70.5	8.6	6.5	37.2	39.8	5	3.7	22.6	21.3
1965	75.4	80.5	66.5	74.3	8.9	6.2	37.9	41.2	5.1	3.4	22	19.8
1970	75	79.1	65.7	72.4	9.3	6.7	37.5	40.4	5.3	3.7	21.5	19.3
1975	73.7	78.3	64	71.1	9.7	7.3	36.8	39.8	5.6	4.1	21.9	20.3
1980	70.1	68.4	60.1	60.5	10	7.9	35.3	35.9	5.9	4.7	22.6	21.9
1985	65.9	56.4	56	48.1	9.9	8.3	33.8	30.7	5.9	5.3	23.3	23.5
1990	63.9	52	53.8	43.5	10.1	8.6	32.8	28.6	6.2	5.6	24	24.9
1995	62	49.6	51.4	40.4	10.6	9.2	31.7	27	6.5	6.1	25.1	27.4
2000	58.7	46.2	47.8	36.2	10.9	10	30.1	24.8	6.9	6.8	26.3	30
2005	54.8	38.6	43.6	28.2	11.2	10.4	28.1	20.4	7.3	7.5	27.4	32.6
2010	52.8	36.5	41.2	25.5	11.6	11	27	18.7	7.6	8.1	28.5	35
2015	52.4	37.7	39.9	24.9	12.6	12.9	26.2	18.1	8.2	9.3	29.6	36.7
2016	52.6	38.5	39.7	24.9	12.9	13.6	—	—	8.4	9.8	—	—
2017	52.8	39.4	39.6	25	13.2	14.4	—	—	8.7	10.3	—	—
2018	53	40.4	39.4	25.1	13.6	15.3	—	—	8.9	10.9	—	—
2019	53.2	41.4	39.2	25.2	14	16.2	—	—	9.1	11.5	—	—
2020	53.3	42.2	39	25.2	14.3	17	25.4	17.7	9.3	12	30.9	38.4
2025	53.8	44.8	37.8	24.5	16	20.3	24.9	16.9	10.4	14	32	40.2
2030	54.5	48.4	36.5	23.4	18	25	24.5	15.7	11.7	16.9	33	42.6
2035	55.7	54.9	35.4	22.9	20.2	32	24.5	14.6	13	20.7	33.9	45
2040	56.8	61.3	34.7	23	22.2	38.3	24.6	14	14.1	23.7	34.6	46.3
2045	57.6	64.1	34	23.2	23.6	40.9	24.9	13.9	15	24.9	35.4	47.2
2050	58.8	67.3	33.5	23.7	25.3	43.6	25.2	13.8	15.9	26.1	36.2	47.6
2055	60.6	75.8	33.2	24.8	27.4	51	25.7	13.6	17.1	29	36.9	47.8
2060	61.5	78	32.7	24.9	28.8	53.1	26.4	13.4	17.8	29.8	37.6	48.2
2065	61.8	78.2	32	24.8	29.8	53.4	27.1	13.2	18.4	30	38.2	48.8

续表

年份	总抚养比/%		少儿抚养比/%		老年抚养比/%		0~14岁年龄人口比例/%		65岁及以上人口比例/%		总人口的中位年龄/岁	
	世界	中国	世界	中国	世界	中国	世界	中国	世界	中国	世界	中国
2070	62.1	77.8	31.5	24.6	30.7	53.1	27.8	13	18.9	29.9	38.7	49.2
2075	62.8	78.4	31	24.8	31.8	53.7	28.6	13	19.5	30.1	39.2	49.3
2080	63.7	80.4	30.6	25.1	33	55.3	29.4	12.9	20.2	30.6	39.7	49.2
2085	64.6	82.4	30.3	25.5	34.3	56.9	30.2	12.9	20.8	31.2	40.3	49.1
2090	65.4	83.3	29.9	25.6	35.5	57.7	31	12.8	21.4	31.5	40.8	49.2
2095	66.1	83.6	29.5	25.5	36.6	58.2	31.8	12.7	22	31.7	41.3	49.4
2100	66.8	83.9	29.1	25.4	37.7	58.6	32.6	12.6	22.6	31.8	41.9	49.7

资料来源：UN Department of Economic and Social Affairs Population Dynamics. World Population Prospects 2019 [EB/OL]. https://population.un.org/wpp/Download/Standard/Population/.

随着我国老龄化程度的不断加深，对养老产业的需求越来越大，对养老问题的关注越来越多。中共中央、国务院2019年11月21日印发了《国家积极应对人口老龄化中长期规划》（以下简称《规划》），将应对老龄化上升为国家战略。《规划》明确要求“健全以居家为基础、社区为依托、机构充分发展、医养有机结合的多层次养老服务体系，多渠道、多领域扩大适老产品和服务供给，提升产品和服务质量”。南开大学社会工作与社会政策系吴帆教授指出，高质量的养老服务的供给主体不仅包括政府，也包括社会和企业，养老服务体系内容包含医、养、住、行等诸多方面。在养老服务已然成为社会基础公共服务的同时，养老产业发展空间相当广阔。综观当前居家养老、社区养老和机构养老三种养老模式在我国的基本情况，其分布比率约为：居家养老占96%、社区养老占1%、机构养老占3%。不管是“9073”① 还是“9802”② 养老规划，无论社区养老的标准如何界定，居家养老都是中国人最

① “90”指90%的老人居家养老、“7”指7%的老人社区养老、“3”指3%的老人机构养老。最早出自2007年1月24日颁布的《上海民政事业发展十一五规划》。2010年，在与养老产业相关的公开报道中开始出现“9073”的提法，并逐渐成为很多地方民政部门养老政策制定的基础性依据和发展目标，但并未在国家层面以文件形式得到确认。

② 该观点认为，居家养老的比重会达到98%左右，社区养老基本可以忽略不计，机构养老占比近期也达不到3%，应当是2%。

愿意选择的养老方式，而养老社区则是居家养老的重要依托。加上日益增加的高端化、个性化老龄服务需求，养老服务及其产业链建设必将积极跟进，中国养老市场规模将大幅扩大，养老社区发展的空间将相当可观。

二、国内外养老社区蓬勃发展，资金需求量大

在老龄化程度不断加深的过程中，养老社区应运而生。与中国的养老社区相比，国外的养老社区建设时间较早，发展时间更长。早在 20 世纪，美国、英国、法国和日本等发达国家就进入了人口老龄化。在这些发达国家，社会养老的绝大部分责任都由养老社区来担负，以期在提升老年人生活质量的同时，不让养老成为整个社会的负担。美国的太阳城、日本的港北新城等都是世界知名的养老社区。

（一）国外养老社区发展情况

社区养老的概念最早产生于"二战"后的英国，此后受到世界各国的重视。目前，除了熟知的英国社区式居家养老模式，还有美国的"社区—国家"型养老模式、日本的护理保险制度（强调社区在居家护理、生活照料等方面的责任）等。

1. 英国

英国最早步入老龄化，老龄产业发展相对完善。最早的社区服务是为了让智障人士或精神疾病患者享有正常人的待遇，能够融入日常生活环境，其服务对象是这些特定的人。"二战"以后，英国的政界和学术界人士提出了"去机构化"的建议。20 世纪 70 年代后期，英国社会老龄化程度明显加剧，1985—2010 年统计数据显示，英国 65 岁及以上老年人口数达到了 1000 万，增长了 20%，占英国总人口的 17%以上，其中有多达 140 万名 85 岁以上的老年人。英国政府无力承担如此严峻的老龄化局面下的财政支出，所以，20 世纪七八十年代，英国开始启用地方政府和非营利机构提供养老服务，90 年代起，社会机构甚至个人也被允许提供养老服务。服务主体数量增加，不仅政府负担得到了一定的减轻，服务质量也得到了提升。

2. 美国

在养老社区发展方面，美国后来居上。世界上最早的养老社区是美国亚利桑那州的太阳城养老社区，可追溯到20世纪四五十年代房产开发商Del Webb在亚利桑那州马里科帕县建立的第一个养老社区——杨格镇养老社区。由于美国人口老龄化问题日益显现、《住房法》的颁布等，20世纪60年代初开始兴建的太阳城养老社区，在20世纪80年代建成后声名远扬。至2000年，Del Webb公司已经在美国兴建了13个名为“太阳城”的大型养老社区，分布在全美各地。“太阳城”作为美国养老社区的品牌，成为全世界养老社区的典范。太阳城养老社区，实质上属于一种养老地产，开发商负责完成房产开发及配套设施建设工作，由社区成员组成的志愿组织CA负责社区的日常运营活动。这种模式被全美所有太阳城养老社区所采用。CA成员必须由社区居民全体投票产生，并依据社区制定的相关规章制度开展与社区有关的日常工作。社区管理的资金来源于社区居民缴纳的年费和设施使用费。太阳城房屋均价为15万~34万美元，居民购买太阳城养老社区的不动产后，不动产将成为私有财产，居民可向任何符合太阳城居住条件的个人出售。在太阳城养老社区生活的普通老人，每月大概有500美元的基本支出。老人们可以在太阳城的餐馆里有偿用餐，每月只需缴纳几十美元。同时，美国的医疗保险体系比较完善，美国公民在公立医院看病通常不需要花钱，太阳城的非营利组织也常常为老人提供多种医疗保健服务。因此，生活在太阳城里的老人在饮食与医疗两方面的花费较少。美国太阳城养老社区获得成功的主要原因有三点：一是与美国的本土文化有关，美国老人喜欢独自生活，愿意选择养老社区方式养老；二是太阳城成熟的运营与管理模式、较低的成本，以及丰富的服务内容，为老年人的生活提供了诸多便利；三是太阳城与政府、非营利组织和基金会等的互动交流顺畅，能获得政策、资金等方面的支持，可持续发展动力较强。

3. 日本

即使从世界范围来看，日本的养老社区发展也较为成功。“二战”中日本损失了大量青壮年劳动力，生育率也因此受到巨大影响，战后不久即转变为老龄化社会。据统计，1975年，日本大于65岁的老年人口已有739万，占总人口的7.1%，标志着日本老龄化社会正式拉开序幕。早在20世纪60年代，日本根据老龄化、少子化和家庭养老模式逐渐退化的实际情况，对国内社区养老服务给予了相当多的关注，经过几十年的社会实践及发展，形成了相对完善的法律法规、政策及市场体系，组织形式种类繁多，服务内容丰富全面。日本的社区养老体系主要由政府主导型、政府资助下的民间组织、志愿者及其组织和企业主导型四种组织形式构成。随着老龄化程度的日益加深，日本政府也同样面临财政负担的问题，相关政策也悄然发生改变，鼓励通过社会的、民间的力量和组织发展养老服务组织，提升服务质量，为老年人提供适老的居住环境。

从实践来看，国外养老社区主要有共同住宅（Cohousing）、自助/互助小组（Self-Help and Mutual Aid Groups）、LETS（Local Exchange and Trading Schemes）、时间银行（Time Bank）等几种形式。这些组织形式在不同国家和不同时期发挥着重要作用。随着老龄化程度加深和政府财政负担不断加重，各国都在不断探索新的运营方式和组织形式，为更多的老人提供更好的养老服务。

（二）国内养老社区建设情况

与美国和日本相似，我国早期养老服务的提供者也是政府投资或非营利组织开办的养老院、福利院等机构，服务于城市低保户，农村五保户或无家人照看的失能、不能自理的老人。多数老人是不得已才选择入住养老院或福利院，而大部分中国人也认为将家中老人送进养老院是不孝之举，加上养老院设施条件和服务质量一般，所以养老院入住率不高。随着老龄化问题日趋严重，人们的思想观念也发生了改变，入住养老院不再被看作无奈之举和不孝之举。同时，部分社会经营的养老机构服务质量不断提升，而且随着人们生活水平的提高和退休老人对养老需求的增加，越来越多的高端营利性养老机构开始出现。

1. 北京太阳城养老社区

北京太阳城是我国第一家由民营企业主办的、从事健康养老事业的持续照料退休社区（Continuing Care Retirement Community，CCRC）。北京太阳城位于北京市昌平区小汤山镇，周边交通便利，附近有百里长河、千亩果园、万亩草坪，2000年开始建设。经过十多年的建设发展，社区内医院、超市、银行各项配套设施齐全，可为社区老人提供医疗、商业、娱乐等方面的服务。同时，旗下各企业以健康持续养老为主业，形成了集医疗、饮食、娱乐于一身的健康养老产业链。在运营模式方面，通过合理调配内部产业结构比例，实现了资金运作上的平衡。除了出售的房产，其内部养老公寓采取租赁模式，是自持物业。太阳城运营收入主要有房产销售收入、租金收入、综合商业服务收入、自有物业收入和其他相关收入。

2. 乐城养老恭和苑项目

“恭和苑”是乐城集团的养老品牌，由成立于2007年的乐城老年实业投资有限公司（以下简称“乐城养老”）负责投资运营，目前已经布局了北京、浙江和海南等地，拥有北京双井恭和苑、海南海口恭和苑、浙江慈溪恭和苑等运营项目（见表1-3）。其中双井恭和苑位于北京市CBD核心，是乐城养老的旗舰项目，还是北京市“医养结合”的试点单位。恭和苑的市场定位为满足高端人群的养老需求，收费较高，入住老人享受到的服务涉及养老居住、饮食、基本照护、休闲娱乐及基本医疗保障。在老年人群收入日趋增加、对养老品质要求越来越高的情况下，类似恭和苑的高端养老模式应该会有更大的发展空间。

表1-3 乐城养老恭和苑项目一览表

恭和苑项目	地址	基本情况	功能或定位
北京双井恭和苑	北京市东三环国贸核心区域	占地1.3万平方米，地上建筑面积2.37万平方米，地下建筑面积8000平方米，269个套间	健康公寓、餐饮中心、养护中心、休闲中心
北京双桥恭和家园	北京市朝阳区东五环广渠路双桥出口	占地27237平方米，建筑面积45707平方米，绿化率30%，容积率1.35，365个套间	国内首个集中式居家养老社区

续表

恭和苑项目	地址	基本情况	功能或定位
北京朝阳恭和老年公寓	北京市朝阳区茂兴西路7号	占地5649.2平方米，建筑面积20881平方米，199个套间，469张床位	居住区、接待区、活动区、餐饮区、空中花园
北京半壁店恭和家园	北京市通州区怡乐中街与京洲北街十字路口西行200米	占地48746.47平方米，建筑面积109679.55平方米，绿化率30%，容积率2.25，876个套间	产权式居家养老社区
海南海口恭和苑	海南省海口市美兰区海甸岛颐园路三号	占地22560平方米，296个套间	健康公寓、餐饮中心、养生会所、医疗中心、生活广场
浙江慈溪恭和苑	浙江省宁波市慈溪市古塘街道清源路75号	占地40亩，建筑面积2.8万平方米，142个套间	健康公寓、餐饮中心、养护中心、生活广场

资料来源：乐城养老官方网站(http://www.ycsenior.com/)。

3. 上海亲和源项目

亲和源集团有限公司成立于2005年，专门从事高端养老社区的投资、开发、建设、运营。上海康桥老年公寓作为其旗舰店，于2008年开始运营，至今运营状况良好。近年来，亲和源在上海、浙江、辽宁、海南等地探索连锁经营模式（见表1-4）。亲和源是企业主导下的养老模式，运营模式采取会员制，与台湾长庚养生文化村类似。老人通过一次性购买社区居住权并每年缴纳年费的方式，获得社区提供的各种养老服务，不拥有社区房屋的产权。亲和源是属于高端人群的养老社区，其目标客户群定位为高级知识分子及高级干部。入住亲和源的老人需要每月缴纳2000~6000元的服务费。上海康桥老年公寓的运营收益主要包括老年服务、老年护理和公寓租赁三个部分，运营收益中有一些资金被用作社区的运营维护，还有一些资金转化为企业的利润。社区配备了阅览室、运动场、舞蹈房等，为老人提供了大量的优质养老服务，老人可以根据自己的爱好进行娱乐休闲活动。另外，上海康桥老年公寓在内部管理和服务上有自己的义工组织，并把时间银行管理模式引入义工组织管理，既提升了服务水平和服务能力，又大大降低了老人使用服务的成本。

表 1-4 亲和源项目情况

亲和源项目	地址	基本情况	性质或定位
亲和源·上海康桥老年公寓	上海市浦东新区康桥镇秀沿路 2999 弄	占地 125 亩，建筑面积达 10 万平方米，838 套房间	全国首家会员制养老社区
亲和源·迎丰老年公寓	上海市浦东康桥秀沿路 1670 弄 6 号	建筑面积近 2 万平方米，公寓 126 套，照护单元 65 间	一站式持续照料养老项目
亲和源·杭州老年公寓	浙江省杭州市下城区德胜中路 415 号	占地面积 1.1 万平方米，总建筑面积 4.76 万平方米，256 间老年公寓、126 个护理床位	杭州精品养老标杆项目
亲和源琳轩养生源	浙江省海宁市硖石街道赞山路 6 号	总建筑面积 9 万多平方米，园区内近 600 套精装养生公寓	海宁首家高端会员制养老社区
亲和源·象山老年公寓	宁波市象山大目湾新城来薰路 1999 号	占地 100 亩，总建筑面积 88662 平方米，可容纳 1500 余位老人	不老小镇
亲和源·台州红豆杉颐养苑	台州市黄岩区江口街道西岙村	总规划 110 亩，目前建设用地 50 亩	在建的医养结合高端旅居养老项目
乐龄怡养亲和源	辽宁营口望儿山风景区	规划用地 40 万平方米，建筑面积约 45 万平方米	东北的唯一一家实体产业基地
亲和源·青岛老年公寓	青岛市市北区重庆南路 99 号丙楼	建筑面积约 3 万平方米，223 间精致套房	琴岛长者爱养之家
海南亲和源·熟年俱乐部	海南三亚清水湾	78 套一线海景舒适套房	持续照料退休社区

资料来源：亲和源官方网站(http://www.qinheyuan.com/company_profile.html)。

总之，国内外养老社区实践表明，养老社区主要为有养老需求的老人提供固定的集中居住场所并提供配套服务，一般建设在风景优美、交通便利、配套服务齐全的区域或者社区。目前养老社区的客户群体多为有较高、稳定收入的中产阶层。养老社区对投资的依赖性非常强，投资周期长、资金需求量大，成熟养老社区运营能力与盈利能力的强弱直接影响其能否生存及是否具有可持续性。国家财政负担的增加为民间资本和企业投资养老社区提供了可能性，大量稳定的资金储备和必要的经营管理经验则是投资建设养老社区并使其持续发展的基本要求。

三、我国保险业发展迅速，有规模巨大的可用资金

1805 年，我国第一家保险公司——谏当保安行成立，意味着现代意义上的保险业在我国出现。1865 年，上海华商义和保险公司成立，我国有了第一家民族保险公司。至今，我国保险业历经了四大发展阶段（见图 1-2），真正得到发展是在 1979 年以后的这两个阶段。2002 年以后，我国保险业快速发展，在国民经济社会发展中的地位越来越重要，经历了由规模发展向质量发展的转型，直到今天的高质量发展时期。目前，我国拥有包括保险公司、再保险公司、保险中介机构、保险资产管理公司等在内的完备的保险市场体系，保险产品种类和服务形式不断丰富，监管日趋完善，行业整体实力显著增强，服务经济社会能力大幅提高，社会影响和社会地位不断提升。

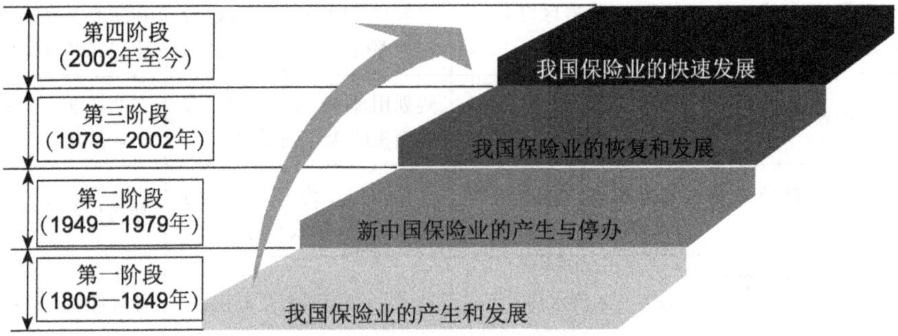

图 1-2　我国保险业发展历程

20 世纪 90 年代起，我国保险业以年均 20%~30%的速度高速发展，保险资产总量稳步提升，2020 年总量达 232984.3 亿元，是 2002 年的近 38 倍（见图 1-3），其中保险资产管理公司总资产为 760.63 亿元。原保费收入持续增长，至 2020 年总额达 45257.34 亿元，其中寿险原保费收入为 33328.76 亿元，占总保费的 73.64%，保险深度和保险密度也明显提高（见图 1-4）。保险行业整体实力显著增强，偿付能力充足率较高，风险评级为 A 类和 B 类的公司占到绝大多数（见表 1-5）。但同时，保险业也面临着前所未有的挑战。

从保费收入增速上看，2011 年是转折点，不仅是最低点而且出现了负增长，但也是我国保险业由追求规模发展的野蛮增长向追求质量、效益、品质发展的转折（见图 1-4）。经过近十年的调整，在新冠肺炎疫情的影响下，2020 年我国保险业发展没有达到 5%的保险深度和 3500 元/人的保险密度的目标（见图 1-5）。

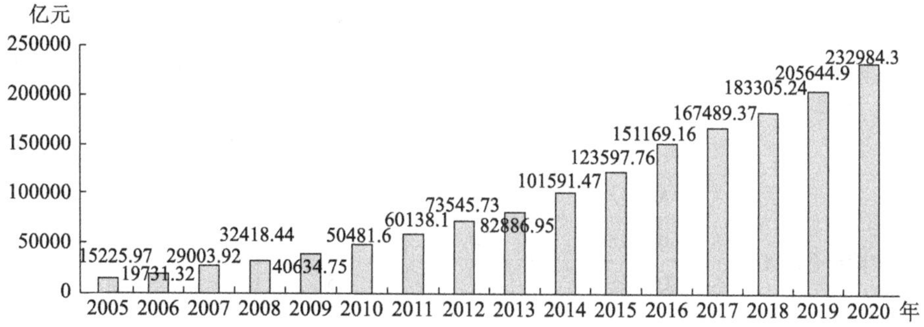

图 1-3 2005—2020 年中国保险资产总量

资料来源：中国银保监会官方网站。

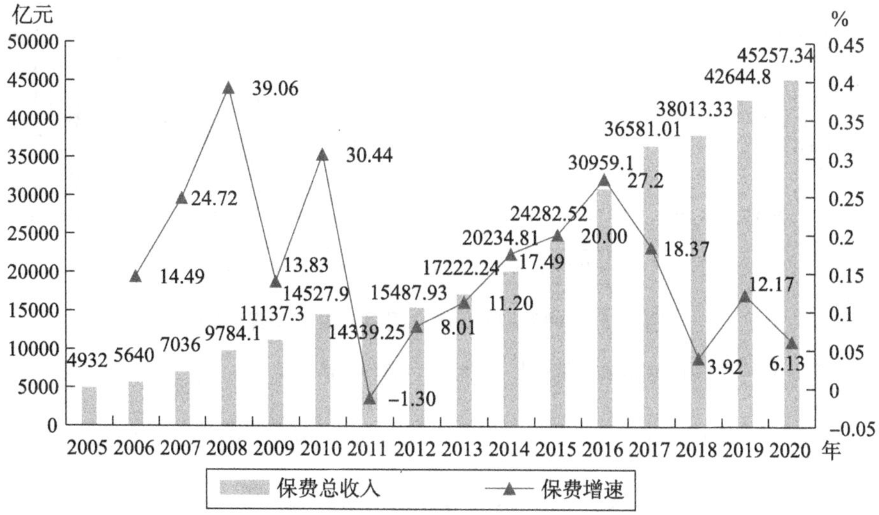

图 1-4 2005—2020 年中国保险保费及其增速

资料来源：中国银保监会官方网站、中国国家统计局官方网站等。

表 1-5　我国保险公司 2020 年偿付能力情况

指标	机构类别	第一季度末	第二季度末	第三季度末	第四季度末
综合偿付能力充足率/%	保险公司	244.6	242.6	242.5	246.3
	财产险公司	288.1	276.7	267.6	277.9
	人身险公司	237.3	236.4	236.5	239.6
	再保险公司	290.3	286.1	321.6	319.3
核心偿付能力充足率/%	保险公司	233.6	230.4	230.5	234.3
	财产险公司	255.5	247.6	240.2	248.9
	人身险公司	229.3	226.6	226.9	230.3
	再保险公司	273.9	270.9	304.7	296.2
风险综合评级/家	A 类公司	102	99	98	100
	B 类公司	72	72	73	71
	C 类公司	3	5	5	3
	D 类公司	1	1	1	3

资料来源：中国银保监会官方网站。

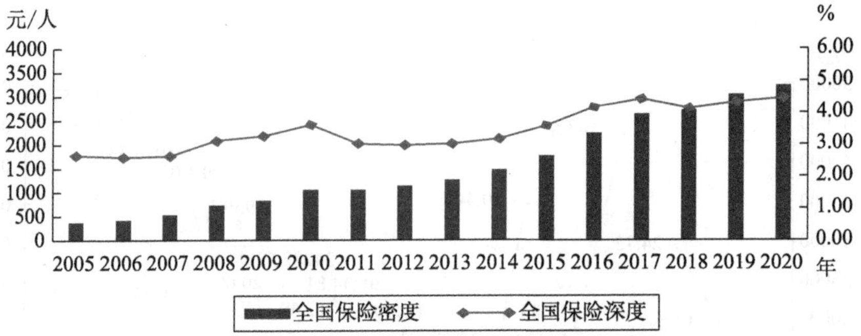

图 1-5　2005—2020 年中国保险深度与保险密度

资料来源：中国银保监会官方网站、国家统计局官方网站等。

党的十九大以来，党中央多次就推动高质量发展作出指示与部署。“五位一体”总体布局下的高质量发展，是基于创新、协调、绿色、开放、共享的新发展理念，以高质量的经济发展为中心、高质量的政治发展为保障、高质量的文化发展为灵魂、高质量的社会发展为条件、高质量的生态文明发展为基础的发展，是“五位”高质量联动、统筹兼顾的发展。在此背景下，必然要求保险业的高质量发展。2020 年 1 月，中国银保监会发布《关于推动银行业和保险业高质量发展的指导意见》，指出保险要回归其保障本性，充分发挥“减震器”和“稳定器”功效，更好地为经济社会发展服务，同时修订发布《保险公司偿付能力管理规定》，强化保险公司偿付能力监管，进一步提升对消费者权益的保护能力。尽管相对于其他行业，2020 年，保险业依然以较高的保费增速（6.13%）（见图 1-4）完美收官，但高速增长将不再重现，保险业必须开启以自身高质量发展为经济社会高质量发展提供高质量支撑的新征程。

四、国家监管政策逐步放开，险资服务养老支持力度不断加大

党和国家高度重视老龄事业发展和养老体系建设工作，颁布多项文件支持、改进养老服务。自 2005 年民政部颁布《关于支持社会力量兴办社会福利机构的意见》以来，在国家相关政策的引导下，以地产公司和寿险公司为代表的大公司相继加入养老社区的投资与建设，积极探索适合中国国情的养老社区发展模式和盈利模式。2012 年 7 月民政部出台的《民政部关于鼓励和引导民间资本进入养老服务领域的实施意见》和 2013 年 9 月国务院出台的《国务院关于加快发展养老服务业的若干意见》更是进一步明确了政府鼓励民间资本进入养老服务领域，用以增加养老服务供给的政策。中国老龄事业发展“十二五”“十三五”规划提出，调动社会资本投入老龄事业的积极性，支持社会力量兴办养老机构，其中“十三五”规划强调夯实居家养老社区服务基础，大力发展居家社区养老服务，加强社区养老服务设施建设。2019 年 4 月《国务院办公厅关于推进养老服务发展的意见》明确提出，适度拓宽保险资金投资建设养老项目资金渠道，鼓励商业保险机构投资养老服务机构或参与养老服务机构的建设和运营。

与此同时，保险资金运用的监管政策也在不断调整。2008 年《国务院办公厅关于当前金融促进经济发展的若干意见》中提出，支持保险机构投资医疗机构和养老实体。2009 年修订的《中华人民共和国保险法》拓宽了保险资

金运用渠道，增加了保险资金可投资“不动产”的规定。之后的《保险资金投资不动产暂行办法》《保险资金投资股权暂行办法》等为保险资金投资不动产明确了具体条件并允许保险资金可以直接或间接投资企业股权。2011 年《中国保险业发展“十二五”规划纲要》提出“支持保险资金投资养老实体、医疗机构……不断拓宽保险资金运用渠道和范围”。2012 年，《关于加强和改进保险资金运用比例监管的通知》《关于保险资金运用监管有关事项的通知》《关于保险资金投资股权和不动产有关问题的通知》《保险资产配置管理暂行办法》等陆续出台，进一步规范了投资不动产和股权的范围，扩大了投资比例。直到目前，相关法规依然在监管保险资金运用方面发挥着重要的作用。2020 年 1 月，银保监会等 13 个部门联合发布了《关于促进社会服务领域商业保险发展的意见》，指出要优化老年人住房反向抵押养老保险支持政策，并提出在风险可控的前提下，支持保险资金进一步加大养老产业投资力度，鼓励保险资金与其他社会资本合作设立医养结合养老机构，投资康养小镇等复合业态，进一步调动保险资金投资社会服务领域的积极性。同年 9 月印发的《中国银保监会关于优化保险机构投资管理能力监管有关事项的通知》，进一步为保险资金投资养老产业、建设养老社区提供了政策支持和规范保障。

第二节　研究意义

在老龄化问题日益严峻的情况下，国内养老社区蓬勃发展，我国保险业的快速发展为其积累了大量可用资金，近年来不断拓展的保险资金运用渠道和国家对涉老产业的政策支持为保险公司涉足养老产业提供了依据和保障，涉老保险产品和人身风险管理经验为保险公司经营养老社区提供了专业支撑和发展动力。作为重要的社会资本，保险资金纷纷涉足养老产业，在全国布局养老社区。然而，大部分保险公司都选择在京津地区布局保险养老社区，保险养老社区在燕赵大地寥寥可数，目前只有恒大·养生谷在唐山布局了养老社区、合众人寿签约了秦皇岛旅居基地，这与河北省优越的区位条件、优良的自然生态环境、京津冀协同发展的大局以及雄安新区“未来之城”的地位不相匹配。引进保险资金投资河北省农村养老社区、构建农村养老体系具有较强的社会意义，与国家重大战略相契合、与保险基本理论相切合，是助力保险企业发展、创新农村养老模式的重大举措，具有较强的理论研究意义和实际应用价值，有很好的示范效果和推广价值（见图 1-6）。

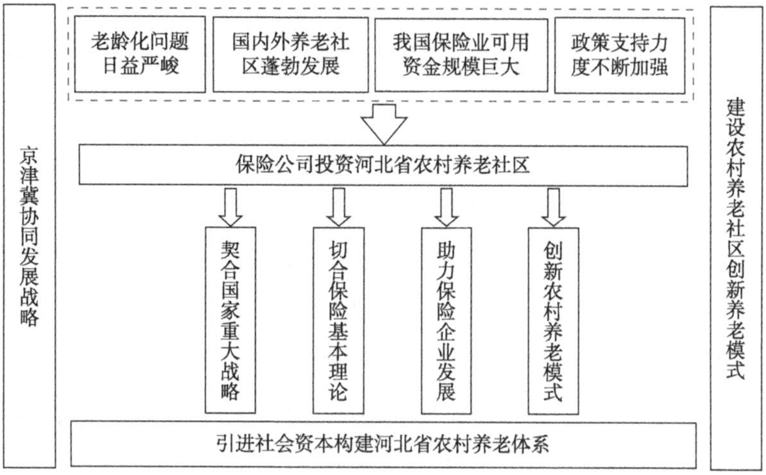

图 1-6 保险公司投资河北省农村养老社区的重要意义

一、契合国家重大战略

（一）完善农村养老体系契合国家城乡融合发展战略和老龄化战略

有关农业、农村和农民的“三农”问题是我国的根本问题，中共中央自 1982 年以来共发布 23 个有关“三农”的一号文件。党的十九大提出“实施乡村振兴战略，建立健全城乡融合发展体制机制和政策体系”，2019 年 4 月和 12 月《中共中央 国务院关于建立健全城乡融合发展体制机制和政策体系的意见》《关于开展国家城乡融合发展试验区工作的通知》分别发布，城乡融合发展战略落地，“三农”发展进入城乡融合新阶段。根据国家统计局数据，2016 年我国农村 60 周岁及以上人口比重为 17.2%，明显高于当年全国 16.7%的平均水平；2019 年末我国 65 周岁及以上人口比重为 12.57%，老年抚养比为

17.8%（见表1-1），老龄化问题日益突出。2019年11月，中共中央、国务院印发《国家积极应对人口老龄化中长期规划》，应对老龄化上升为国家战略。融合了“三农”问题和老龄化问题的农村老龄化问题成为阻碍乡村振兴和城乡融合发展的“堵点”和“痛点”，传统的农村家庭养老已不能满足需求，社区养老成为解决我国农村养老问题的必然选择。

（二）城乡老年人对养老生活品质的要求不断提高

中高端养老社区建设是我国老龄化战略的重要组成部分。经过40多年的改革开放，我国城乡居民的经济收入状况有了极大改观，人均可支配收入不断提高，形成了数量庞大的中产阶级和一定数量的富裕群体。根据国家统计局相关数据，我国城乡人均可支配收入逐年增加（见图1-7），2020年已达32189元，其中2020年农村居民人均可支配收入是2000年的7.5倍。同时，各项社会保障制度不断完善。2019年，社会养老保险基金收入达52918.83亿元，参保总人数逐年增加，2009—2012年呈阶梯式上升，至2020年达99882万人；农村居民养老保障从无到有，2011年以后参保人数大幅提升，尤其是新型农村社会养老保险与城镇居民社会养老保险合并为城乡居民社会养老保险后，每年参保人数都超过城镇居民社会养老保险的参保人数（见图1-8）。收入的提高使得国民个人财富积累增加，社会养老保障的完善增加了养老金的供给，部分老人拥有了较为充裕的养老资金，对养老生活品质提出了更高要求。在考虑养老安排时，他们的观念更为开放，更倾向于环境优美、设施完备、服务周到的新型养老方式和养老机构。单纯的机构养老和家庭养老方式都不能很好地满足老年人日益差异化的需求，因此我国政府提出“建立完善以居家为基础、社区为依托、机构为补充、医养相结合的养老服务体系”①。也是基于这些原因，近年来为满足高层次养老需要的新型养老方式，如“候鸟式”养老、旅游式养老等悄然兴起。

---

① 国务院办公厅．国务院办公厅关于推进养老服务发展的意见［EB/OL］．中国政府网，［2019-04-16］．http://www.gov.cn/zhengce/content/2019-04/16/content_5383270.htm.

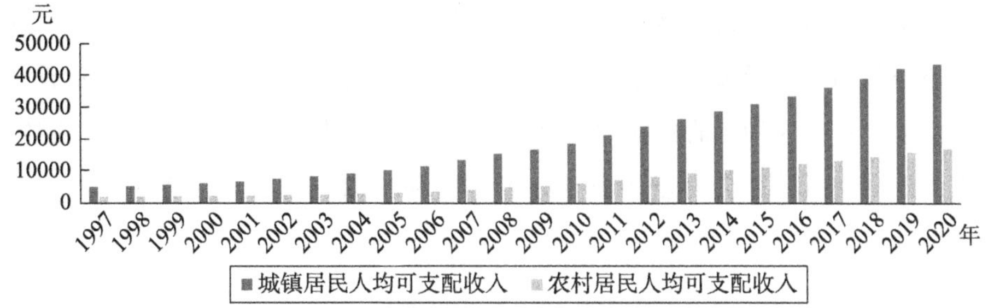

图 1-7　1997—2020 年中国居民人均可支配收入

资料来源：国家统计局官方网站。

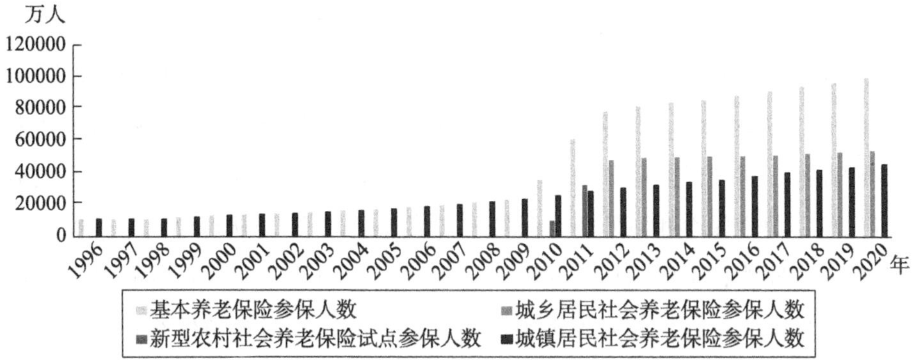

图 1-8　1996—2020 年中国社会养老保险参保人数

资料来源：国家统计局官方网站。

与此相对应地，我国的养老供给尤其是高品质的养老服务供给明显不足。根据《中华人民共和国 2020 年国民经济和社会发展统计公报》，截至 2020 年底，全国共有养老机构 3.8 万个，养老床位合计 823.8 万张，社区服务中心 2.9 万个，社区服务站 39.3 万个。根据国家统计局统计数据，2020 年我国 65 岁及以上老年人口达 19059 万，这样算来全国每千名 65 岁及以上老年人拥有养老床位 43.2 张，比例低于发达国家的 5%～7%。一方面，人口老龄化日趋严重，对养老服务的需求越来越大；另一方面，公共卫生保健、养老金和老年人社会保护计划等方面的财政压力不断增加，养老服务有效供给明显不足。同时，已有的养老服务供给还存在严重的匹配不当问题，主要表现为当前的养老供给与高质量的养老需求不匹配，条件较好的养老机构供不应求。这种日益增长的对养老服务数量和质量的需求与高端养老服务不充分的矛盾越来越突出。解决这种矛盾的关键在于政府在不断加大投入力度的同时，制定政策，鼓励和引导社会力量积极兴办老年福利机构，增加养老服务供给，填补供需缺口。

二、切合保险基本理论

《中华人民共和国保险法》（2015 年修正本）第二条规定，保险，是指投保人根据合同约定，向保险人支付保险费，保险人对于合同约定的可能发生的事故因其发生所造成的财产损失承担赔偿保险金责任，或者当被保险人死亡、伤残、疾病或者达到合同约定的年龄、期限等条件时承担给付保险金责任的商业保险行为。商业保险的经营主体是保险公司，其业务范围包括人身保险业务、财产保险业务和其他业务（见表 1-6），其中人身保险业务包括人寿保险、健康保险和意外伤害保险等（第九十五条）。从理论上看，保障是保险的基本职能，主要是在被保险人发生保险合同约定的保险事故时进行经济补偿和保险金给付。养老护理类产品以被保险人年老为条件给付养老金，如人寿保险中的各种养老保险、年金保险可以为老年人提供满足基本生活需求的资金；健康保险中的护理类产品可以满足老年人长、短期护理需求。这些基本保险产品是保险产品体系中的重要组成部分，是国家社会保障制度的必要补充，能为人们的老年生活提供必要的保障，是养老保障体系的重要组成部分，与构建养老社区、完善养老体系是内在统一的。

不仅如此，在保障职能的基础上，保险还具备风险管理、资金融通和社会管理的派生职能。根据保险经营的基本要求，经营财产保险业务和人身保险业务的公司都可以进行保险投资。财产保险公司的业务主要包括财产损失保险（可以包含农业保险）、责任保险、信用与保证保险，具体险种中大部分都是期限短、赔付波动强的业务，所以其投资要求非常严格。可以投资的产品种类多集中在现金、同业存款、货币市场基金以及期限小于 7 天的债券逆回购等银行间和交易所各类货币市场工具上，强调的是高流动性。相反地，人身保险业务中大部分业务都是长期性险种，其中人寿保险的长期性最为明显。这部分长期性保险业务积累了大量资金，为了保证若干年后的偿付，本身有强烈的保值增值需求，投资对象有较大的选择空间，目前我国政策允许投资的流动性资产、固定收益类资产、权益类资产、不动产类资产和其他金融资产等各类资产均可以在风险可控的前提下选择投资。同时，人寿保险中有部分创新险种本身与资本市场挂钩，更多地强调收益性。在长期投资中，寿险资金管理公司积累了丰富的投资经验，寿险资金可以进行多维度、全方位的投资。由此可见，无论是产险资金还是寿险资金，都可以在监管要求下进行投资，参与社会管理，在老年风险管理、养老社区投资建设以及老龄化问题的社会管理方面发挥其应有的作用。尤其是人寿保险业务经营过程中形成了大量保险资金，其期限的长期性特点与养老社区建设有着天然的匹配性，加上保险的风险管理和社会管理职能，保险与养老社区是天作之合。

表 1-6 我国保险产品层次体系

第一层次	第二层次	第三层次	第四层次
人身保险	人寿保险	生存保险	少儿保险、养老保险、年金保险等
		死亡保险（人寿保险）	定期死亡保险（定期寿险）、终身死亡保险（终身寿险）
	健康保险	医疗保险	费用补偿型医疗保险、定额给付型医疗保险
		疾病保险	定期和终身等
		失能收入损失保险	短期和长期
		护理保险	短期和长期护理保险
		医疗意外保险	
	人身意外伤害保险	普通人身意外伤害保险	短期和长期人身意外伤害保险
		特种人身意外伤害保险	

续表

第一层次	第二层次	第三层次	第四层次
财产保险	财产损失保险	火灾保险	企业财产保险、家庭财产保险
		运输工具保险	机动车辆保险、船舶保险、飞机保险
		货物运输保险	海洋货物运输保险、国内货物运输保险、国内航空货物运输保险
		工程保险	建筑工程保险、安装工程保险
	农业保险	种植业保险	农作物保险、林木保险
		养殖业保险	畜禽保险、水产养殖保险、特种养殖保险
	责任保险	公众责任保险	个人责任保险、场所责任保险、承包人责任保险、承运人责任保险等
		雇主责任保险	普通雇主责任保险、各种附加责任保险等
		职业责任保险	医生、会计师、律师责任保险等
		产品责任保险	电视机、卡式炉责任保险等
	信用与保证保险	信用保险	出口信用保险、（海外）投资保险、国内商业信用保险等
		保证保险	合同保证保险、产品（质量）保证保险、诚实保证保险等

三、助力保险企业发展

（一）有利于缓解保险资金“长短错配”的压力

资产负债的匹配风险，是指在某一时点上，保险公司的资产现金流与负债现金流的不匹配而造成保险公司收益损失的可能性。保险公司资本与负债在期限、数量，乃至未来价值方面的不匹配，都可能给其带来流动性不足的风险，甚至引发偿付能力危机。保险公司的资金主要来源于向客户出售保险产品而收取的保费。保险产品一般具有保险期限长、对资金的安全性要求高等特点，所以非常适合进行中长期投资，而法律允许的保险资金运用方式具有收益性和流动性较高的特点，期限都较短，与其负债的长期性存在较大的资产负债不匹配的风险，且保险公司绝大部分资产配置到与资本市场相关度较高的产品上，受经济周期和资本市场波动的影响极大。而保险资金与养老产业有着很好的契合点：养老产业具有需求刚性、与保险主业紧密相连、与资本市场关联度极低、投资回报周期长且收益均衡稳定等特征，能有效提高保险公司的资产负债匹配水平，有助于缓解保险资金“长短错配”压力。

随着农村经济的发展和农民生活水平的提高，农村养老市场发展潜力巨大。在城乡融合发展条件下，利用城市的资金资源和管理经验反哺农村，开发具有良好生态和自然环境的农村或城郊资源，建立农村养老社区，服务城乡老人，促进城乡资源自由流动，可以缓解保险资金收付之间因时间积累的资金差，尤其是涉老业务的资金运用中出现的时间差问题。保险公司尤其是寿险公司的客户群体可以成为社区的客户，其保险金的收益可以用于社区各项费用支出，甚至直接转化为养老服务，以保险服务代替保险金，这样既能支撑养老社区的运营，又可以缓解城乡养老压力。

（二）有利于保险公司的稳定经营

如果把保险资金投资养老社区比喻为人体，那么保险公司就是心脏，资金流就是血液。人体想要使各个器官正常运行，心脏必须具有足够的造血能力和供血动力，血管必须保持畅通。所以，保险公司必须具备强大的融资实力和投资动力，以满足养老社区开发和运营的大额资金需求，同时，投资到养老社区中的资金必须保持高效才能保证养老社区项目的正常运转。在整个过程中，保险业务链的正常运行是保险公司这颗“心脏”保持跳动的基础，保险业务链主要包括产品开发、营销、承保、保险金赔偿或给付等环节。

首先，产品开发是整个保险业务链的基础环节，对产品营销目标的实现具有关键作用。在城乡融合发展背景下，农村养老问题相对于城市更为突出，尤其是农村空巢高龄老人的养老问题。寿险公司在设计养老产品时必须考虑这部分老人的需求，通过开发新型涉农涉老产品，有针对性地服务这部分群体，在经济条件允许的地方加大宣传力度，为寿险公司增加客源并为其提供资金支持，有利于其营销目标的实现；同时，创新型老年服务保险产品也可以创新给付方式，直接提供养老和护理服务。因此，通过产品开发，可以将寿险公司涉老业务链的产品开发、销售与理赔等环节完美结合。

其次，营销环节是核心。保险公司的经营环节中，营销环节承上启下，一头连着客户，另一头连着公司，衔接了开发和后续的管理。其业绩的好坏、客户质量的良莠直接影响着保险公司经营质量的高低和盈利的多少。好的产品只有销售出去，获得了销售收入才可能有盈利。在保险养老社区的运营管理中，对接保险产品的成功销售是保险业务与养老社区经营的关键。在营销过程中，将养老社区的入住资格与养老保险产品挂钩等浅层次方式，或者将保险金收益转化为养老社区的养老服务等深层次方式，可以使保险产品与保险业务和养老社区运营有效衔接，为保险公司投资养老社区提供资金保障，也为下一轮保险产品开发提供实践经验，以完善保险业务和养老社区的经营管理。

再次，承保环节是中心。承保的核心是核保。保险公司通过核保工作，在做好风险控制的同时积累相应的客户资料，既可以直接控制承保工作的道德风险，节约理赔成本，又可以为保险产品设计提供第一手资料，有利于开发和销售涉老保险产品，为客户提供更专业的服务。

最后，保险金的赔偿或给付是保险合同的终点。保险合同是保障性合同，投保人和被保险人购买保险的基点是寻求保障。在涉老保险业务中，被保险人往往要以保险金作为养老金，保险金的赔偿或给付就成为保险合同存在的真正意义。理赔工作是保险公司的结点也是其新业务的起点，通过优质的理赔服务树立良好的企业形象，吸引更多客户，增加保费收入。在积极探索保险养老社区与保险业务对接模式的过程中，应深化保险金赔偿或给付与养老社区服务的对接，实现服务实体化或实物化，不仅可以有效减少理赔的道德风险，还可以减少经营环节费用、提高效率。

保险公司投资养老社区的实质是保险资金通过在养老社区项目开发与运营环节中的流动来实现保值增值，属于保险经营中投资环节，主要包括投资养老社区的资金筹集、养老社区开发过程中的资金流动、养老社区建成后的资金回收等内容，是保险经营诸环节中的重要内容，也是保险涉老业务链的关键。保险资金从“心脏”流出到回流的过程中，回流资金额必须大于至少不少于流出额，只有这样才能保证保险公司的预期利润，从而保证保险公司的稳定经营。

（三）有利于提高保险公司的综合收益

保险企业投资养老社区具有天然优势，养老产业和保险企业的主营业务能够相互促进、共同发展。保险公司投资养老产业、设计养老保险产品，丰富了保险公司的保险产品类别；通过拓展与之相关的产业链，为客户提供医疗、金融理财、健康管理等增值服务，可以提高保险企业的市场竞争力和客户忠诚度；保险企业拥有庞大的客户基础，可以转化为养老社区的潜在客户，而覆盖全国的养老机构网络同样可以成为保险企业的销售和宣传平台，推动保险企业快速发展养老项目，成为养老产业的主力军。

一般情况下，投资者收回养老社区的投入资金并获取回报的途径有两个：一是产权转让模式，通过销售，一次性回收资金并获取回报；二是长期持有模式，通过入住押金或会费的投资收益、房屋出租收益及配套设施的使用收益等形式获取长期性收益。保险公司投资养老社区的收入主要有以下几种：一是出售养老社区物业收入，即在政策允许的范围内出售养老社区房屋，获取一次性销售收入；二是出租养老社区物业收入，即出租养老社区的房屋，获得租金收益；三是养老社区物业增值收入，在长期持有养老社区物业所有权的前提下，获得的土地和房屋的增值收益；四是养老服务收费，通过为入住老人提供相应的养老服务而收取的管理费和护理费，是保险公司投资养老社区的重要收入来源；五是养老社区配套设施使用收入，即养老社区中收费项目所取得的收入；六是其他附加收入，如带动保险产品销售、扩大保险公司品牌的知名度和美誉度等带来的收入。

保险机构通过投资养老社区，向上衔接保险业务，向下链接康养、护理等老年服务产业，并在其中完成资源整合，打造一条完整的涉老产业链。保险公司可以通过产业链的整合，在集团公司内部各子公司或部门之间、区域之间、业务合作方之间，在业务衔接过程中不断整合资源，降低交易成本，扩大协同效应：一方面，保险公司可以通过养老社区的推广带动保险产品的销售，减少广告和展业带来的额外费用；另一方面，保险公司对入住养老社区的客户开展持续性的健康管理工作，可以降低其疾病发生率，进而降低赔付率，控制保险成本。此外，保险公司通过产业链的延伸和整合，可以促进资金在该链条中的高效流转，提高集团或区域效率，从而实现其保值增值的目标，进而提高保险公司甚至集团公司或合作公司的综合收益。

四、创新农村养老模式

根据国家统计局数据，河北省抽样调查结果显示，近几年河北省 65 岁及以上老年人口比例已经超过了全国平均水平，老年抚养比和少儿抚养比也高于全国平均水平（见图 1-9）。但同时，不论是人均生产总值还是城乡人均可支配收入水平，河北省都低于全国平均水平，而且差距有不断扩大的趋势，尤其是人均生产总值，距离全国平均水平越来越远（见图 1-10）。这一方面说明河北省老龄化程度不断加深、老龄化问题日趋严峻，农村地区老龄化呈现出的高龄化、失能化、空巢化特点使农村养老问题更为突出；另一方面说明与全国平均水平相比，河北省依然处于经济实力较弱、发展水平较低的状态，进一步增加了其处理老龄化问题的财政压力。另外，河北省虽然养老基础相对较好，人均养老床位较多，但是对应的医卫人员不足（见图 1-11）。随着京津地区和雄安新区对康养专业人才需求量的增加，巨大的虹吸效应将使更多的医卫人员流向这些地区，河北省医卫人员不足的现状将进一步恶化。

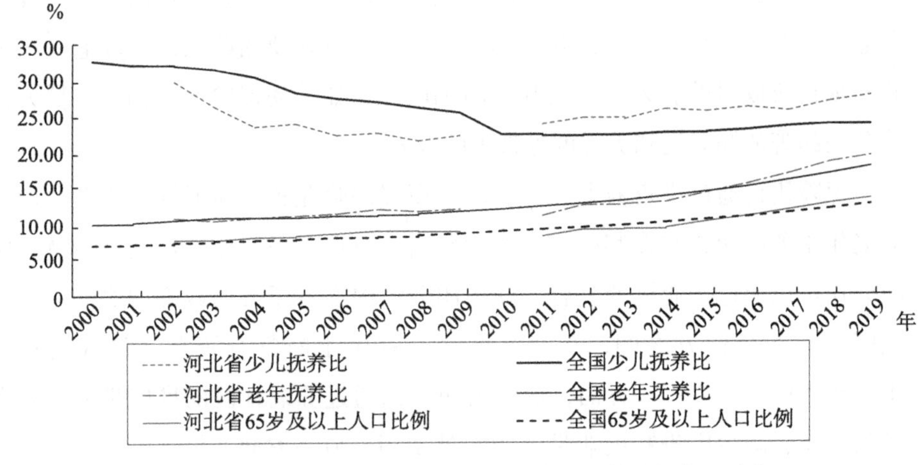

图 1-9　2000—2019 年河北省老年及少儿抚养比与全国对比

资料来源：国家统计局官方网站。

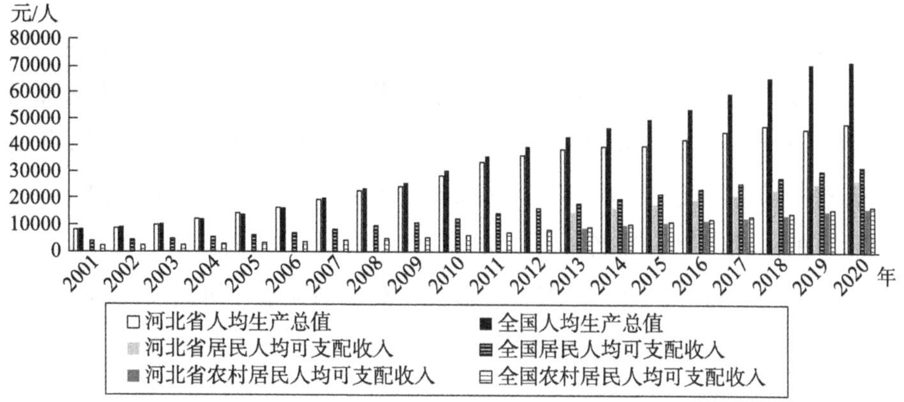

图 1-10 2001—2020 年河北省人均生产总值与人均可支配收入与全国对比

资料来源：国家统计局官方网站。

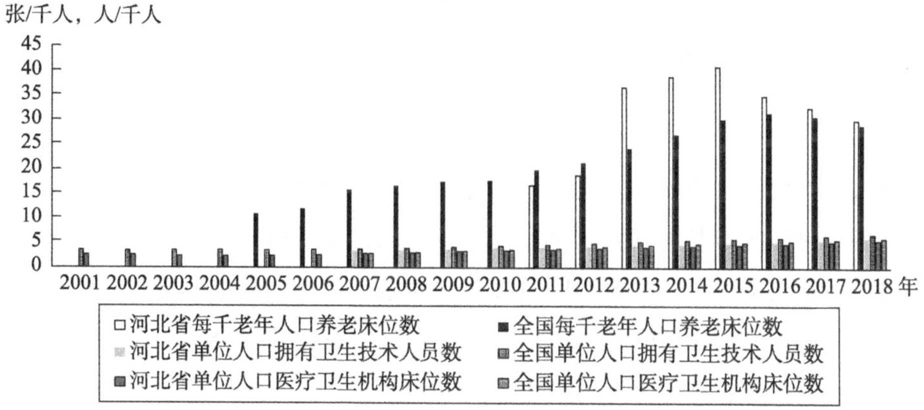

图 1-11 2001—2018 年河北省养老、医卫资源与全国对比

资料来源：国家统计局官方网站。

现有的河北省农村养老院多以福利院的形式提供服务，适老设施、养老服务等都处于一般甚至较为落后的水平，根本无法满足现有老年人的养老需求，更不要说吸引城市老年人甚至京津等地的老年人到河北农村养老。河北省的区位条件、公共设施、自然资源优势等与养老社区选址的条件完全吻合，还具有“邻京津、环雄安”的独特优势。吸引保险资金在河北省尤其是具有良好条件的城郊、城镇和农村投资建设高端养老社区，完善“邻京津、环雄安”的养老体系，是促进河北省乡村振兴、新型城镇化建设和城乡融合发展的必要条件，与保险服务国家战略、服务社会的本质属性具有天然的协调性。同时，在养老社区运营过程中，城市反哺农村，城乡资源自由流动，不断强化“反虹吸效应”，将因虹吸效应而产生的“工作在京津，根基在河北”的离冀“原生”老年人以及部分不喜城市生活成本太高和“城市病”的老年人吸引到河北地区养老，促进京津冀资源流动、协同发展，服务雄安“未来之城”建设，有助于构建协同养老服务体系、创新农村养老模式。

第三节 研究对象、研究内容和研究方法

一、研究对象

农村养老社区是农村社区养老的依托，具有城市社区欠缺的“熟人社会”基础和扎根于土地的乡土人情，是解决农村老龄化和空心化的有效手段。传统的农村社区养老是以农村家庭为单位、以村庄或村落为载体，各方力量通过农村基层组织向农村老人提供必要的养老支持和照料的养老模式。这种模式实际上是家庭养老的一种传承和改进，既不改变农村结构布局，又能够调动社会力量为农村老年人提供最直接的帮助（徐志文、侯军岐，2005），是与现阶段农村社会经济相适应的一种策略性选择（田宝贵，2008），是适合当前广大乡村养老的有效模式（崇维祥、安娜青，2013）。可以借鉴城市社区养老模式的经验，在农村社区养老中引进“资产建设”的理念（林宇阳、钟曼丽，2015）。我国农村社区养老的形式主要有家族邻里互助（陕西榆林）、以集体经济为基础的养老互助（赣南、河北周家庄）、居家养老（甘肃省“农村互助老人幸福院”）、集中居住（河北肥乡模式）和后来出现的时间银行（吴香雪等，2016；刘晓梅等，2018）等。我国的农村社区养老普遍面临资金不足或者来源单一、参与度较低、覆盖面较窄、养老技术匮乏、服务水平参

差不齐等困境（吴香雪等，2016；刘妮娜，2019）。

现阶段，可以探索构建以地缘为基础的城乡互助养老社区（睢党臣等，2019），或者全新的乡村社区互助养老体系（袁志刚等，2019）。保险养老社区建设的成本结构为“养老地产建设成本+养老社区运营成本”，其中占比最大的是养老地产建设成本中的土地成本。同时，当前高端养老市场日趋饱和，保险养老社区市场定位应向二、三线城市转移（戴锦，2020），风景优美、土地资源丰富的农村养老社区将是保险养老社区的布局重点。实际上，许多保险公司的养老社区虽然将客户群定位为中高端中产阶层，但是就建在农村或者城乡接合部。

引进险资构建农村养老社区是进一步完善我国“以居家为基础、社区为依托、机构为补充、医养相结合的养老服务体系”的重要渠道，是解决农村老龄化问题的有效途径，有助于统筹城乡资源、促进生产要素城乡间流动，进而充分调动和发挥城乡各自功能优势，创新农村养老模式，推动构建城乡融合发展下的农村养老保障体系，服务不断增长的城乡居民养老需求。

本书研究的农村养老社区不是传统意义上的农村社区，而是指新形势下城乡融合发展的高端养老社区，是建设在农村或城郊的享受高端和无差别的城市养老服务的社区；既有传统农村社区养老的“温情”，又有高端智能化的适老设施和精准定制化的护理服务，还可以享受“候鸟式”的旅居生活以及医疗、康养等服务。建设高端养老社区、完善农村养老体系是农村养老的发展方向。

二、主要内容和结构框架

第一章是绪论部分，主要阐释本书研究背景和研究意义。在京津冀协同发展整体战略主导下，从人口老龄化和养老社区发展的基本情况、我国保险业发展以及相关监管政策入手，分析老年人口对当前养老生活品质的要求和我国城乡养老社区的巨大发展空间。从契合国家战略、切合保险理论与保险公司发展实践以及创新养老模式的角度分析本书研究意义。

第二章主要是理论基础分析和文献综述，主要包括保险资金运用、养老社区相关理论与文献综述。

第三章主要分析我国保险公司投资养老社区的现状，介绍了保险资金运用情况、我国保险公司投资城乡养老社区的模式和实践。

第四章主要是利用 SWOT 分析方法，分析我国保险公司在河北省农村投资建设养老社区的优势、劣势、机会和威胁。

第五章利用 SWOT 矩阵模型，在借鉴国外先进经验的基础上，提出我国保险公司投资河北省农村养老社区的 SWOT 发展战略。

本书内容框架如图 1-12 所示。

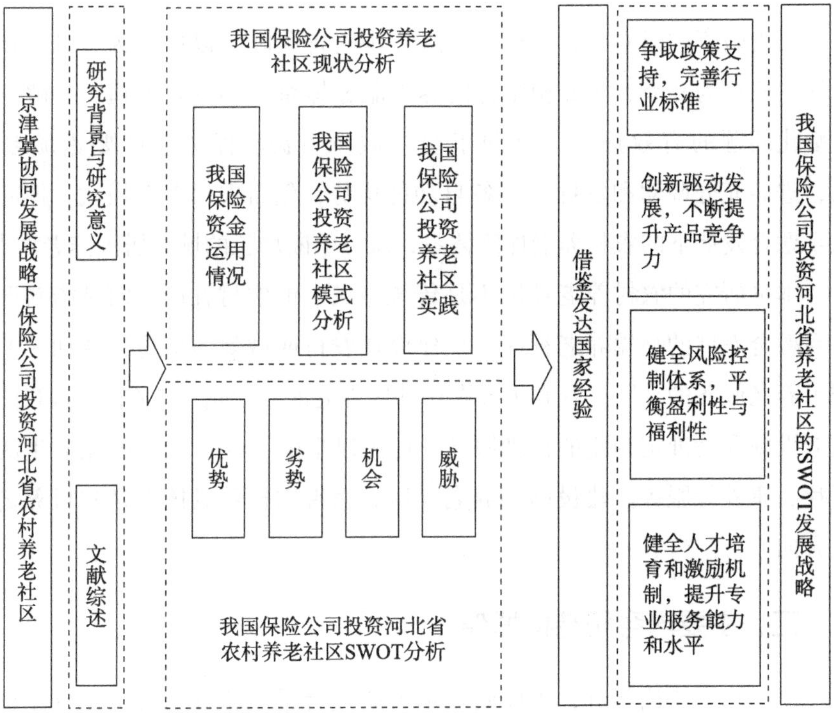

图 1-12　本书内容结构框架

三、研究方法

第一，文献分析法。阅读大量文献，对文献进行归类、整理、提取，为研究提供理论基础。

第二，比较分析法。采用大量图表对保险投资养老社区情况、投资主体情况、养老社区服务情况等进行比较分析。

第三，田野调查法。对泰康之家·燕园等地进行实地调研，访谈保险公司相关人员，取得了大量一手资料。

第四，电话、网络访谈法。鉴于疫情防控要求，2020 年 2 月以后主要通过电话、微信等方式与在职保险社区经营管理人员等进行交流，筛选有用信息，形成重要资料。

第五，SWOT 分析法。对前期的文献和调研材料进行深度分析，采用 SWOT 分析方法，构建分析矩阵，提出相应的战略对策。

第二章　保险投资与养老社区建设的理论基础

第一节　保险投资相关理论

现代保险业具有保障、融资与社会管理的职能。其中，保障职能是基础，通过经济补偿和保险金给付来实现；融资职能则在现代社会发展中发挥着越来越大的作用。随着承保利润在保险公司利润中的占比日趋下降，保险投资对保险公司的经营管理越发重要，承保业务与投资业务的并行发展对保险业提出了更高要求。

一、保险投资的概述

（一）保险投资的定义

保险投资也称保险资金运用，是指保险企业在组织经济补偿过程中，将积聚的各种保险资金加以运用，使资金增值的活动。保险投资包括直接投资与间接投资，其中直接投资是指保险资金直接投资建设或购置以形成固定资产和流动资产的投资，间接投资主要指保险资金投资于有价证券或用于发放贷款等形式。投资活动是保险经营的一个重要环节，投资收益情况与保险公司经营情况密切相关，投资效果直接影响保险企业的盈利情况。

（二）保险投资的可能性和必要性

保险业经营的最大特征是高负债性。从其资金运行的环节来看，从投保人处收取保费是其资金运行的起点，终点则是向受益人或被保险人赔偿保险金。收取的保险费会形成不同类型的保险准备金，同其自有资本、投资收益共同构成保险基金，是保险投资的主要资金来源。保险基金是保险公司通过“蓄水池”原理建立起来的后备基金，是实现保险职能的物质基础，是专门用于在因自然灾害或意外事故造成损失的情况下对投保人进行经济补偿的资金。而不论是自然灾害还是意外事故，都具有偶然性的基本特征，保险合同生效后一般不会马上发生保险事故。在寿险合同中，为了规避道德风险，保险合同中一般会有一些限制性的规定，比如健康保险中的观察期条款等，因此即使被保险人马上发生保险事故，一般也不会发生给付行为。因此，从这个角度分析，以保险准备金为主要来源的保险基金不会马上用于保险赔偿或给付，保险人可以较长时间拥有这笔越来越多的资金。时间长短则因险种而异，财产险一般为 1 年，人寿险可以达到几年、十几年甚至几十年或更长时间。这一时间差的存在，为保险基金的投资功能创造了可能性和必要性。

同时，保险合同的射幸性决定了保险事故发生及其结果的不确定性。根据保险精算基本原理，尤其是对于长期性的人寿保险业务，较长的时间差及其本身业务结构的特殊性，使得人寿保险资金运用成为人身保险业务非常重要的衍生业务。为了保证保险合同的正常给付，保险公司必须有效利用以保费形式收取并形成的保险基金，使之保值增值，否则就会影响保险公司的偿付能力进而影响投保人、被保险人以及受益人的利益。另外，根据保险合同的约定，投保人必须按期缴纳保险费。在长期性人寿保险合同中，投保人将货币资产的使用权让渡给了保险人，进而失去了投资其他资产取得收益的可能性。为了弥补作为货币资本的保费本身的时间价值，加上投保人的机会成本，保险人必须根据合同规定给予一定的回报，在投资理财类保险中尤其如此。总之，保险合同的射幸性和长期性为保险投资提供了可能，而其保障性、储蓄性和投资性决定了保险投资的必要。

（三）保险投资模式

保险投资模式不仅对投资收益具有决定性的影响，还决定了其投资风险管理的可控程度。保险投资主要有专业化控股投资、集中统一投资、内设投资部和外部委托四种模式，其中专业化控股投资模式既能够有效保证投资收益又可以有效降低投资风险，是最有效的投资模式。发达国家一般采用专业化控股投资和集中统一投资模式（如图 2-1、图 2-2 所示）。这两种模式都是在集团下专设投资子公司，投资公司内部会根据不同保险业务分设产险账户和寿险账户。其中，专业化控股投资模式下，保险资金分别由产险子公司和寿险子公司交由投资子公司，集团内部做资金委托；而集中统一投资模式则是由产险公司和寿险公司分别将保险资金交由集团公司或控股公司总部，再由集团总部交给投资子公司运作。

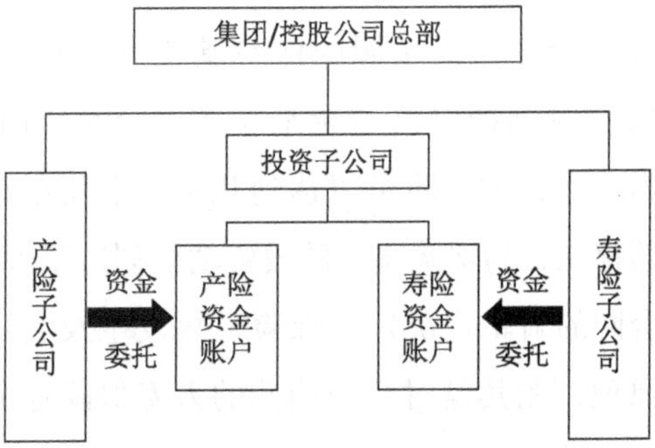

图 2-1　专业化控股投资模式

资料来源：马明哲．挑战竞争——论中国民族保险业的改革和发展［M］．北京：商务印书馆，1999：12.

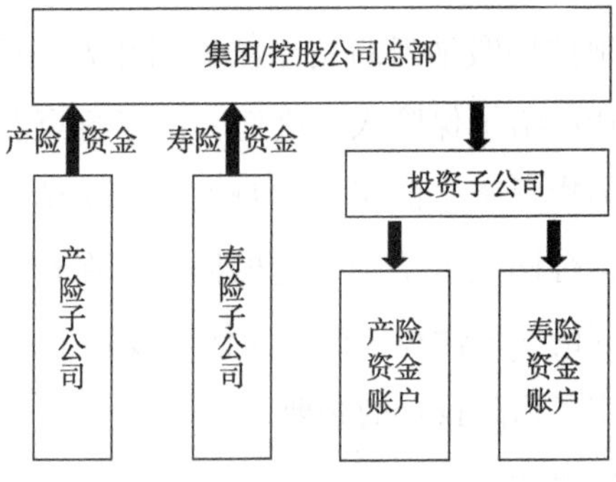

图 2-2　集中统一投资模式

资料来源：马明哲．挑战竞争——论中国民族保险业的改革和发展［M］．北京：商务印书馆，1999：12.

二、保险投资的意义与原则

（一）保险投资的意义

1. 有利于保险企业健康发展

利润指标反映了保险公司的经营管理水平。保险公司的利润主要来自主营业务的承保活动及其投资活动，其中承保业务盈利主要来自“保费收入—保险基金—保险金赔付”环节。保险企业是自负盈亏、自主经营的企业，自身利润最大化是其经营目标，在理论上可以多收取投保人的保费来增加利润。但单方面提高费率损害了保险经营的公平原则，会使投保人的负担增加，不仅会降低保险需求，还会影响保险公司的经营和长期发展，最终影响其经济补偿和保险金给付功能，与发展保险业的初衷相悖，所以在实践中，保险公司在保费厘定中一般只是增加一定的费用，不可能为了提升利润大幅度提高费率。同时，由于竞争的加剧，保险公司实际销售保险产品时还可能降低费率标准或者变相少收保费，由此直接导致了保险企业的承保利润下降，甚至出现负利润。在承保利润不断下降甚至为负的情况下，投资利润就成为保险公司利润的主要来源。

根据日内瓦保险模型（见图 2-3），保险公司经营收入主要来自保费收入和投资收入。保费收入由费率和保单组合（保险规模）决定，投保人数越多，保险规模越大，越无限接近于保险精算的保额，承保活动的预期利润越有可能实现；投资活动则通过不同模式下的投资组合实现整体投资的盈利，进而增加其资产，为重大赔付做好充分准备。赔付支出、经营成本、税金和股东分红构成了其主要支出。其中赔付支出是最主要的支出项目，与损失情况和保险公司的工作效率密切相关，在出现巨灾等风险导致重大赔付的情况时，还会引起其资产的变化。由此可以看出，保费收入是保险公司基本的经营收入。然而，保险经营的基本原则决定了保费的负债性和承保利润的基准性，随着宏观经济环境的变化和保险规模的限制，承保利润的空间越来越小，保险公司的盈利越来越仰仗其投资收入。美国摩根士丹利公司的著名投资专家保罗·希尔（Paul M. Theil）评价说：“投资是保险行业的核心业务，没有投资等于是没有保险业……没有保险投资整个保险行业的经营是不能维持下去的。”①

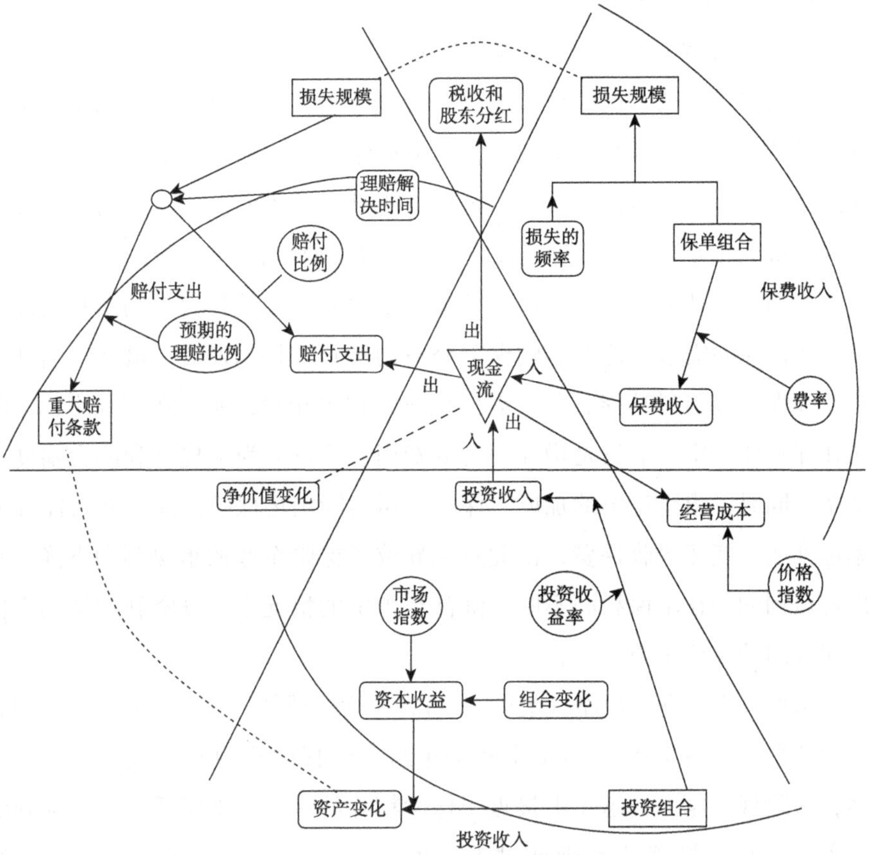

图 2-3　日内瓦保险模型

资料来源：The Geneva Association. The Geneva Papers on Risk and Insurance: Issues and Practice, 1998（89）. ②

2. 有利于推动保险业的发展

保险企业经营管理中，决定保险企业核心竞争力的是偿付能力，即保险企业对保单持有人（投保人或被保险人）履行赔偿义务的能力。对偿付能力

①② 转引自周爱玲. 论保险企业投融资［D］. 保定：河北大学，2007.

进行监管是中国银保监会监管保险企业的一项重要内容。于2020年6月11日通过并于2021年3月1日起实施的最新《保险公司偿付能力管理规定》，在第六条中明确了偿付能力监管指标，并在第二十六条、第二十七条中规定了具体的监管措施①。根据瑞士再保险公司偿付能力的决定模型（见图2-4），保险公司偿付能力主要由其收入和支出决定。模型显示，保费收入、投资收入和资本注入是其收入的主要来源，而支出主要有赔付支出、经营成本和股东分红，这也与上述日内瓦模型基本一致。从偿付能力构成来看，收入越多、支出越少，越有利于偿付能力的提高。

保费收入是投保人根据保险合同交纳给保险人的资金。单个保险合同的保费金额是根据数理基础，由精算人员测算的保险费率和保险金额确定的。保费的基本构成包括纯保费和附加保费，其中纯保费部分形成保险金赔付支出，而附加保费则用于支付保险公司的各类经营成本。从理论上来看，保费收入总额的精算现值与赔付支出和成本支出的精算现值是恒等的关系，所以一般情况下，只会出现重大赔付导致保费收入形成的保险准备金不足的情况，很少出现因赔付支出较少而大规模盈利的情况。同时，在经营成本方面，除非保险公司短期内经营效率大幅提升进而大量削减其经营成本，否则，一般也不会出现附加保费形成的保险基金产生剩余的情况。尤其是对于长期性的寿险保单，在宏观环境和风险的影响下，非常容易出现因利差损、费差损和死差损等而产生纯保费收入不足以履行赔付义务的情况，这显然不利于保险业的稳定经营。另外，除非出现重大调整，保险公司的资本注入一般不会突然增加，而投资收入则不仅可以直接增加收益，还可以在一定程度上增加其资产（见图2-4），因此，保险投资是保险公司增强偿付能力，进而保持较强核心竞争力、保持稳定发展的重要手段。

---

① 详细规定请参阅：中国银行保险监督管理委员会财会部（偿付能力部）. 保险公司偿付能力管理规定（中国银行保险监督管理委员会令2021年第1号）［EB/OL］. 中国银行保险监督管理委员会，［2021－01－25］. http：//www. cbirc. gov. cn/cnviewpages/ItemDetail. html？docId = 962016&itemId = 928&generaltype = 0.

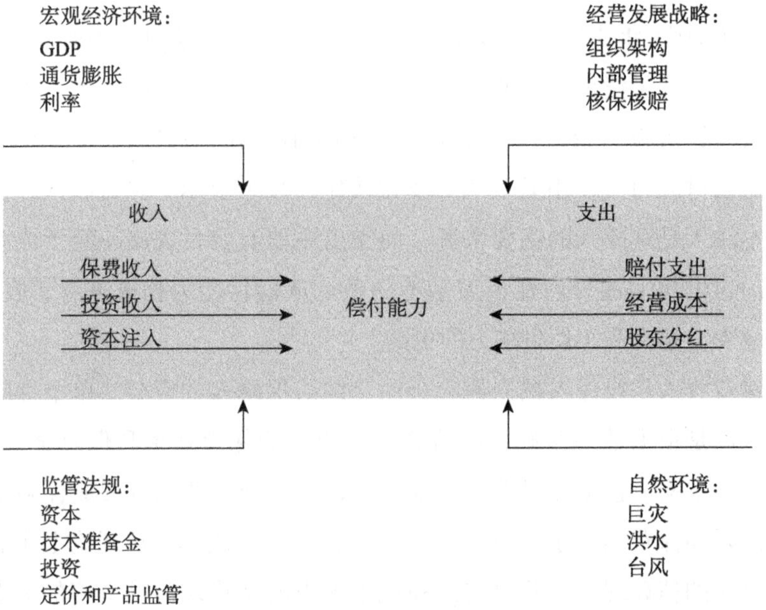

图 2-4　偿付能力的决定模型

资料来源：Swiss Re. Development of Insolvencies and the Importance of Security in the Insurance Industy [J]. Sigma，1995（7）.

3. 有利于保障被保险人和受益人的利益

被保险人是受保险合同保障并享有保险金请求权的人，受益人是人身保险合同中享有保险金受益权的人，两者都是保险合同的关系人，不直接参与订立保险合同，但都享有保险金的请求权。前者主要是在财产保险合同中，或者以生存为保险事故的人身合同中在发生保险事故后请求赔偿；而后者主要存在于以已死亡为保险事故的人身保险合同中，在保险事故发生即被保险人死亡之后享有保险金请求权。不管是被保险人还是受益人，都因保险的保障功能而可以在灾害发生之后得到一定的经济补偿，以维持或提升自我生活能力和生活水平，比如投保人购买养老保险合同的目的是保障被保险人可以安享晚年。如果在发生保险事故后不能或不能足额得到保险赔偿，就不能实现这个目的，严重情况下甚至会影响到被保险人基本生活，增加社会的不稳定因素，引发社会动荡。而这个目的能否实现的关键在于保险公司是否拥有足够的用于补偿或给付的保险基金，或者说是否具有足够的偿付能力。而偿付能力的充足与否又取决于保险公司投资收益的大小。因此，保险公司的高效投资是被保险人和受益人利益最有力的保障，也是保险行业履行社会管理职能、为稳定社会经济发展提供基本保障的基础。

4. 有利于完善资本市场

完善的资本市场需要充足的资本规模、多元化的交易主体和丰富多样的交易客体。险资投资于股票、债券、基金等，是资本市场的重要的交易主体之一，由于资金实力雄厚、回收期限较长，成为资本市场上最稳健的机构投资者。同时，险资保值增值的需求，不断刺激着资本市场交易工具的创新，增加了交易客体，有效提高了资本市场的运行效率，促进了其市场功能的进一步发挥。

首先，险资入市有效扩大了资本市场规模。不管从理论上，还是从各国的实践来看，长期稳定的保险资金入市都大幅扩大了资本市场的资金规模，为资本市场带来了强劲的发展动力。保险企业丰富的风险管理经验对提升资本市场的风险管控能力也非常有帮助。

其次，险资入市有助于培育市场主体。险资入市的基本标志是保险投资公司以其自有资金或受托资金购买资本市场交易工具，通过资金运作赚取价差，获得投资收益。保险投资公司作为机构投资者，直接增加了交易主体类型，并以其强大的资金优势和风险管控特长影响了资本市场中的其他交易主体，降低了投机风险，提高了资本市场的整体安全性，稳定了金融市场。同时，保险投资公司在资本市场购买企业的股票和债券，以企业股东或债权人的身份影响企业的经营管理，将稳健的经营理念和专业风险管理经验融入企业的管理中，实现对融资者的监督，促使其改善经营管理，提高企业的经营效率。此外，大量的保险资金在资本市场上具有举足轻重的地位，在追求盈利性的同时也注重投资的安全性，所以具有较高安全级别的国债和金融债券是保险资金投资的首要选择。而公开市场业务是央行执行货币政策、调节金融市场的重要工具，通过适当引导保险资金的运作，不仅可以满足金融企业的融资需求，促进资本市场组织更加完善，还可以有效执行央行的调控政策，优化资本市场结构，实现政府货币政策的目标。

再次，险资入市有助于增加资本市场客体。保险投资的基本目标是保值增值以确保其偿付能力，严格的风险管理决定了其投资渠道和投资对象的多元性，这就必然要求不断创新金融市场工具，以满足资本市场的交易需求。而保险产品的不断发展和创新也为资本市场提出了创新的要求。在传统的连接保险市场与资本市场的保险证券化产品的基础上，越来越多的“保险+”产品出现在金融市场上。“保险+”产品既是保险产品的创新，也是资本市场的创新，丰富了金融市场的交易工具，增加了资本市场客体。

最后，险资入市提高了资本市场运行效率。规模庞大的保险公司的投资决策往往会直接影响资产的价格，导致资本资产收益率的上升或下降。大规模的险资入市增加了市场资金供给量，提高了市场交易需求。短期内大幅提高的需求抬升了交易工具的价格，吸引了更多投资者关注并投入资金，刺激一级市场增加发行量，大大提高了资金的流动性，活跃了资本市场。同时，保险行业的特性决定了其更加注重稳健的经营和持续的发展，其强烈的风险分散需求促使保险企业必须追求效率最大化，注重组合投资和专业化投资运作。成熟的资本市场与保险市场之间有着良好的互动关系，资本市场的运行必须满足保险市场的需求并受保险市场的影响，不断提高其自身的运行效率。

（二）保险投资的原则

保险投资直接影响了保险公司的偿付能力，不仅关乎保险企业的生死存亡，还直接影响到广大投保人和被保险人的利益，甚至会影响社会的安全稳定。因此，保险投资向来是各国政府对保险业监管的重要部分。各国具体情况不同，对保险企业投资原则的要求也会不同，而保险企业也会随环境的变化改变自己的投资原则。但是以下几条是大家公认的、必须遵循的基本原则。

1. 安全性原则

所谓安全性原则，就是保证保险投资资金安全返还的原则，即尽量避免其投资损失或风险，以确保偿付能力。由于保险经营的负债性，安全性原则是第一原则，是保险投资的前提，也是实现保险保障职能的内在要求。经济补偿与保险金给付是保障职能实现的基本方式，也是保险公司最主要的义务。投保人将保险费交给保险公司，保险公司虽然掌握了保险费收入形成的保险准备金，但是在发生保险事故之后要以保险金的形式支付给被保险人或受益人，因此除了其自有资本金之外，其他资金基本都是对投保人和被保险人的负债。从理论上讲，因为纯保费是以死亡率和预定利率为基础计算的，所以责任准备金的现值总和应该恒等于保险赔付的现值总和。如果不能按期收回保险资金，保险赔付就需要动用保险公司其他准备金或自有资本，将直接减少保险公司资产，降低其偿付能力；如果这种状况长期持续，可能会影响保险公司的经营，导致公司破产。虽然根据相关法规，长期寿险的投保人和被保险人依然可以得到破产公司的赔偿，但所得赔偿往往会在原额的基础之上有所折扣；而大部分的财产保险和短期人身保险则基本上得不到任何赔偿或退还的保费，最终损害被保险人与受益人的利益。保险公司破产甚至会引发连锁效应，导致公众对保险行业的信任危机，引发“退保潮”，危及社会稳定。所以，安全性原则是保险投资的第一原则，必须在投资过程中不折不扣地坚持。

2. 收益性原则

收益性原则是指保险投资必须取得收益的原则。保险公司开发设计保险产品进行费率厘定时，一般会有一个预定的利率基础，保险资金运用的收益率必须超过这个预定利率，才能保证预定赔付率下的赔付，否则就会影响保险公司的经营，不能实现其对被保险人和受益人的保障职能。同时，从政治经济学的角度来看，保险行业是国民经济体系中的重要组成部分，只有获得行业平均利润才能保证其基本经营；如果投资收益不足，则其利润只能来自投保人，结果就是加重投保人的保费负担，保险产品价格上升，相对于其他金融产品竞争力下降，不利于行业的整体成长。所以，保险投资必须遵循收益性原则，才能保证保险业持续发展，在风险可控的前提下，通过多元化投资方式，利用投资组合，保持较高的投资回报，以保证其偿付能力。

3. 流动性原则

流动性原则就是保持保险投资项目具有较强变现能力的原则。流动性原则的实质是保证企业资产和负债的期限匹配。寿险和非寿险因业务性质不同，对投资资产的流动性要求也不同。相对来说，非寿险对流动性的要求更高。具体来说，非寿险资金投资的流动性要求主要体现在投资迅速变现以满足随机发生的保险事故赔偿需求上，而寿险资金投资的流动性要求则主要体现在投资的资产与其业务的匹配上。

4. 社会性原则

在保险企业经营实务中，以上三个原则是最重要的，总是结合在一起考量。企业根据具体情况决定三者的侧重程度，并进行投资活动。除此之外，还有一些原则也是保险企业在投资活动中经常需要考虑的。

社会性原则是指保险投资时必须结合其担负的社会责任的原则。保险的社会管理职能要求保险公司在进行保险投资时，不仅要强调投资行为给保险企业自身带来的经济效益，还必须考虑保险投资的社会效益，关注保险投资与国家规划的适合性以及与重点建设项目的一致性；必须承担起应负的社会责任和义务，使保险资金的运用能增进公众福利，提升国家公共事业的服务能力，为社会、国家甚至世界的发展贡献力量。

三、保险投资的资金来源

现行《保险资金运用管理办法》（保监会令〔2018〕1号）规定，保险资金是指保险集团（控股）公司、保险公司以本外币计价的资本金、公积金、未分配利润、各项准备金以及其他资金。保险投资的主要资金来源包括自有资本金、非寿险责任准备金、寿险责任准备金和保险保障基金等。

（一）自有资本金

自有资本金是指根据我国公司法、保险法等相关法律规定，保险公司在成立时由股东实缴的不低于2亿元人民币的货币资本和其公积金。主要是为了满足开业初期的正常运营所需和解决偿付能力不足的问题，即在经营过程中发生巨灾事故而准备金不足以支付的情况下可以动用自有资本金来承担赔偿责任。

在正常情况下，保险公司的资本金除按规定提取注册资本总额的20%作为保证金外，其余资金在大部分时间为闲置状态，是保险投资的重要资金来源。保险公司的公积金则是根据相关法规从历年利润中提存的资金，与注册资本金一同构成了保险公司的偿付能力或承保能力。公积金包含资本公积金和盈余公积金。资本公积金来源于投资者实际交付的出资额与其资本金的差额、法定财产重估增值资本、接受捐赠的财产以及资本汇率折算差额，盈余公积金则主要按10%的比例从保险公司每年税后利润中提取。

（二）非寿险责任准备金

非寿险业务是指除人寿保险之外的保险业务，主要包括财产保险、人身意外伤害保险、短期健康险等短期性的保险业务。因其具有期限短、保费多为一次性交清等特点，非寿险责任准备金种类及提取方法与寿险有很大不同。根据我国相关法律规定，保险公司非寿险责任准备金主要有未到期责任准备金、未决赔款准备金和中国监管部门规定的其他责任准备金。

1. 未到期责任准备金

未到期责任准备金是指在准备金评估日，为尚未终止的保险责任提取的准备金。包括保险公司为保险期间在一年以内（含一年）的保险合同项下尚未到期的保险责任而提取的准备金，以及为保险期间在一年以上（不含一年）的保险合同项下尚未到期的保险责任而提取的长期责任准备金。从理论上来讲，这些保费收入同时也是保险公司的未了责任，故被称为未到期责任准备金，又称未了责任准备金、未满期责任准备金、未满期保费准备金等。此项准备金由保险公司严格按照会计年度来计提。

2. 未决赔款准备金

未决赔款准备金是指保险公司为尚未结案的赔案而提取的准备金，包括已发生已报案未决赔款准备金、已发生未报案未决赔款准备金和理赔费用准备金。已发生已报案未决赔款准备金是指为保险事故已经发生并已向保险公司提出索赔，保险公司尚未结案的赔案而提取的准备金。已发生未报案未决赔款准备金是指为保险事故已经发生，但尚未向保险公司提出索赔的赔案而提取的准备金。理赔费用准备金是指为尚未结案的赔案可能发生的费用而提取的准备金。其中，为直接发生于具体赔案的专家费、律师费、损失检验费等而提取的理赔费用准备金为直接理赔费用准备金；为非直接发生于具体赔案的费用而提取的理赔费用准备金为间接理赔费用准备金。

根据我国《保险公司非寿险业务准备金管理办法（试行）》规定，以上各类非寿险业务准备金必须严格采用相应的计提方法，以确保对被保险人与受益人的赔付。

（三）寿险责任准备金

大部分人寿保险的特点是保险期间长。保险费不论采用期缴还是趸缴方式，一般从投保到领取保险金会间隔相当长的时间。当年的保费收入对保险公司来说是一种负债，必须在保险合同生效后根据规定提取未到期责任准备金。提取的寿险责任准备金可供长期投资。

（四）保险保障基金

保险保障基金是指按照《中华人民共和国保险法》和《保险保障基金管理办法》规定缴纳形成，在法律规定的情形下，用于救助保单持有人、保单受让公司或者处置保险业风险的非政府性行业风险救助基金。与责任准备金不同，我国对保险保障基金的使用有着严格监管。根据规定，保险保障基金应当集中管理，统筹使用，并且有严格的投资范围。

四、保险投资渠道

（一）保险资金运用形式

从国际经验来看，保险投资工具主要包括股票、债券（含国债、金融债券和企业债券)、基金、贷款、房地产等几大类。我国保险法明确规定，保险资金运用形式包括银行存款，买卖债券、股票、证券投资基金等有价证券，不动产及国务院规定的其他资金运用形式。实际操作中，我国保险资金运用形式有银行存款，购买国债、金融债、企业债、基金、股票，投资基础设施，等等。

（二）影响保险投资收益的重要因素

根据日内瓦保险模型与偿付能力的决定模型，影响保险投资收益的因素主要有宏观因素和微观因素两大类。

1. 宏观因素

主要包括宏观经济环境与政府相关监管法规。首先，保险资金投资收益情况与宏观经济环境息息相关。比如，当宏观经济面临通货膨胀压力时，保险公司拥有的固定利率金融资产会贬值，而利率的持续上涨也会使保险公司遭遇退保风潮，进而减少其保费收入，影响其投资。其次，保险投资监管的相关法律规定影响着保险投资的规模与结构，进而影响其投资收益。比如，对保险资金可运用范围的界定较大程度地限制了保险公司的操作空间，影响了保险资金的投资收益。

2. 微观因素

主要是指保险公司内部的投资管理，尤其是保险资金的运用结构。政府的相关监管法规对保险资金的可投资范围与比例作出了明确规定，因此，各个可投资科目的收益情况按其权重的不同，决定了保险资金最终的投资收益。在保险资金运用结构中，银行存款与债券投资占比都在70%以上，这两项资产的收益奠定了保险资金投资收益水平的基准；股票和证券投资占比约为10%，由于这部分投资盈亏波动一般较大，对保险资金收益也会产生相当程度的影响。

第二节　养老社区相关理论

一、养老社区的概念及类型

（一）养老社区的概念与特点

1. 概念

养老社区是指以养老养生为目的建立的包括地域、利益、社会关系网等一系列要素的社会共同体。从某种意义上看，养老社区是房地产业与养老产业的交叉产业，是传统的房地产开发与新兴的康养业的结合，在提供居住服务的基础上，开发整合社区各项资源或专门引进各项养老资源，为居家养老提供社区服务。同时，养老社区创新发展了传统养老模式，集合了居家养老和社区服务的优势，是构建以居家为基础、社区为依托、机构为补充、医养相结合的养老服务体系的基础。在人民生活水平和生活质量不断提高的背景下，随着老龄化现象日趋严重，养老供需严重失衡，以个性化、定制化为特点的养老社区有着巨大的发展空间。

2. 特点

养老社区不同于养老地产，与传统养老机构也有很大不同。首先，养老社区以养老地产为依托，是养老地产的一种特殊形式，是以居家养老为目的的房地产。养老社区融商业地产与养老服务为一体，同时具备地产的商业性与养老的福利性特征，在开发、建设、配套、服务、法律适用、政策优惠等方面不同于一般的房地产。养老社区从居住、餐饮到护理、医疗、康复等都为老年人量身打造，一般与老年娱乐、康养、医疗等相结合。其次，养老社区又不同于传统的养老机构，表现为集聚化的、独立完整的老年住宅群或合居式的老年住宅群。住户可以以购买、租赁、会员或其他形式入住，可以拥有房屋所有权，同时享有社区提供的生活照料与精神文化服务，是一个开放的、活跃的、个性化的社会生活共同体。具体来说，养老社区有以下几个特点：

第一，养老社区是一个具有养老功能的社区。

养老社区是适合老年人心理、生理特点的住宅社区，具备符合老年群体需求的建筑、配套设施及专业养老服务体系等要素。从功能上看，养老社区必须符合养老的需求。首先，在建筑设计上充分考虑采光、通风等自然因素，为生活区和公共活动区提供适老宜老的环境；其次，配置相应的医疗、康复等设施和服务，为老年人提供不同于一般社区的养老服务；最后，在关注老年人身体健康的同时关注老年人的情感交流与社会交往，从开发设计到服务等方面为老年人提供一个私密与公共相结合的空间，既保障老年人正常的社会交往，又维护老年人的个人尊严。我国现有的保险养老社区一般根据年龄或身体状况把老人分配至不同的生活单元，并根据老人的年龄和健康状况动态调整居住单元和相应的服务，具备了养老社区的基本功能。

第二，社区养老模式是一种创新的养老模式。

社区养老不同于传统意义上的机构养老和居家养老，是随着物质生活不断发展，为了满足人们日益提升的养老需求而出现的养老模式的创新，既具有机构养老的专业性，又具有居家养老的舒适性。社区养老改变了之前被动养老、托管式养老的状态，是老年人自主养老、享老理念下的新型养老模式。养老社区就是提供这种新型养老服务的社会生活空间，集娱乐、酒店式服务、生活护理和医疗护理为一体，提供自退休享乐到临终关怀的一站式终身退休养老服务。在养老社区内，老年人可以享受清洁、卫生、维护等一般的社区服务，还可以享受社区内特有的医护、康养等适老服务。而且养老社区周边一般建有医院、康复机构等，可以为老年人提供近距离甚至零距离的医疗服务，大大提高了老年人生病就医的便利性，也提高了老年人生病后得到救治的概率。

第三，养老社区可以提供专业化的养老服务。

主要体现在：一是有适合老年人居住的住宅并有相关的配套设施，营造以老年人为本的社区文化和适老的生活环境；二是提供持续的老年照料服务，提高老年人生活质量。在老龄化日益严重的情况下，养老社区为愿意享老并有能力享老的老年人提供了一个选择，也为养老产业的发展提供了一个良好的机会。完善的养老社区必须是一个集养老服务、社区管理于一体的专业平台，在信息技术和互联网技术不断发展的情况下，智慧养老、智能养老也将成为养老社区的亮点。

第四，养老社区具有一定的个性化和定制化特点。

养老社区以老年人为主要居住对象，以符合老年人生理和心理特征为标准，成片开发和建设。老年人按照不同的收费标准交纳入住费或者月费等，享受养老社区提供的“物业+养老”或“社区+养老”双重服务。不同的生活单元配备不同的设施，老年人可以根据自己的年龄和健康状况选择不同的服务标准，并且部分养老社区可以为老年人提供多个地理位置不同的选择，实现“候鸟式”养老。入住社区时，老年人可以与配偶甚至其他家人一起居住，使用自己的生活用品。对于年龄相对小的老年人来说，养老社区就是配有养老服务的“家”，既是自我休闲娱乐、自我提升的空间，又是同龄人互动、交流的场所。而对于年龄较大、身体健康状态不佳的老年人来说，这个“家”又具有医护的功能。

（二）养老社区的类型

我国在进入老龄化社会特别是2005年以后，在老龄化带来的机遇与挑战并存的状态下，开启了一波创建养老社区的热潮。包括保险企业、房地产开发商、投资公司等在内的不同行业主体都参与到了养老社区的建设中。

根据不同的分类标准，养老社区有不同的类型。根据硬件设施、服务项目数量和完善程度，养老社区可以分为保障型、普通型和高档型三类（庹国柱，2012）；根据开发模式，养老社区可以分为专门建设的综合性养老社区、配建于普通住宅内的养老社区和结合旅游养生的度假型养老社区（周燕珉、林婧怡，2012），也有学者主张将其分为专门建设型和嵌入型两类（纪晓岚、刘晓梅，2016）；根据养老方式和盈利模式，养老社区又可以分为综合性、会员制和异地型（王振坡等，2015）；根据运营模式，养老社区可以分为销售型、持有型和混合型三种，实践中有北京东方太阳城、上海亲和源、北京太阳城与之对应（纪晓岚等，2016）；根据市场定位与规模，养老社区可以分为嵌入式、机构式和综合性养老社区，其中综合性养老社区是养老地产市场的焦点之一（谷月昆、冯长春，2020）。

二、养老社区相关研究

（一）国外相关研究

养老社区起源于英国，盛行于美国，比较著名的如美国查尔斯河“新桥”养老社区、日本横滨太阳城等。研究发现，西方对养老社区的实践多于理论研究。养老社区对老年人安度晚年的意义重大，不仅可以有效减轻家庭成员的负担，还有助于促进老年人与社区和社会的关系；同时，养老社区建设对于养老产业发展具有巨大的推动作用（Chappell，1990；Tamiya，2011）。

有关养老社区模式，主要有共同住宅、自助/互助小组、LETS 以及时间银行等方面的研究。

1. 关于共同住宅的研究

老年人共同住宅在欧洲很普遍，有助于解决老龄化问题（Choi，2004；Brenton，2001）。研究表明，共同住宅对于未婚、离婚和无子的老年人更具有吸引力，而且互助行为和非亲照顾对老年人身体健康、生活满意度和社会交往非常有利，并有助于提高社区的凝聚力（Anne，2009）。在“隔代共同住宅”（代际互助）中，德国老年人健康状况较好且对专业护理的需求较少（Kehland Then，2013）。

2. 关于自助/互助小组的研究

互助指不同家庭之间的非市场交易行为。Williams 和 Windebank（2000）指出，贫困社区比富裕地区拥有更强的自助/互助传统，美国有 1200 万～1400 万成年人参与自助服务（Lieberman，1986）。人们在团体中相互支持，解决共同的健康或社会问题，不仅能提供社会支持（Lieberman，1989），还能提高成员的心理健康水平（Seebohm et al.，2013）。但是无薪家庭不能从中获益（Williams and Windebank，2000）。

3. 关于 LETS 的研究

LETS 作为一项创新由 Michael Linton 在加拿大提出。Williams 和 Windebank（2000）通过研究发现，无薪家庭无法像从业家庭一样受益于自助/互助组织，于是提出一系列措施，其中 LETS 是一个被大量研究证明了的、重建社会网络和促进贫困人口互助的有力武器（Williams，1996；Lee，1996；Pacione，1997；Seyfang，1998）。LETS 曾在英国非常流行，但由于受到资金问题、供求关系、组织障碍、社区和规模效应以及信任缺乏等因素的限制（Aldridge and Patterson，2002），加上缺乏总体时间设计、实践规范不能与时俱进等深层次因素，到 2010 年，只有极少数地区的 LETS 系统继续存在（Cooper，2013）。

4. 关于时间银行的研究

时间银行最早于 20 世纪 80 年代中期在美国启动，源于埃德加·卡恩

（Edgar Cahn）的“时间美元”项目。它通过提供非专业性的邻近活动，换取可消费的时间信贷（Seyfang，2004）。当LETS在英国发展受挫时，时间银行是其继任方案（Cooper，2013）。它代表英国社区货币发展的新阶段（Seyfang，2002），被认为是美国“共同体货币”的最流行类型。虽然面临着缺乏会员参与、资金困难以及志愿者倦怠等问题，但是它能促进成员健康，有助于社区建设和社会联系，依然是人们重建社区和实现对环境负责等美好生活的必要条件（Ed Collom et al.，2012），而且这种时间互补货币体系还可以作为实现经济可持续发展的途径（Válek and Jašíková，2013）。

（二）国内相关研究

1. 发展路径研究

养老社区在我国起步较晚。郑功成（2004）提出，要建立健全社区养老服务网络，构建多层次的老年保障体系。在“未富先老”的巨大压力下，大量建设养老社区非常必要。将养老社区建设作为政府规划小城镇建设的重要内容，能同时带动小城镇建设和加强大城市与小城镇的联系，对于建设美丽中国、建成城乡一体小康社会具有重要作用（娄金霞，2013；郝演苏，2013）。在研究人口老龄化背景下家庭养老向社会养老转化的问题时，穆怀中、陈曦（2015）认为发展农村社区养老是有效途径之一。农村社区养老现实发展路径是以乡土互助文化为基础的（高和荣、张爱敏，2014）。农村的聚族而居（袁同成，2009）、村庄熟人社会、特有的集体土地制度（贺雪峰，2019）、家庭联产承包责任制等国家政策的支持（张云英、张紫薇，2017）以及农村经济发展水平的提升为发展互助养老提供了现实基础（贺寨平、武继龙，2017）。然而这种发展路径存在着资金不足或者来源单一、参与度较低、覆盖面较窄、养老技术匮乏、服务水平参差不齐等共性问题（吴香雪、杨宜勇，2016；刘妮娜，2019）。时间银行作为一种志愿服务和养老模式的创新（穆光宗，1999），有助于缓解不断增大的老年人照料和服务压力（陈功、黄国桂，2017）。在我国，上海首个探索时间银行的实践以失败告终（祁峰、高策，2018）之后，时间银行在相当长的时间内处于摸索阶段，直到2008年才重新进入人们的视野并呈现快速发展趋势（陈功、黄国桂，2017）。在城乡融合发展背景下，可以尝试以地缘为基础的“城乡互助”养老模式（睢党臣、曹英琪，2019），或者构建全新乡村养老社区，开展互助养老（袁志刚等，2019）。

2. 养老社区服务方面的研究

根据《社会养老服务体系建设规划（2011—2015 年）》，社区养老服务应该包括日间照料、短期托养、餐饮、医疗、文娱等服务（姚兆余，2014）。养老社区中提供的服务内容可以有“养老+教育”（学院式）、“医养结合”（阶梯式）、“亲情化”（全龄化社区）以及“养老+旅游”（小镇村落式）等多种类型（王振坡等，2015）。目前，我国养老社区提供的老年服务种类丰富，有旅游养老、康复养老、“互联网+”智慧养老等（邓大松、李玉娇，2018）。除此之外，马智利、王佳丽（2015）从人口学角度提出多代分居养老社区模式；张智华（2016）从文化角度对养老社区进行研究，提出在养老社区建设中要把人文关怀体现到每一个细节；还有学者从建筑学等角度研究养老社区的空间规划，以提供更人性化的服务。随着人们健康养老、养生需求的不断提高，在“医养结合”背景下，以市场化、产业化为主导思路，以老年群体为主要居住人口，以集中化供给老年人生活照料与基础医护服务为特征的新型医养结合型养老社区越来越受到大家的欢迎（易艳阳，2020），医疗服务设施和医护服务是其核心功能。目前我国多家保险养老社区以医养结合为主要特征，其中泰康人寿投资的养老社区集合养老、医护等众多资源和优势，是业界的佼佼者。

第三节　保险公司投资养老社区文献综述

一、保险公司投资养老社区基本理论

（一）福利多元化理论

福利多元化（welfare pluralism）理论源于 1978 年英国沃尔芬德的《志愿

组织的未来报告》。报告认为，志愿组织也是社会福利的提供者之一，福利供给体系存在多元化趋势。福利多元化理论产生的历史背景是，随着石油危机的发生，西方国家经济出现“滞涨”的严峻局面，政府收入减少，巨额的福利开支成为政府的沉重负担；加上老龄化、失业等一系列的社会问题，传统的福利国家出现严重的社会危机，凯恩斯-贝弗里奇模式（Keynes-Beveridge Model）崩溃，对“福利病”进行治理成为各国政府的重要工作（林闽钢、王章佩，2001）。1978 年，沃尔芬德首先提出“福利多元主义”这一新概念。进入 20 世纪 80 年代，另一些学者如罗斯（Rose，1986）和伊瓦斯（Evers，1990）提出了更加详细的福利多元主义。罗斯提出，家庭、市场和国家这三个部门都是社会福利的来源，其中国家在提供福利中起着重要的作用，但绝对不是对福利进行垄断。福利是全社会的产物，市场、国家和家庭提供的福利总和为社会总福利。任何一个部门单独提供福利都存在一定缺陷，必须有效结合，优势互补。这对福利多元理论与实践进行了重要探索和论述。在此基础上，伊瓦斯提出了福利三角的研究范式，即市场、国家和家庭。其中，市场（经济）与正式组织对应，体现了自主和选择的价值，作为行动者的社会成员建立了与市场（经济）的关系；公共组织对应着国家，体现了平等和保障的价值，其社会成员建立的是与国家的关系；家庭是非正式/私人组合，体现了团结和共有的价值，社会成员建立的是与社会的关系（见表 2-1）。伊瓦斯的福利三角范式在罗斯三部门理论的基础上揭示了三部门之间的互动关系，其中国家提供正式福利，家庭和市场提供非正式福利；市场福利存在一定的风险，家庭福利和国家福利可以有效分担市场福利的风险。在之后的研究中，Evers 和 Olk（1996）修正了福利三角范式，使用四分法，将福利来源分为市场、国家、社区和民间社会组织四个部门，特别强调了民间社会组织在提供福利上的重要作用。奥尔森（1993）和约翰逊（1987，1999）也分别采用三分法和四分法来研究福利来源。约翰逊在奥尔森提出的国家、市场和民间社会（家庭、邻里、志愿组织等）三分法的基础上，把志愿部门单独列出，作为一个相对独立的部门，与三分法中的其他部门并列。这里的志愿部门是指包括自助、互助团体等在内的非营利机构，作为非正式部门提供社会福利，与家庭共同发挥重要作用。这些理论进一步丰富了福利多元化理论研究。

表 2-1　伊瓦斯福利三角范式中的组织、价值和关系

福利三角	组织	价值	关系
市场（经济）	正式组织	自主、选择	行动者与（市场）经济的关系
国家	公共组织	平等、保障	行动者与国家的关系
家庭	非正式/私人组合	团结、共有	行动者与社会的关系

资料来源：周明明，冯喜良 北京养老产业报告（2015）［M］．北京：社会科学文献出版社，2015：177.

总之，福利多元化理论强调的是社会福利供给主体的多元性以及各供给主体之间的互动关系，其核心理念是将政府提供福利的领域转移到市场、社会及其他部门。各部门在提供福利时分工合作、优势互补。政府主要在基础领域提供公共服务方面发挥重要作用，同时兼任社会福利的引导和规范者，家庭、社区、各种非营利性社会组织和营利性机构均可以参与社会福利的提供。通过多部门的福利提供，形成福利供给的多元体系，从而形成国家规范下的多元化福利社会。在此理论的影响下，养老服务作为一种社会福利，也可以由市场、国家、社区和民间组织共同提供。国家在基本标准和规范之上制定相关制度，同时提供基本养老服务，比如社会养老保险体系、公立的福利养老院等机构；其他的高级养老服务以及相关产品可以交由市场、社区或民间组织来实现，按照市场经济基本规则运行养老机构、提供养老服务，进而形成国家规范的市场、社区和民间部门共同提供养老福利的多元体系。

（二）社会福利社会化理论

在福利多元化理论的指导下，西方国家的福利改革以“民营化”为主要目标，其理论思想和改革的实践经验也影响到了中国福利制度改革。20 世纪

80年代后，我国在社会福利领域倡导“社会福利社会化”的改革[①]。所谓的“社会福利社会化”是指，在政府的倡导、组织、支持和必要的资助下，动员社会力量建设社会福利设施，开展社会福利服务，满足对福利服务的需求(多吉才让，2000)。其基本内容源于1990年时任民政部副部长张德江在“中国内地与香港社会福利发展第一次研讨会”上提出的，社会福利社会化应包括服务对象的社会化、资金来源的社会化、管理的社会化、服务设施的社会化和服务队伍的社会化等。之后民政部等11个部委联合发布的《关于加快实现社会福利社会化的意见》（国办发〔2000〕19号）明确了社会福利社会化的内容为投资主体多元化、服务对象公众化、服务方式多样化和服务队伍专业化等四项内容。

在理论界，各位学者也对社会福利社会化作出界定。郑功成（1997，2011）指出在社会福利实施方式方面，社会福利应当社会化，具体来说包括社会福利设施社会化和社会福利机构社会化。社会福利设施社会化是指设施不能自我封闭，要对整个社会开放；福利机构社会化是指社会福利不能由政府、企业或单位包办，必须通过广泛的社会机构和公共组织来共同实施，向公共化、非官方化发展。杨团（2001）认为，社会福利社会化的内容应该包括政府的放权、政府职能的转变、民办非企业组织和民间资源的开发等方面，基本思路是强调社会福利服务不能仅仅靠政府和计划体制来提供，需要社会全体共同合作，更多地发挥社会力量在福利服务中的作用。田北海、钟涨宝（2009）以福利多元化理论为基础，提出建立以国家、市场、社区和民间社会四个部门为主体的四维分析框架下的社会福利社会化体系，基本理念是“福利多元主义”或社会共同责任本位，基本内容包括福利主体的多元化、筹资渠道和服务队伍的社会化以及福利对象的公众化，即动员社会各部门力量，最大限度地满足社会成员的福利服务需求，蕴含着对福利目标、福利对象、福利主体、福利机制和福利政策模式等多方位内容进行界定的价值理念。

社会福利社会化理论是在我国以“未富先老”为特征的人口老龄化、家

---

① 田凯．非协调约束与组织运作——中国慈善组织与政府关系的个案研究［M］．北京：商务印书馆，2004：255.

庭结构小型化、居民生活水平不断提高、单位福利职能改革和城市结构变化的背景下提出的，是我国福利事业发展的正确道路（杨团，2001）和我国福利制度改革的方向（方舒，2010）。其开始实践探索的时间刚好是西方国家福利私营化发展的初期，在一定程度上受到福利私营化的影响，但是由于我国的国家性质与西方国家截然不同，我国福利制度的内容、福利机构的性质、民间组织的发展情况以及福利服务人员的基本情况与西方国家在本质上存在区别（丁华、徐永德，2011）。总之，社会福利社会化是中国特色的福利体系，虽然在具体操作方面可以参照西方国家的福利私营化，但是在为最广大人民提供基本福利的基点上与西方国家以效率为先的私营化目标有着根本区别。

（三）保险资金投资养老社区是养老服务社会化的一个重要形式

福利多元化主要强调福利的规则、筹资和供给可由公共部门、营利部门、非营利部门、家庭和社区等不同部门共同负担和完成。政府不应该是福利的唯一供给者，而要转变为福利的规范者、购买者、物品管理者，以及其他部门从事福利供给的引导者。与传统的社会福利理论强调政府责任相比，福利多元化理论更强调市场和民间组织在社会福利提供中的作用。虽然该理论出现的背景是为了摆脱西方福利国家单纯依靠政府提供社会福利而带来的危机，但其提供的发展社会福利的方法和视角仍可为我国发展社会主义国家的社会福利事业所借鉴。

养老问题历来都是一个社会福利问题，为老服务是社会福利内容的一部分，养老福利是社会福利的重要组成部分。随着人口老龄化进程的加速，老年人的服务需求急剧扩张，而家庭结构和规模的变化使得家庭养老功能弱化，老年人的服务需求与服务供给之间的矛盾日益突出。这迫切要求社会力量积极参与，改变国家作为福利服务唯一供给者的状态，使国家、市场、社区、家庭共同承担起为老年群体提供多元化服务的责任。根据福利多元主义理论，处理老龄化风险，单纯依靠政府的力量是行不通的，西方高福利国家养老保障制度发展的历史和现实很好地证明了这一点。

作为一项基本的社会福利，长期以来我国的养老服务保障主要依靠政府和单位提供。中华人民共和国成立之初，党和国家就开始探索建立社会养老福利制度，内务部接管改造了大批救济性福利机构并更名为社会福利院或养老院，专门收养残疾人和“三无”老人。截至1964年，全国共建成城镇福利机构733个，收养城镇“三无”老人近7.9万。这一阶段，传统的“养儿防老”思想和我国当时平均4.3~4.6人的家庭规模足以支撑家庭养老方式，家庭养老功能相对比较完善；而且由于单位“从入职到坟墓”的福利制度，形成了城乡割裂的、以家庭养老为主、政府包办城镇孤寡救济和农村五保户的老年人福利服务格局。

改革开放以后，1984年，我国民政部首次提出“社会福利社会办”，提倡福利事业由国家包办向国家、集体、个人共同办转型。1993年，《关于加快发展社区服务业的意见》中首次提出“养老服务”的概念，将养老服务纳入社区服务范围。1999年，我国进入老龄化社会，而且随着计划生育政策的推行，以独生子女为显著特征的小型化家庭逐渐成为家庭的主要形式，家庭养老功能不断弱化，“未富先老”“未备先老”的国情对社会化养老提出了迫切要求。在这样的现实情况下，单纯依靠政府或单纯依靠个人都难以解决人口老龄化给中国社会带来的养老压力。2000年，《关于加快实现社会福利社会化的意见》明确了社会福利社会化的基本要求。2005年，国务院文件第一次将“养老服务”作为一个业态。2006年，“养老服务”第一次被纳入国民经济和社会发展五年规划，国务院办公厅转发的全国老龄委办公室和国家发展改革委等部门的《关于加快发展养老服务业的意见》第一次界定了“养老服务业”的内涵外延，第二次全国老龄工作会议提出建立“以居家养老为基础、社区服务为依托、机构养老为补充”的中国特色养老服务体系。2008年，全国民政工作会议第一次完整表述了“以居家为基础、社区为依托、机构为补充”的社会养老服务体系。同年，全国老龄办等10部门联合印发《关于全面推进居家养老服务工作的意见》，第一次就居家养老服务工作作出专门部署。2011年，国务院办公厅出台全国性养老服务专项规划，第一次通过中央预算支持养老服务设施建设的政策，同时提出，社会养老服务体系建设应坚持“政府主导、多方参与”的原则，“发挥市场在资源配置中的基础性作用，打破行业界限，开放社会养老服务市场，采取公建民营、民办公助、政府购买服务、补助贴息等多种模式，引导和支持社会力量兴办各类养老服务设施”。在此精神指导下，民政部于 2012 年 7 月出台了《民政部关于鼓励和引导民间资本进入养老服务领域的实施意见》，支持和鼓励社会力量多形式、多渠道兴办各类老年服务实体，积极引导社会各界参与养老服务业；鼓励民营资本投资养老机构建设，使其成为机构养老的重要补充力量。

“十一五”以来的国民经济和社会发展五年规划，都将养老列入重要民生议题进行保障；2017 年、2018 年的两次中央经济工作会议也都分别对鼓励社会资金进入养老领域、解决“养老难”问题作出部署。党的十八大以来，国家层面出台多部涉老专项规划，相关部门出台几十份具体指导性文件，为养老服务、老年照顾、医养结合等多个领域提供了规范性意见和发展方向。在 2018 年新一轮国家机构改革中，民政部专门设立养老服务司承担老年人福利工作，为养老服务、老年人福利等工作提供指导，养老事业迈向高质量发展的新时代。截至 2019 年 6 月底，全国建成各类养老机构 2.99 万个，社区养老服务机构和设施有 14.34 万个。在参与社会养老服务的各类社会机构中，保险公司及其积聚的数额庞大的保险资金应该成为支持社会养老服务体系建设的一股重要社会力量。截至 2020 年底，我国保险总资产规模已达 232984.3 亿元。保险业庞大的资产规模、相对稳定的现金流和强调稳健性的投资风格，与养老服务体系建设投资“投入大、周期长、周转慢、回报稳定”的特点相契合。保险资金投资养老社区成为养老服务社会化的一个重要形式。

二、国外研究综述

国外对保险资金投资养老社区的研究主要集中在保险资金投资不动产方面。Bailey（1862）提出了安全性、最高的实际收益率、部分资金投资于能迅速变现的证券、另一部分资金可投资于不能迅速变现的证券、投资应有利于寿险事业的发展等寿险业投资的原则。在 Bailey 五原则的基础上，Pegler（1948）提出了投资结构多样化、投资分散化、收益最高、经济效益与社会效益相结合的四大原则。房地产投资被认为是一种有效的投资组合多元化工具

(Hoesli et al.，2004)。多位学者强调房地产投资组合中应该包括直接和间接的房地产投资，同时认为国际化投资有益于提高投资绩效（Mull and Soenen，1997；Gordon，Canter and Webb，1998；Stevenson，2000)。

欧洲的保险公司是房地产市场的重要投资者，投资者主要是人寿保险公司。与财险公司不同，寿险公司对长期投资感兴趣，因为它们不需要高流动性。投资方式有直接投资和间接投资，利润主要从商业房地产中获得，或者从发放贷款的利息中获得，或者从购买房地产投资基金［不动产投资信托基金（Real Estate Investment Trusts，REITs）或其他合法形式］的单位购买抵押贷款支持的证券中获得。

随着英国“养老金私有化”（Naczyk and Palier，2014）的推进，养老金业务成为英国保险公司越来越重要的保费来源，人寿保险公司在退休收入体系中发挥着越来越突出的作用。英国人寿保险公司的重点已经从分散过早死亡和退休的经济风险转向拥抱金融市场风险（Baker and Simon，2002)。在应对金融不确定性的管理上，英国人寿保险公司已经由谨慎的精算实践转向明确量化金融风险和机遇风险的资本计算实践。相应地，精算师在保险公司财务风险管理中的角色也由“盈余托管人”转变成“风险建模者”。保险公司应该妥善处理与其投资业务相关的各种金融风险，以减少退休福利对金融市场状态的依赖（Heide，2020)。

成熟国家保险公司投资养老社区最主要的间接方式为购买不动产投资信托基金。REITs是一种投资工具，能够从房地产投资活动中获得资本市场收益，为投资者提供了投资和拥有一系列高质量的、有价值的商业房地产投资组合的机会，并以股息、流动性、多元化、高透明度和专业管理的形式获得较好的回报和稳定的收入。在不动产投资信托基金管理中，投资管理至关重要，其职责包括选择投资物业（Li and Wang，2021)。

三、国内研究综述

（一）我国保险公司投资养老社区的必要性研究

保险公司投资养老社区的必要性研究主要集中在两个方面，一是老龄化的必然要求，二是保险公司自身发展的需要（周爱玲，2018）。

学者们认为，保险公司投资养老社区可以增加养老供给，特别是满足高端养老的需求。随着中国老龄化日益加剧，中国传统家庭养老方式逐渐弱化，养老社区需求逐渐增加（王海燕，2002；赵立新，2004；杨晓冬等，2016）。作为重要的社会投资力量，保险公司参与养老实体产业的投资，能有效缓解我国养老困境（郭锐欣，2011）。由于老龄化的高龄化的趋势，我国城乡居民对养老方式和养老质量日益关注，国内高层次的养老需求和巨大的养老市场为保险公司投资养老产品的开发、养老社区的建设和养老设施的管理提供了一个良好的机遇。为了适应人们高品质养老的需求，保险公司投资的养老社区应该以高档型养老社区为市场定位（庹国柱，2012），不仅可以为养老社区带来大量稳定的资金支持（康凯、初锟，2015），还可以满足老年人高层次的养老需求。保险公司良好的品牌效应和强大的资金实力可以降低养老社区运营风险，提升养老社区服务供给质量（刘永合，2015）。随着老龄化程度的加深，我国成为老龄产业市场潜力最大的国家（左进，2017），同时，在“健康中国 2020”战略推动下，健康产业链发展掀起新浪潮，人口老龄化向健康老龄化转变，保险公司投资方向也逐步向健康产业链转变（孙正成、秦思敏，2019）。保险资金投入养老地产也意味着保险公司介入了养老社区及其运营和相关的医疗服务、健康护理、家政服务等一系列服务，还可以结合老年人的喜好开发新的保险业务和产品，进一步挖掘市场潜力（李晨洋，2020）。

在现有文献中，更多的学者重点讨论了投资建设养老社区对保险公司的重要意义。在综合经营时代，保险公司投资管理成为其稳健经营的关键（徐为山、严峰，2002）。低利率环境下，保险资金投资渠道多元化不仅是其分散风险的基本要求，还是保费收入不断增加的一个必然要求（刘经纶，2003；陈成、宋建明，2009）。保险资金投资养老社区有助于保险公司进一步拓宽投资渠道，分散投资风险，获取相对稳定的投资回报，并且可以缓解保险公司资产负债不匹配的问题，延伸保险产业链，提高整体偿付能力，发挥专业优势，提升服务形象（郭锐欣，2011；林增余、林景群，2011）。当前保险公司，尤其是寿险公司的业务在纵横两方面进行着产业扩张。横向来看，寿险公司突破传统经营保险的单一模式，向资产管理、证券等业务扩展；纵向来看，寿险公司努力向产业两端延伸。投资养老社区是其养老保险业务从给付养老金到给付养老服务并不断延长产业链的一个重要表现，也是其业务拓展到资产管理的一个重要内容，为保险资金投资找到了一个良好的出口（庹国柱，2012）。从监管的角度来看，投资养老社区非常符合保险资金投资的安全性要求，可以缓解资产错配问题，还有效促进了保险公司在健康保险、护理保险等业务方面的创新（刘永合，2015）。保险公司深度介入养老产业，可以实现保险产品与养老产业的对接，为中产阶层老年人提供社区化、医养结合的持续照料养老服务，打通生命全产业链，扩大盈利空间，完成产品与产业的闭环，为客户提供一站式服务进而增强客户黏性，打造“保险+养老+服务”的新型养老产业模式，形成以投资促发展的良性循环（左进，2017；戴锦，2020）。在“健康中国2020”战略背景下，保险投资与养老地产和健康产业链发展具有较高的匹配性，保险公司养老产品客户与养老地产客户在同一地域空间具有高度一致性，保险与养老地产的融合能够实现“双赢”，形成一种新型商业模式，有利于实现更多的战略价值（孙正成、秦思敏，2019；李晨洋，2020；戴锦，2020）。

（二）我国保险公司投资养老社区的可行性研究

借鉴海外保险投资经验，基于我国缺乏基础产业和基础设施建设资金的现实，可以考虑允许保险资金在投资方式上增加不动产投资，但同时限制其投资比例（王绪瑾，1999）。从外部环境来看，1996年我国宏观调控开始转向刺激需求，3年内7次降息，给保险公司带来了巨大利差损压力。加上我国加入WTO后保险公司面临着外资公司的价格竞争压力，保险公司应在现有政策允许的情况下尽量分散投资，避免资产过分集中（肖文、谢文武，2000）。保险资金的性质和投资的目的决定了保险公司在投资时不仅要理性确定其投资策略，保证资金与债务的匹配，还应该充分考虑其社会责任，把社会发展和收益最大化结合起来（徐为山、严峰，2002）。随着我国保险监管体制的成熟，保险资金运用范围有了政策保障，保险投资渠道不断拓宽，涵盖了从债权到股权、从金融产业到基础设施等方面（周爱玲，2007）。2009 年 10 月 1 日，修改后的保险法开始实施，明确规定了允许保险资金投资于不动产，意味着我国保险资金直接投资不动产已经没有政策障碍（陈成、宋建明，2009）。人口老龄化催生养老实体产业，2008 年 12 月《国务院办公厅关于当前金融促进经济发展的若干意见》中明确支持相关保险机构投资医疗养老产业。虽然相关政策规范还不完善，但是保险公司在投资养老社区建设方面具有资金和专业方面的天然优势，包括泰康人寿、中国人寿等在内的多家保险公司已经或正在筹备投资建设保险养老社区（林增余、林景群，2011；郭锐欣，2011）。这也是保险公司在维持规模高速增长的同时，提高保险业发展质量的重要举措（庹国柱，2012）。保险资金量大、期限长、稳定性较高，同时保险公司拥有丰富的金融与客户资源，通过 SWOT 分析，保险公司投资养老社区在品牌声誉、资金实力、客户资源、配套及资源整合等方面较其他投资主体具有独特的竞争优势（欧新煜、赵希男，2013）。政府对保险资金运用政策的放松、中国老龄化的加速、银发经济的蓬勃发展，给保险公司投资养老社区带来了良好机遇（杨利超，2014；左进，2017），中央一号文件为养老社区建设带来新契机（盛松成、李鹏，2018）。保险公司可以凭借雄厚的资金实力和资金规模大、期限长、来源稳定、注重长期性和稳健性的天然优势，融合保险产品与现代化养老社区，创新保险发展新模式，建立保险行业新形象（王振华，2019；李文剑，2019；戴锦，2020）。

（三）我国保险公司投资养老社区投资模式的研究

保险投资是现代保险业得以生存和发展的重要支柱（王绪瑾，1999），是保险公司重要的业务环节和其经营利润的重要来源，必须引起保险公司的重视。而保险投资策略是指导保险公司投资的大纲，陈友平（2000）认为，科学的投资策略必须充分考虑政策法规、市场环境等外部因素以及保险公司自身能力和水平等内部因素，同时遵循“三性”（安全性、流动性和收益性）基本原则，保险公司的投资策略可以由资产负债策略、投资组合策略、风险控制策略、保守的财务策略和政策应对策略等方面组成。资产管理业务是保险公司经营综合化的集中表现，投资管理已经成为保险公司稳健经营的关键所在。国外保险公司投资管理一般经历“资金运用—投资性产品—资产管理”的轨迹，不同阶段的共同基础是保险公司的投资管理能力。我国保险业资产管理目前处在资金运用阶段，是较初级的阶段，应该将保险产品设计、销售与投资结合起来（徐为山、严峰，2002）。特别是在低利率时代，保险公司保持长期投资收益和风险控制的核心是提升保险公司自身管理能力，尤其是其组织结构和资产负债管理能力，有效运用资产负债管理（ALM）方法，对保险产品理性定价，使投资组合和期限结构与负债相匹配（刘经纶，2003）。

保险资金投资不动产是保险资产配置的重要组成部分，一般包括直接投资和间接投资两种模式。国际成熟保险市场投资不动产主要有直接购置模式、投资开发模式、顾问服务模式、产品配置模式、发行产品模式、基金管理模式 6 种模式，遵循“由简单到复杂、由直接到间接、由实体到虚拟”的基本发展路线。随着资产证券化的兴起，国外保险公司投资不动产开始转向以间接投资为主、直接投资为辅的模式。间接投资中，不动产投资信托基金以其稳定性和长期性的特点，成为具有普遍意义并且与保险资金联系最为紧密的不动产投资基金，也是一直以来保险资金间接投资不动产的主要资产配置品种。我国法律虽然明确了不动产投资的可行性，但是对于是否可以投资 REITs 尚无明确规定。现阶段我国保险公司投资不动产涉及直接购置、投资开发和顾问服务三种模式，具体操作中主要采用自建自用、项目参股和合组公司三种子模式（陈成、宋建明，2009）。在投资养老社区方面，我国保险公司往往采取“出租+服务”的模式，注重保险服务与养老保健的结合，与房地产商投资养老社区模式不同（郭锐欣，2011）。具体投资模式有自己投资自己运营、自己投资出售或出租物业、自己投资合作运营等，其中保险公司自己投资自己运营又具体可以分为购买房产、会员会费、以房养老等模式（庹国柱，2012）。鉴于我国保险公司与其他投资主体相比具有明显的品牌、资金、客户和资源整合的优势，在直接投资养老社区时应采取集中差异化策略，在间接投资时基本采取以长期持有、稳定分红为主的策略（欧新煜、赵希男，2013）。目前我国保险公司主要以投资、经营的方式介入养老产业，投资模式以重资产模式为主，保险公司拥有或控制的养老社区主要有自建、收购或控股和战略联盟三种方式（左进，2017；戴锦，2020）。理论上讲，保险公司投资管理主要考虑安全性、流动性和收益性，在资产负债方面进行匹配管理，以收益的长期性和可持续性为目标（王国军，2020）。保险公司在决定是否投资包括养老社区在内的不动产项目时，主要考虑项目收益率，一旦决定投资于不动产项目，就改变了保险公司的整体风险水平（陈树敏、郝志峰，2018）。2020 年 4 月 30 日，中国证监会与国家发展改革委联合发布了《关于推进基础设施领域不动产投资信托基金（REITs）试点相关工作的通知》，标志着国内基础设施领域公募 REITs 试点正式起步。REITs 安全性较高、流动性强、收益稳定，契合了保险资金投资管理的需求，将拓宽保险资金参与养老资产的方式，优化保险资金资产配置结构。具体地说，我国保险资金可以通过直接认购公募基础设施基金份额、购买资产证券化产品份额方式参与 REITs 投资，也可以合伙人身份投资于有限合伙制 REITs（林娟娟，2021）。

（四）我国保险公司投资养老社区盈利模式的研究

保险公司投资管理应该注重资金来源分析，将投资与产品设计、销售结合起来（徐为山、严峰，2002）。保险公司投资不动产的模式不同，特点也各有不同，其中大多都是通过投资获取投资收益，也有顾问服务模式以收取佣金为盈利点（陈成、宋建明，2009）。养老地产可以分为保障型、普通型和高档型，其中前两者为福利性质，不以营利为目的。目前保险公司投资的养老社区主要是以中高端收入者为服务对象的高档养老社区，其盈利模式与资产配置模式和经营模式相关，选择哪种模式以更有效达到保险公司的经营目标是保险公司经营的关键问题之一（庹国柱，2012）。借鉴国外保险资金投资养老社区的盈利模式，结合我国的政策监管要求，我国保险公司根据自身定位和经营策略分别采用均衡月费模式、大额入住费模式和出售会员资格收入模式等三种盈利模式（殴新煜、赵希男，2013）。我国多家保险公司运营的保险养老社区的入住条件多与自家公司的保险产品对接，为中产阶层老年人提供养老服务，在保持一定盈利水平的前提下，实现更多的战略价值。这类产品实质上是“入门费”和租金（左进，2017；王振华，2019；戴锦，2020）。

综上，保险公司投资养老社区与国家对保险资金运用的监管制度密切相关。在政策不允许投资不动产之前，相关研究主要围绕拓宽保险投资渠道、保险投资不动产（养老地产）等方面的可行性与必要性进行，较少涉及保险投资模式，即使有相关内容也多是借鉴国外先进经验。在2009年修订后的保险法明确规定允许保险资金投资不动产之后，投资模式等相关问题的重要性日益突出，业界也开始了投资保险养老社区的实践，相关研究逐渐增多。囿于现实情况和法律规定，在2020年之前，我国保险资金投资养老社区都是采取直接投资模式，具体方式包括全资开发模式、股权合作模式与股权投资模式（李晨洋，2020）。2020年4月我国开始进行基础设施领域公募REITs试点工作，为我国保险公司投资养老社区提供了一个间接介入的模式，增加了我国保险公司介入养老地产的路径，将对保险公司资产管理以及我国养老社区的布局产生重大的影响。相应地，保险养老社区的经营模式、盈利模式以及提供的服务也都会发生变化，保险业将以全新的姿态提供更优质的养老服务。

第三章　我国保险公司投资养老社区的现状

第一节　我国保险资金运用

一、我国保险资金运用情况

（一）我国保险资金运用发展阶段

从1949年中国人民保险公司成立开始，我国的保险资金运用经历了从无到有、规模从小到大、从无序到比较规范的过程。根据国家监管情况和其自身发展历程，大体可分为以下几个阶段。

1. 1949年10月至1984年11月

这个阶段我国只有中国人民保险公司一家保险公司，所谓的保险资金运用只有银行存款一项，这主要与当时保险业的性质和经营管理方式有关。中国人民保险公司是具有经营和管理双重职能的保险事业机构。它掌握的保险资金属于国家财政，全部存入银行。1979年恢复保险业务之后到1984年11月，保险资金依然存入银行。当时处于垄断地位的中国人民保险公司有高额的承保利润，只能根据规定将保险资金存入银行，利息上缴国家，不被允许也不需要进行其他保险投资活动。所以这个阶段可以说基本不存在保险资金运用情况，即使存在，也只有银行存款一项，但资金运用收益不属于保险公司。

2. 1984年11月至1995年10月

在这一阶段，保险公司有了自主投资权，资金运用形式不局限于银行存款。从规范程度来看，这一阶段的保险投资属于无序投资阶段。1984 年 11 月，《关于加快发展我国保险事业的报告》颁布，标志着保险资金运用的真正开始。用于投资的保险资金来源于保险费扣除赔款、责任准备金、费用和税收后的剩余资金，资金运用方式为银行存款、国债、流动资金贷款和金融债券，并且额度受中国人民银行管理。到 1995 年《中华人民共和国保险法》出台前，虽然保险资金投资被广泛重视，但是只有《保险企业管理暂行条例》从法规角度明确了保险公司可以自主运用保险资金，再无其他规范性文件对保险资金进行监督和管理，保险资金运用呈现出过度投资、无序发展的状态。同时，我国资本市场发育不成熟，保险资金只能投资于少数的、风险较大的项目，投资收益率低甚至多数投资失败。特别是 1989 年后，大量保险资金投资于房地产和有价证券市场，形成了大量不良资产，损害了保险业经营的稳定性。

3. 1995 年 10 月至 2003 年 1 月

这一阶段，保险资金运用的主要特点有以下三个：

一是颁布相关法律法规对保险资金运用进行明确规定，有效遏制了先前的投资乱象，但同时也导致保险资金主要集中投资于银行存款和国债，限制了保险资金投资的活力。主要的法律法规如 1995 年的保险法、1996 年中国人民银行发布的《保险企业管理暂行规定》。

二是经济金融环境迫使国家和保险公司拓展保险资金的运用渠道。政府为刺激需求，从 1996 年 5 月到 2002 年 2 月连续 8 次下调金融机构存贷款利率，并且于 1999 年 11 月 1 日起开征 20%的利息税。国家的一系列经济政策使得保险资金投资收益率一再下降，利率风险巨大。

三是这一时期保险资金投资相关政策监管逐步放宽。1999 年 10 月，国务院批准保险公司资金可以通过证券投资基金间接进入证券市场。2000 年保监会批复泰康、华泰财险等多家公司投资于证券投资基金的比例提高到不超过上年末总资产的 10%。2001 年 3 月，保监会将平安、新华、中宏等三家公司的投连险投资于证券投资基金的比例从 30%提高到 100%。2002 年的保险法修正案和后续的 6 个政策性文件，为保险资金直接入市铺平了道路。

4. 2003 年 1 月至 2012 年 2 月

在这一阶段，我国保险资金运用监管政策进一步完善，投资渠道进一步放开，保险投资在有序发展中逐步扩大规模。

2003 年，保监会提出把保险资金运用与承保业务放到同等重要的位置，鼓励大型保险公司设立自己的资产管理公司。同年，新修订的保险法也允许保险资金通过投资企业债券等形式进行间接投资。《保险公司投资企业债券管理暂行办法》的实施在一定程度上缓解了长期困扰保险公司的可投资企业债券范围狭窄、比例过低的问题。

2004 年，以《国务院关于推进资本市场改革开放和稳定发展的若干意见》和《中国保监会关于保险资金股票投资有关问题的通知》及相关配套政策的出台为标志，我国保险资金迈入资本市场，进入全面开放阶段。同年，中国人保和中国人寿的保险资产管理公司也获批设立。2004 年 10 月，保监会和证监会联合发布《保险机构投资者股票投资管理暂行办法》，首次批准保险资金投资股票市场，并对投资股票的比例作出了限制。

2005 年 2 月，保险公司拿到了进入资本市场的“门票”，保险资金可以以独立席位直接进入股市。2005 年 9 月，保险外汇资金可以在境外运用，并能适量投资红筹股。自此保险公司投资资金横跨境内外两大市场，遍布金融和资本两大领域。

2006 年 3 月《保险资金间接投资基础设施项目试点管理办法》的实施标志着我国保险资金可间接投资基础设施项目。4 月，保险资金被允许可以用人民币购汇投资境外固定收益类产品和投资货币市场工具。6 月，“国十条”提出，在风险可控的前提下，鼓励保险资金直接或间接投资资本市场，逐步提高投资比例，稳步扩大保险资金投资资产证券化产品的规模和品种，开展保险资金投资不动产和创业投资企业试点；支持保险资金参股商业银行；支持保险资金境外投资。年底，《保险资金境外投资管理办法（征求意见稿）》发布，保险资金可投资于全球成熟资本市场。

2007 年发布《保险资金运用管理暂行办法》草案，“不动产投资”首次被明确写入文件。2008 年 4 月，推出中期票据，以及大型国企在港发行的无担保债券；10月，发布《保监会关于债券投资有关事项的通知》，把保险公司投资企业（公司）债的上限从上季末总资产的30%提高到40%；12月，发布《关于保险机构投资无担保企业债券有关事宜的通知》，从3个角度对险企投资无担保债券规定了上限。

2009年对于保险资金投资而言也是非常重要的一年，国家密集出台了一系列文件，进一步明确和规范了保险资金投资方面的问题。仅4月7日，国家就出台了5项与保险资金投资相关的政策。10月实施的新保险法更是明确规定保险资金可直接投资不动产。

2010年发布的《保险资金运用管理暂行办法》首次对保险资金投资不动产和未上市企业股权的比例进行了规定，整合并简化了保险资金投资比例，进一步扩大了保险资产配置的弹性和空间。其后，保监会又相继发布《保险资金投资的不动产暂行办法》和《保险资金投资股权暂行办法》作为《保险资金运用管理暂行办法》的配套文件，其中《保险资金投资不动产暂行办法》明确规定，险资投资的不动产仅限于商业不动产，办公不动产，与保险业务相关的养老、医疗、汽车服务等不动产及自用性不动产。

作为我国保险资金运用领域的纲领性文件，这些文件的出台对保险业及相关投资市场产生了重大而深远的影响。

5. 2012年2月至今

经过前期的发展，这一时期保险资金运用进入市场化改革阶段，保险资金大类资产配置结构发生了较大调整，保险公司投资管理能力渐趋成熟。2012年，保监会通过《关于加强和改进保险资金运用比例监管的通知》，建立了新的比例监管体系，发布了《关于保险资金运用监管有关事项的通知》，防范投资运作风险。

在保险资金的大类资产配置结构方面，2012年成为一个明显的分水岭。2012年之前，除了2007年受资本市场大牛市影响致使保险资金在证券投资基金方面投资比例较大之外，其他年份保险资金的大类资产配置结构以“存款+债券”为主。自2013年起，在监管政策的引领下，保险资金用于银行存款的比例持续下降。数据显示，2013—2016年债券投资占比由43.42%降至

32.15%，银行存款占比更是从29.45%跌至18.55%，而包括养老地产在内的其他投资占比明显提升，2017年占比超过40%（见图3-1）。2017年以来，各项投资比例虽然有所变化，但基本稳定，并且结构更加合理。

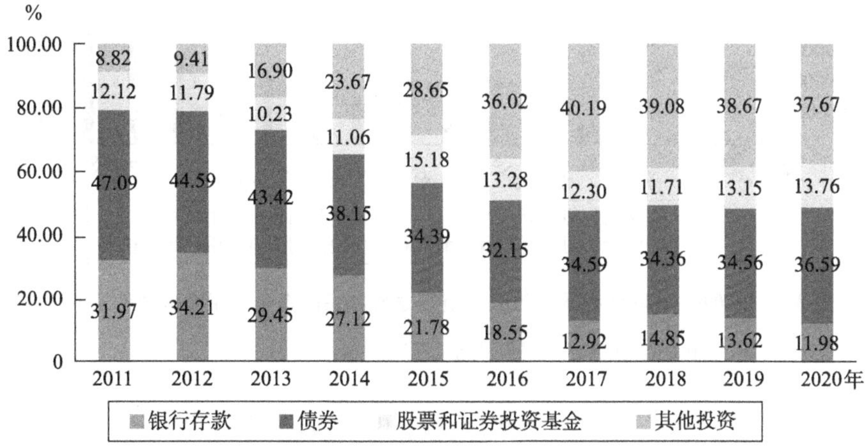

图3-1　2011—2020年我国保险资金运用结构比例

资料来源：《中国保险年鉴》、中国银保监会官方网站。

（二）我国保险资金运用现状

截至2020年底，我国保险总资产规模已达232984.3亿元，其中保险资产管理公司资产规模达760.63亿元。保险行业实现净利润3013.38亿元，同比增长3.36%，保险资金运用余额216801.13亿元，全年投资收益达9570.94亿元，其中证券投资基金贡献最大，占比12.19%①。

1. 保险业资产规模持续扩张

2004—2020年，我国保险业总资产累计增长了近20倍（见图3-2），年均增长率为21.36%，为保险投资提供了持续稳定的增量资金。2017年以来，由于保险业结构优化转型和基数较大，资金量增速有所下降，但整体呈平稳上升趋势，2020年较2019年增长了13.29%，保险资产扩张速度又有所

① 陈婷婷，周蔄怡2020年保险业年终考卷揭晓：投资收益大涨 产险承保利润暴跌51倍［EB/OL］．北京商报，［2021-02-01］．http：//finance. caijing. com. cn/20210201/4736033. shtml.

加快。保险资产总量增加与近年来较高的保费收入有直接关系，高保费收入源于我国经济的发展、人民生活水平的提高以及国民保险意识的增强。

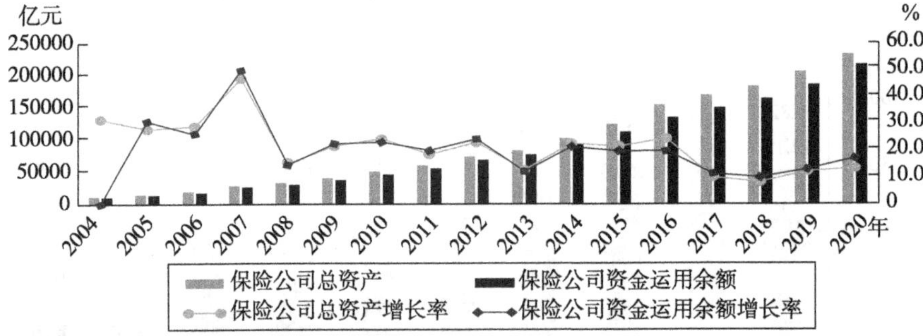

图 3-2　2004—2020 年我国保险公司资产总额和保险资金运用余额总额及其增长率

资料来源：《中国保险年鉴》、中国银保监会官方网站。

保险发达程度与经济发展程度密切相关。近年来，我国经济发展水平稳步提高，城乡居民收入大幅提升，为保险资金储备奠定了坚实的物质基础；国民财富的增长和生活条件的改善，提升了人民对美好生活的向往，其中就包括了对保险的需求。加上我国保险产品极大丰富，保险保障能力显著增强，而且保险产品中也不乏投资理财类型，进一步增加了人们对保险的需求。尤其是老龄化社会来临以后，人们对养老产品和养老服务的需求越来越强烈，带动了部分养老保险产品的发展。保费收入结构直接反映了人们对保险的需求（见图 3-3）。1999 年人身保险保费比重首次超过 60%以后，人身保险保费占比再也没有跌破这一比例。2003 年，人寿保险、健康保险和人身意外伤害保险三项保费收入占总保费的比重一度达到 77.59%，足以表明人们对人身保险产品的青睐。在人身保险的这三个保险种类中，人寿保险原保费收入稳中有降；自 2000 年以来，人身意外伤害保险原保费收入占比基本都在 3%以下；变化最大的就是健康保险原保费收入比重，2010 年以来稳步上升，尤其是近 5 年，在保费收入中的占比明显提升，2020 年达到了 18.06%，这也使得人身保险保费占比在 2018 年和 2019 年稍微下降后，到 2020 年又增至 73.64%，究其原因，除了随着生活水平的提高人们对身体健康类保险产品的需求增加之外，2020 年暴发的新冠肺炎疫情也起到了一定的刺激作用。

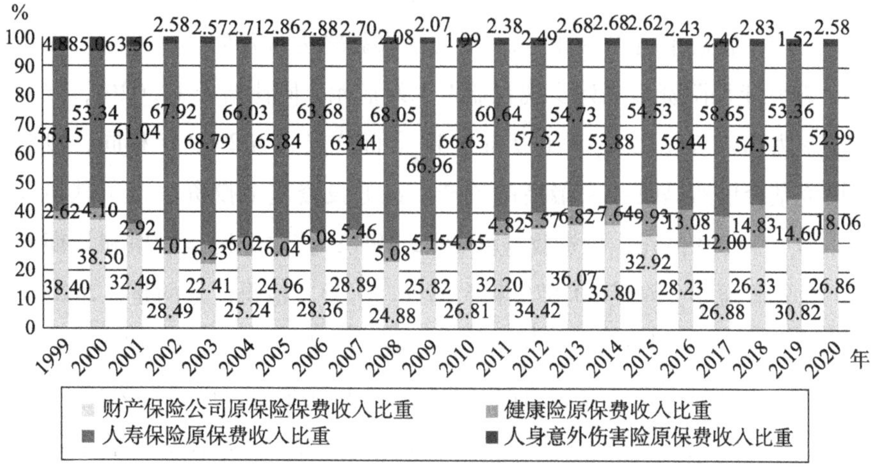

图 3-3　1999—2020 年我国保险原保费收入结构

资料来源：中国银保监会官方网站。

2. 投资结构更加合理

数据表明，2020 年我国保险资金运用余额达 216801. 13 亿元，2005 年以来年均增长 20. 97%，占保险资产总额的比重达 93. 05%。近年来，我国保险投资配置结构基本稳定，虽然仍以固定收益类投资为主，但呈现出投资标的多元化趋势，投资管理能力更趋成熟。截至 2020 年末，我国保险资金大类配置情况如下：银行存款 25973. 45 亿元，占比 11. 98%；债券 79328. 75 亿元，占比 36. 59%；股票和证券投资基金 29821. 51 亿元，占比 13. 76%；其他投资占比 37. 67%，其中，投资性房地产的规模为 2101. 06 亿元，占比 0. 97%。整体来看，继续减少收益率较低的银行存款类投资、增加股票和长期股权类投资，充分体现了保险投资求稳求好的基本要求。保险投资配置与前两年相比保持稳定，结构比例更加合理（见图 3-1）。这表明 2017 年以来，虽然宏观环境发生了变化，投资面临低利率、流动性收紧和资本市场波动较大的情况，但我国保险资金运用结构总体上趋于稳定，保险行业投资管理能力日趋成熟。

3. 保险投资收益率基本稳定

2004—2019 年这 16 年中，我国保险资金投资收益总和为 6.07 万亿元，平均年收益率超 3790 亿元，平均年收益率达 5.26%。

2020 年保险资金累计实现收益 1.1 万亿元，同比增长 17.02%，保险投资收益率为 5.41%，比 2019 年提高 0.47 个百分点。与 2019 年相同，股票和证券投资基金依然是收益率最高的资产。证券投资基金投资收益贡献最大，收益额为 1234.80 亿元，投资收益率为 12.19%；其次分别是股票和长期股权投资，投资收益率分别是 10.87%和 6.72%。另外，值得注意的是，2020 年，以投连险为代表的独立账户资金运用收益达 471.08 亿元，投资收益率达 25.81%①，凸显了投资险种的理财功能。从长期来看，虽然在 2007 年出现异常（当年投资收益率高达 12.17%），但整体来看，保险投资收益率基本稳定（见图 3-4），保险业整体投资情况尚好。良好的投资业绩为保险公司保持和改善偿付能力、实现稳定经营、提升保险行业竞争力提供了强力支撑。

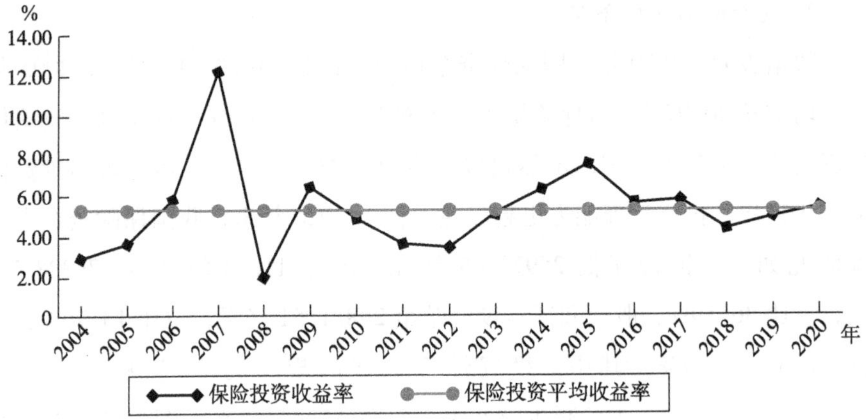

图 3-4　2004—2020 年我国保险投资收益率

资料来源：中国银保监会官方网站。

① 保险公司 2020 年全年利润超过 3400 亿元 全年保险资金运用收益共计 1.1 万亿元 [EB/OL]. 券商中国, [2021-01-31]. http://www.china-insurance.com/insurdata/20210131/51729.html.

4. 助力国家战略，服务实体经济和新兴产业

目前保险资金投资管理模式主要有委托投资和自住投资，其中，委托投资为主要方式。保险资产管理机构在保险资金运用过程中承担主要管理责任。根据《2018—2019 中国保险行业发展报告》相关数据，2019 年我国保险资产管理机构管理资产规模合计 18.11 万亿元，规模增长 16.45%，其中，管理关联方保险资金余额约为 14 万亿元，管理第三方保险资金约为 1.17 万亿元，管理业外资金 3.76 万亿元，全年管理收入增长 37.27%，达到 253 亿元。同时，总共发起设立各类债权、股权投资计划 1311 只，合计备案（注册）规模 29938.04 亿元；累计注册保险私募基金 22 只，合计规模 1863.1 亿元。截至 2019 年末，保险资产管理产品余额 2.76 万亿元，其中有 70%左右的认购方为保险企业。

通过资管公司的各项业务，保险资金不断提升服务实体经济的能力并提高效率，助力国家重大战略。近年来，保险资金重点关注长江经济带、京津冀协同发展、东北老工业基地振兴等国家战略。其中，2013—2018 年，保险资金以债权计划形式支持棚户区改造项目达 1628.76 亿元；在服务和支持精准扶贫方面，保险支农支小融资业务试点规模由 50 亿元增至 250 亿元，为建档立卡贫困户提供远低于市场利率水平的融资便利。2019 年保险资金向粤港澳大湾区建设投资达 10028 亿元。在服务实体经济和新兴产业方面，保险资金也表现不俗，在国家监管政策的引导下，不断为有市场、有前景、有技术优势的，有利于国计民生的实体经济和新兴产业提供资金支持。保险资金在社会服务领域的重大作用，充分说明了我国保险行业及其投资管理机构在投资能力和投资水平方面互相促进，资金运用质量不断提升，服务实体经济的能力和效率进一步提升。

二、保险投资的风险管理

保险投资过程中，不可避免地会面临一些风险，如政策风险、信用风险、市场风险、操作风险等。保险投资风险管理是通过一些制度、手段等将这些风险控制住，努力实现利益最大化。在一定程度上可以说，保险投资风险管

理是保险资金投资盈利的根本保证。具体而言，保险投资风险管理包括政府监管和保险公司管理两个方面。

（一）政府对保险业投资风险的监管

保险业不同于普通的商业行业，也不同于其他金融行业，其基本的保障职能和派生职能决定了其在国家管理中的重要地位。政府对保险业投资风险的监管是一国政府使命担当的体现，关系到经济社会的发展和稳定。因此，虽然形式不同，但是政府对保险业投资风险的监管是非常严格的，相关法律法规的完善也是同步的。

近年来，政府对保险资金运用风险的监管主要体现在发布修订基础性法律法规，以及规范保险投资行为、完善保险投资支持体系等方面。

1. 发布修订基础性法律法规

2015 年，我国修订保险法的同时也修改完善了保险资金运用的相关条款和法规，明确保险资金的运用形式包括银行存款、债券、股票、证券投资基金等有价证券和不动产，以及国务院规定的其他资金运用形式，在明确了投资范围的同时，也为强化对保险资金运用和保险资产管理发展的监管提供了法律依据。到 2016 年，《保险资金间接投资基础设施项目管理办法》发布，要求进一步满足保险资金长期配置需求，提高保险业服务经济社会的能力。2018 年保监会发布了《保险资金运用管理办法》，将保险资金的投资范围和投资限制进行了细化，并明确指出保险资金可以投资不动产和设立不动产、基础设施、养老等专业保险资产管理机构，其中不动产的概念是土地、建筑物以及其他附着于土地上的定着物。2019 年，银保监会发布《保险资产负债管理监管暂行办法》，规范资产负债管理监管评估方式，明确实施差别化监管，强化资产负债管理监管约束。

2. 规范保险投资行为、完善保险投资支持体系

近年来，我国政府采取各种手段，通过深化改革、激发创新潜能规范保险投资行为，完善保险投资支持体系。

首先，积极深化改革，支持创新，拓宽资金运用范围。2015 年 3 月发布的《中国保监会关于调整保险资金境外投资有关政策的通知》将我国的保险

资金投资拓展到境外，允许其投资香港创业板股票，拓展固定收益类可投资资产，强化境外投资监管；同年9月发布《资产支持计划业务管理暂行办法》，支持保险机构发起设立资产支持计划，不断创新保险资产产品品种和结构，推进股权投资计划、股债结合试点等产品；同月发布《中国保监会关于设立保险私募基金有关事项的通知》，允许保险资金设立私募基金，规范保险私募基金设立行为；2016年成立中保投资有限责任公司，推进设立中国保险投资基金；2018年10月银保监会发布《关于保险资产管理公司设立专项产品有关事项的通知》和《保险资金投资股权管理办法（征求意见稿）》；2019年5月和12月分别发布《关于保险资金参与信用风险缓释工具和信用保护工具业务的通知》和《中国银保监会关于将澳门纳入保险资金境外可投资地区的通知》，丰富保险投资工具，进一步拓展可投资的行业和空间，既有利于发挥保险资金长期稳健的优势，又有利于引导保险资金服务国家重大战略。

其次，强化风险管理，规范保险资金投资比例，推动健全保险资金运用内部控制。2015年7月连续发布《中国保监会关于提高保险资金投资蓝筹股票监管比例有关事项的通知》和《关于保险资产管理产品参与融资融券债权收益权业务有关问题的通知》，积极应对资本市场波动，规范保障资金运用比例；同年12月发布《保险资金运用内部控制指引》和《保险资金运用内部控制应用指引（第1号~第3号）》，建立健全有关内部控制制度并组织实施，同时引入第三方审计机构对内部控制的健全和有效精选进行专项审计；2020年9月发布《中国银保监会关于优化保险机构投资管理能力监管有关事项的通知》，进一步深化保险资金运用市场化改革，并同时出台了相关投资管理能力标准；同年11月发布的《中国银保监会关于保险资金财务性股权投资有关事项的通知》的核心内容是，取消保险资金财务性股权投资的行业限制，通过"负面清单+正面引导"机制，提升保险资金服务实体经济的能力并提高效率，提高民营企业和小微企业金融可及性。

（二）保险公司对投资风险的管理

保险公司是保险资金投资的主体，也是各项保险资金投资管理法规监管的对象。保险公司必须在各项法规允许的范围内进行保险资金投资行为，资金运用范围、投资比例、投资对象等必须符合法律法规要求。保险公司不仅要主动接受监管，积极配合监管部门的工作，还要主动加强学习，提升风险防控能力和投资管理水平。在风险可控的情况下，合理配置资产结构，提高投资回报率，增强自身偿付能力和行业竞争力。同时，优化内部管理制度，完善各项激励制度，激发员工创新潜力，为不断完善保险监管体系建设提供更多的正向经验，促进行业监管水平的提高。

1. 接受政府的监管

近年来，我国保险监管机构一方面完善各项风险管控制度，另一方面着力整治行业乱象，开展风险排查专项整治等工作。具体表现为接管问题公司，加大惩处力度。2018 年，保险监管系统累计在官方网站上公布了 1450 张行政处罚决定书，共计罚款 24105.5 万元；2019 年累计公布行政处罚决定书 947 张，共计罚款 14117.38 万元。2018 年 2 月至 2020 年 2 月，依法对安邦集团实施接管，保障消费者及各方合法权益；2020 年 7 月银保监会对天安财产保险股份有限公司、华夏人寿保险股份有限公司、天安人寿保险股份有限公司、易安财产保险股份有限公司等 4 家保险机构实施接管。

2. 完善投资风险管理制度

完善保险公司投资风险管理制度有利于有效控制投资风险，其中强化内部控制是重要措施，一般可以从投资决策、资产负债管理、指令执行、交易操作、风险管控、绩效评价、信息安全等方面着手。

第一，建立健全科学高效的投资决策管理制度，保证投资决策在符合公司司情的同时，具有可执行性。第二，完善资产负债管理制度，尤其是资产负债的匹配。这是保险资金运用稳定的前提，也是保证保险公司偿付能力的关键。第三，确保授权授信机制的有效性，主要是在执行各项指令时保证其准确性和执行力。第四，制定严格的投资交易管理制度。这是投资管理的关键内容，主要防范交易风险和道德风险。第五，完善投资执行制度，主要是指在投资活动流程中，规范不同环节岗位职责，防范疏忽大意引起的风险。第六，健全会计核算和内部审计制度。投资活动的独立性要求会计核算制度的独立性，而投资的社会性决定了必须对投资活动进行全面有效的审核与评估，健全相关制度。第七，建立有效的投资绩效评价机制。对保险投资活动的绩效评价既是本期保险投资风险管理的终点，也是下一期风险管理的起点。结合保险资金的特性合理评价投资绩效，有助于完善保险投资机制。第八，建立信息安全制度。这是所有活动的基本保障。在保险投资的整个操作过程中，从决策、执行，到最终的绩效评价，必须保证信息的绝对安全。尤其是在当前互联互通的互联网时代，高效快捷的信息传播有可能导致信息有意无意地泄露。这就要求必须严格计算交易数据的授权修改程序，完善数据保管等安全措施，坚持电子信息的定期查验制度，通过定期演习，确保系统安全、稳定、可靠运行；通过及时备份，确保信息的留存；通过将各项风险要素固化到系统中，最大限度地减少人为因素对保险投资的影响，降低操作风险。

3. 建立健全保险投资风险防控体制机制

第一，确立有效的风险防范原则。在风险防控制度设计和实际操作中，包括但不限于以下几个原则：合规性原则、全面性原则、独立性原则、独立制衡原则、审慎性原则、适时性原则、责任追究原则。

第二，制定合理科学的投资策略。投资策略是保险公司投资的方针蓝图，包括远期战略目标、近期战术策略以及投资的种种限制。合理科学的投资策略必须在合规基础上，科学设置资产负债关系，争取获得最大收益，且能有效控制保险公司的投资风险。制定投资策略的时候需要注意以下三点：一是投资策略的可执行性。其中建立科学的管理制度是关键，尤其需要协调精算、投资和会计核算三个部门的关系，使其既能各司其职，又能相互配合、相互制约，避免投资部门权力过大，背离保险产品定价和公司发展目标，增加投资风险，影响保险公司的偿付能力。二是必须坚持多元化投资方式。根据保险公司各类产品特点以及保险金给付的条件，充分考察保险期限与投资期限关系、保险负债额度与投资资产额度的规模、保险资金运用比例等相关监管要求，根据市场利率、市场风险和投资工具的品种进行多元化的组合投资。三是选择合理的投资目标顺序，寻求最佳投资组合。保险资金投资涉及国计民生，必须在保证安全性和流动性的基础上，追求最大的收益。

第三，引进和使用先进的管理理念。管理理念贯穿于保险资金投资的整个过程，起到指导和引导作用。我国保险资金投资管理理念必须兼顾以下四个方面：一是稳健投资理念。坚持科学有效的风险管理，坚持长期投资和价值投资，不做投机。二是绝对收益理念。坚持盈利性原则，保持多元性投资和组合投资，控制集聚风险。三是责任投资理念。保险资金投资不仅要注重经济效益，还要注重社会效益，必须承担其应有的社会责任。四是创新理念。创新是经济发展的根本动力，保险投资始终处于时代的最前沿，投资主体、投资客体和投资行为必须是紧跟时代又时刻准备超越时代的元素。尤其是在互联网技术及其影响力日新月异的条件下，创新理念是保险投资立于不败之地的基本要求。

第四，选择合理的投资组合和投资结构。在既定的投资目标下，根据已经确定的投资策略，选择合理的投资组合和投资结构。合理的投资组合既要满足法律监管要求的范围和比例，又要保证保险投资的盈利性。这就要求必须在法律规定的范围内选择投资方式，同时尽量分散投资，坚持组合多元化；定期检查投资组合的整体盈利情况，把稳健投资、绝对收益投资、责任投资和创新投资理念贯穿其中，坚持正确的投资策略，追求长期投资回报的最大化。保险公司可以根据自身的经济实力、投资目标等选择适合的投资方式和投资组合。

第二节　我国保险公司投资城乡养老社区模式

一、保险公司投资城乡养老社区模式

保险公司可以通过直接投资的方式投资于养老社区，取得保险养老社区的实际控制权，也可以通过购买养老地产股票或债券等方式间接投资养老社区。在间接投资方式下，保险公司不能直接参与养老社区的经营管理。

（一）保险公司直接投资养老社区

保险公司直接投资养老社区即建设保险养老社区，由保险公司购置相应土地并对养老社区进行开发和配置，最终完成养老社区项目的建设。我国的保险养老社区开创了保险公司直接投资经营养老社区的新商业模式，是“世界性的商业模式创新”，可以将保险产业链拉长 20~30 年（戴锦，2020）。保险企业建设大型养老社区的首要条件是取得养老地产许可，然后拿到理想的土地，最终项目建成后可以持有或以租金为主要形式取得投资回报。保险公司直接投资养老社区又可以分为全资（独资）模式和股权合作模式。

1. 全资（独资）模式

全资（独资）模式是指保险公司单独出资建设养老社区，即养老社区的投资商、开发商和运营商为同一主体。泰康人寿的“泰康之家”和新华人寿的“新华家园”养老社区都属于全资（独资）模式。这种模式的优点是保险公司可以完全按照自身投资目标和规划来制订和实施具体的投资计划，在投资决策和项目运营中，具备更强的独立性、自主性和对项目的控制力，可以避免与合资方或合作方产生利益冲突，减少管理上的摩擦和成本。该模式的弊端是保险公司必须有雄厚的资金规模，因前期收益的稳定性较低，后续必须有强劲的资金支持，同时对保险公司产品开发设计以及与养老社区的衔接的要求很高。因此一般采取这种模式的保险公司资金实力都相当雄厚，且后续的产品开发、营销、投资管理以及养老社区的管理能力都能及时跟进。

2. 股权合作模式

股权合作模式是指保险公司与其他开发主体共同出资建设养老社区，保险公司拥有部分股权。该模式下各出资主体优势互补，共担风险，共享收益。我国首家通过收购养老院股权的方式直接投资养老社区的保险公司是合众人寿。它于 2016 年末收购长三角地区的 7 家养老院。位于广东省河源市的“巴伐利亚庄园”养老社区也是以股权合作模式投资的，由富德生命人寿与深圳东华健康、华乐源城共同出资，富德生命人寿持股 49%。2020 年 4 月，恒大人寿出资 14 亿元取得恒宁健康 47%的股权，投资南京持续照料退休社区颐养社区项目，是养老社区股权合作模式的又一案例。这个模式下，保险公司一般负责出资，不涉及后续的社区管理和养老服务，既能拓展保险公司的业务范围，增加保险资金运用渠道，又可以规避业务门槛带来的风险。但缺点是保险公司只能通过股权合作协议取得一定的收益，不能获取后期运营带来的收益以及与保险业务衔接的增值收益。

（二）保险公司间接投资养老社区

保险公司间接投资养老社区主要通过投资相关企业的股票、债券或不动产投资信托基金等方式实现，这个过程中只投资而不参与养老社区的经营。在各种案例中，最主要的投资方式是REITs，即保险公司通过发起设立或者购买专门投资于养老社区的信托基金收益凭证间接参与投资，长期持有，并获得稳定的分红。2011年4月中国人寿参与汇贤REITs就是一起成功案例。REITs打通了实体资产与金融市场的融资渠道，因其股债结合的特性成为保险投资组合中的重要配置品种。REITs产品通过“股+债”的交易模式实现基础资产的“剥离与重组”，具有安全性高、收益高、期限多样化的特点，与保险资金运用水平完美契合。保险资金投资类REITs可以优化保险资金资产配置结构，提高资金运用收益率，同时在一定程度上满足险资期限结构匹配要求。2020年4月底，我国境内基础设施领域公募REITs试点正式起步，公募REITs可深化金融供给侧结构性改革，强化资本市场服务实体经济能力，这必将对保险资金投资产生重大的影响。与此同时，保险投资监管领域也会产生变化，如2020年11月发布的《中国银保监会关于保险资金财务性股权投资有关事项的通知》，取消了保险资金财务性股权投资的行业限制，保险企业在境内采用REITs模式投资养老社区也许马上就能成为现实。

二、我国现有保险养老社区投资模式

（一）发展历程

1. 理念规划阶段（2007年3月至2010年12月）

我国保险养老社区的发展与国家保险资金监管政策的调整关系密切。1985年发布的《保险企业管理暂行条例》从法律角度明确了保险企业可以自主运用资金，但直到2007年《保险资金运用管理暂行办法》草案首次将“不动产投资”写入其中，保险养老社区才正式进入人们的视野，并逐渐被重视和研究。

这一阶段，监管法律逐步明确，保险业界则以学习考察为主。2009年修订的保险法增加了保险资金可投资于不动产的规定，这是法律首次明确规定保险资金可以投资不动产。2010年8月5日，保监会印发了《保险资金运用管理暂行办法》，进一步明确了保险资金投资不动产的投资标的和投资方式，特别指出投资养老不动产不受区位和投资阶段限制。泰康人寿、合众人寿等公司专门组织团队赴美、日等国家和地区考察学习，并深入调研国内养老市场，探索适合我国的养老社区投资模式。其中，泰康人寿在2007年3月提出了以如家连锁酒店的模式改造养老院的设想，泰康人寿董事长陈东升去日本、美国等地多方考察，逐步形成了保险养老社区商业模式构想，并成立了“泰康之家”望京老年会所，在2009年获批以股权投资方式投资养老社区试点资格。2010年中国保险业首个养老社区投资实体——“泰康之家”成立，标志着保险养老社区规划落地。合众人寿在多方考察美国、新加坡、日本等地的养老产业之后，形成了一个复制美国持续照料退休社区模式的方案，并于2010年12月18日开工建设武汉“合众人寿健康社区”项目。我国养老社区进入正式建设阶段。

2. 初步建设阶段（2010年12月至2013年10月）

这一时期政策利好，各大保险公司积极投资养老社区。政府政策支持力度加大，《国务院关于鼓励和引导民间投资健康发展的若干意见》（国发〔2010〕13号）、《民政部关于鼓励和引导民间资本进入养老服务领域的实施意见》（民发〔2012〕129号）、《国务院关于加快发展养老服务业的若干意见》（国发〔2013〕35号）等文件相继出台。2014年8月10日，国务院印发《关于加快发展现代保险服务业的若干意见》，提出支持符合条件的保险机构投资养老服务产业。在保险资金运用监管方面，继2010年2月《保险公司资金运用管理暂行办法》发布后，同年9月，保监会又陆续发布《保险资金投资不动产暂行办法》《保险资金投资股权暂行办法》等。2014年4月，保监会发布《保险业服务新型城镇化发展的指导意见》。这些文件一方面保障了保险企业用于养老社区的建设资金，另一方面为保险资金运用以及保险养老社区健康有序发展提供了保障。2014 年全国保险监管工作会议提出，鼓励保险公司参与养老服务业的建设，开展老年人住房反向抵押养老保险试点。

在此期间，泰康人寿、中国人寿、新华人寿、中国平安、中国太平等保险公司积极筹备的养老社区项目先后开建（见表 3-1）。保险产品方面，泰康人寿于 2012 年 4 月推出国内第一款与养老社区对接的保险产品，即“幸福有约”终身养老计划。

表 3-1　2010—2017 年中国主要保险养老社区项目

建设时间	项目名称	阶段	地址	保险公司
2010 年 12 月 18 日	合众人寿健康社区	启动	湖北武汉	合众人寿
2012 年 6 月 6 日	泰康之家·燕园	启动	北京昌平	泰康人寿
2012 年 6 月 18 日	新华家园	启动	北京延庆	新华人寿
2012 年 9 月 23 日	养生养老综合服务社区	启动	浙江桐乡	中国平安
2013 年 10 月 23 日	合众优年生活养老社区	试运营	湖北武汉	合众人寿
2014 年 10 月 17 日	梧桐人家	启动	上海	中国太平
2015 年 6 月 26 日	泰康之家·燕园	试运营	北京昌平	泰康人寿
2015 年 9 月 18 日	泰康之家·吴园	启动	江苏苏州	泰康人寿
2015 年 9 月 20 日	国寿嘉园·雅境	启动	江苏苏州	中国人寿
2015 年 10 月 27 日	阳光颐康	设立	北京	阳光保险
2016 年 6 月 28 日	国寿嘉园·乐境	启动	天津	中国人寿
2016 年 7 月 18 日	泰康之家·申园	正式运营	上海	泰康人寿
2017 年 1 月 16 日	国寿嘉园·逸境	启动	海南三亚	中国人寿
2017 年 1 月 18 日	泰康之家·粤园	正式运营	广东广州	泰康人寿
2017 年 12 月 22 日	沈阳合众优年健康生活社区	开业	辽宁沈阳	合众人寿

资料来源：《中国保险养老社区发展研究报告》（2017）。

3. 初步运营及快速布局阶段（2013 年 10 月至 2020 年 4 月）

这一阶段，监管法规逐步完善，一大批保险养老社区项目启动，部分社区进入初步运营时期。相应地，保险产品开发力度加大，保险公司在全国布局投资养老社区已成常态。2015 年 9 月发布的《国家发展改革委 中国保监会关于保险业支持重大工程建设有关事项的指导意见》打开了保险资金对康养领域进行股权和不动产投资的大门，明确要求地方政府对养老和健康服务业等统筹考虑、整体布局，支持保险企业对养老、医疗和健康等产业的投资，合理安排其用地计划。2016 年 3 月，《中国人民银行 民政部 银监会 证监会 保监会关于金融支持养老服务业加快发展的指导意见》进一步放松了保险资金进入养老、健康产业的限制，明确其可以以股权、债权等多种形式开办养老社区和养老服务机构，利用其资金长期性的优势，为养老产业持续提供可靠资金，引发了对养老社区的投资热潮。随后印发的《保险资金间接投资基础设施项目管理办法》满足了保险企业长期配置资产的需求，为保险资金多元化投资养老社区提供了制度保障。为增加养老服务供给，2017 年 6 月印发的《国务院办公厅关于加快发展商业养老保险的若干意见》再次鼓励险资投资兴办养老社区、健康养生和康复护理等养老服务产业，并明确除了股权方式，还可以采用自建、租赁、托管等方式介入。2018 年 1 月，保监会发布修订《保险资金运用管理办法》（保监会令〔2018〕1 号），明确了保险资金可以投资不动产及养老等专业保险资产管理机构。

这一阶段的标志性事件是 2013 年 10 月 23 日合众优年生活养老社区建成并开始试运行，我国保险养老社区从理念、规划、建设阶段进入运营阶段。合众人寿首创了“保单+实物对接”的实践模式，推出合众乐享优年生活实物养老保障计划（A）、合众颐享优年生活实物养老保障计划（A）和合众尊享优年生活实物养老保障计划（A）等三款养老保障计划对接养老社区。购买了养老保障计划的客户，到保险合同约定年龄保证入住养老社区，只需按当时市场价交纳服务费即可享受社区提供的养老服务。至 2020 年底，我国主要保险公司在全国规划布局的养老社区涉及大部分省份（见表 3-2）。遍布全国的养老社区及其与相关产业的连接既是保险公司之间实力的比拼，更是对其运营能力、产品创新和管理能力的考验。

表 3-2 全国保险养老社区布局（截至 2020 年）

保险公司	养老社区名称	规划布局	已开业
泰康人寿	泰康之家	北京、上海、沈阳、武汉、长沙、郑州、苏州、杭州、南昌、厦门、宁波、合肥、南京、青岛、福州、温州、广州、三亚、南宁、深圳、成都、重庆等	北京、武汉、上海、苏州、杭州、广州、成都
光大永明	汇晨养老	北京、山东（青岛、威海、济宁、滕州）、河南（郑州、洛阳、漯河、南阳、驻马店、平顶山）、陕西（汉中）、上海、江苏（苏州、无锡、江阴、启东）、浙江（杭州、嘉兴、宁波、温州、台州、丽水、遂昌、舟山、湖州）、安徽（六安、池州）、湖南（长沙）、重庆、广西（贵港）、福建（泉州、南平、建瓯）、广东（惠州、肇庆、韶关、湛江、云浮）、海南（三亚）等	北京、苏州、上海、山东
恒大人寿	恒大养生谷	三亚、海花岛、西安、郑州、镇江、湘潭、南京、云台山、重庆、沈阳、梧州、呼和浩特、沧州、咸宁、六安、金华、昆明、淄博、唐山、岳阳、连云港、乌鲁木齐、绥化、滁州、崇左、黄冈	沈抚新区、湘潭、南京、焦作云台山、咸宁、金华、淄博
人保人寿	人保大连颐园	大连	大连
招商局仁和人寿	仁和颐家	雄安、苏州、杭州、厦门、广州、深圳	广州、深圳
中国人寿	国寿嘉园、国寿福保社区颐康之家	北京、天津、三亚、苏州、琼海、深圳	苏州、天津、三亚、深圳
太平人寿	乐享家	北京、云南、上海（上海梧桐人家、上海快乐家园）、宁波、大连、三亚、成都、珠海、南宁	云南、上海（上海梧桐家园、上海快乐家园）、宁波、大连
阳光保险	阳光人家康养社区	北京（大栅栏、大兴）、德州（青龙桥、胜利街）、广州	北京、德州、广州
合众人寿	合众优年	武汉、南宁、沈阳、长春、营口、秦皇岛、聊城、威海、西安、扬州、安徽九华山、浙江嘉兴、长沙、昆明	武汉、南宁、沈阳、合肥
中国太保	太保家园	成都、上海、大理、厦门、杭州、南京、武汉、三亚、广州、珠海、郑州、青岛、天津	—

续表

保险公司	养老社区名称	规划布局	已开业
中国平安	平安养老综合服务社区、平安臻颐年	浙江桐乡、深圳	浙江桐乡
新华保险	新华家园	北京延庆、北京莲花池、海南	北京
复星保德信人寿	星堡	上海、北京、宁波、天津、江苏、福建、广东、四川等	上海、北京、宁波
君康人寿	君康年华	北京、上海、天津、哈尔滨、沈阳、大连、郑州、西安、成都、重庆、昆明、武汉、青岛、长沙、南京、苏州、无锡、杭州、宁波、广州、珠海、深圳、博鳌、三亚	—
大家人寿	首厚大家	北京、上海、广州、武汉、成都	北京

资料来源：中国银保监会官方网站、各保险公司官方网站等。

4. 深化发展阶段（2020 年 4 月至今）

这个阶段是保险养老社区在当前和未来相当长的一段时间里必然要经历的阶段。可以预见，这个阶段的基本特征是保险资金运用监管更加规范，保险养老社区向纵深发展，更好地服务国家社会经济发展大局。2020 年 4 月 30 日，中国证监会、国家发展改革委联合发布《关于推进基础设施领域不动产投资信托基金（REITs）试点相关工作的通知》，被看作该阶段的起点。经过近几年的发展和对保险公司建设养老社区经验的总结，从法规上明确了保险资金投资养老社区可以增加 REITs 这种间接方式，必将成为保险养老社区难得的发展机遇。与此同时，我国保险资金运用监管更加完善，手段更加成熟。2020 年 11 月发布的《中国银保监会关于保险资金财务性股权投资有关事项的通知》取消了保险资金财务性股权投资的行业限制，但同时也禁止保险资金投资直接从事地产开发建设，包括开发或销售商业住宅等 10 种情形。

目前已经有许多保险公司开始对养老社区进行升级，在增加养老社区数量的基础上不断提升养老社区质量，提升其投资管理和养老服务能力以及服务国家战略和实体经济的能力。如中国平安升级其养老社区，推出国内顶级康养社区——平安臻颐年，位于深圳核心地段，为国内高净值客户提供医疗、科技、人文等全方位、综合性、高品质养老服务。泰康之家养老社区已完成对全国22个重点城市的布局，7大社区已经投入运营，入住老人超过4000位。除了已开业的泰康之家·粤园外，泰康人寿在粤港澳大湾区还布局了泰康之家·鹏园养老社区、泰康拜博口腔、深圳前海泰康国际医院等，为国家战略服务。

（二）现有保险养老社区投资模式

养老社区本身属于重资产投资项目，我国保险公司虽然都是采取直接投资的方式投资养老社区，但具体到如何介入养老社区项目以及如何进行投资，不同的保险公司有不同的资产配置模式。总结起来主要有重资产模式、轻资产模式和轻重资产相结合的模式三种。

1. 重资产模式

从经济学的角度来说，重资产是指企业持有的厂房、原材料等固定资产。保险公司投资养老社区的重资产模式也就是指养老社区及其配套设施由保险公司直接投资建设和运营。这种投资模式要求保险公司拥有强大的资金实力、优秀的管理团队和专业的固定资产运营能力，目前国内的典型代表是中国人寿和泰康人寿。

中国人寿很早就提出了“大资管、大健康、大养老”的战略，计划投资100亿元用于建设“国寿嘉园”养老社区项目，具体包括位于苏州的国寿嘉园·雅境、位于北京大兴庞各庄的国寿嘉园·韵境、位于天津空港的国寿嘉园·乐境和位于海南三亚海棠湾的国寿嘉园·逸境。其中国寿嘉园·雅境已于2020年12月17日开业，标志着其战略理念成为现实。中国人寿在全国直接投资布局“三点一线、四季常青”的高品质养老社区，同时密切与项目所在地以及外地相关企业合作，凭借强大的资源优势，推出复合型、专业化的医疗康养和金融保障服务。

泰康人寿将自己定位为“既要做养老社区的所有者，又要做养老社区的经营者”，在投资养老社区方面具有独特的优势和不可替代的地位。自2009年成为首家获批投资养老社区的保险机构以来，泰康人寿致力于养老社区的投资、开发、运营一体化策略，计划在全国20多个城市布局养老社区。按照每个社区平均投资 25 亿元测算，20 个养老社区就需要 500 亿元的资金量，显然属于典型的重资产、长周期的产业。不仅如此，泰康于 2012 年开启了虚拟保险产品与实体医养服务相结合的商业模式。在直接投资运营多所大型综合医院和全国连锁康复医院等实体医院的同时，逐步开发了与国内外多家顶级医疗机构合作的资源。目前在其已开业的 7 个养老社区中，设有苏州泰康吴园康复医院、北京泰康燕园康复医院、上海泰康申园康复医院、广州泰康粤园医院和成都蜀园医院，拥有南京的泰康仙林鼓楼医院、武汉的泰康同济（武汉）医院、泰康拜博口腔医院等，并已筹建泰康宁波医院、泰康深圳前海国际医院和泰康西南医学中心等医疗机构。在全国核心区域布局现代医疗服务体系，着力打造医养结合的大养老格局，凸显了其重资产模式。

2. 轻资产模式

与重资产相对，轻资产是指企业以自己的核心业务为主，将非核心业务外包，尽量少占用自己的资金，以实现利润最大化。保险养老社区的轻资产模式是指保险公司与第三方合作，利用合作机构现有的养老服务资源，对接自己的保险产品，并提供相应的养老健康等服务，通过资源互换实现合作双方的共赢。在这种模式下，一般由保险公司提供养老、健康等保险产品，由医疗机构提供专业养护服务，由地产商提供养老社区、养老公寓、养老院等重资产。这种模式对于保险公司来说投资小、见效快，不占用或少占用自己的资金，还可以有效对接保险产品，实现保单的销售，因此中小保险企业比较青睐这种方式。

业界比较突出的代表是同方全球人寿保险公司的“一站式、轻资产”养老服务模式，具体有三种解决方案：一是养老公寓方案。项目名称为“同方全球人寿颐养乐园”，已在青岛建成。该项目由开发商提供物业，由专业养老服务公司——春和养老服务公司负责运营，同方全球人寿为其专门定制保险产品。二是位于上海的同方养老社区。包括老年公寓、老年照护、康复护理院，构建了医、养、护“三位一体”的完整服务体系，是真正意义上的持续照料退休社区，为老年人提供一站式的养老服务。三是与养老院、养老机构等合作。目前同方人寿已与湖北襄阳春和瑞怡安养院联手，连接同方人寿保险的失能保险、护理保险等产品。

采用轻资产模式的还有大家保险。大家保险以轻资产起步，引入其全资持有的加拿大连锁养老集团 Retirement Concepts（RC）养老运营体系，打造“城心养老”模式，在城市核心区域布局品质养老社区，基本特点是“临近医疗、亲近子女、更近人间烟火”。目前其位于北京东三环的朝阳社区和北京南二环的友谊社区已经正式运营，位于西二环的阜外社区也即将投入运营。

3. 轻重资产相结合的模式

轻重资产相结合的模式是指保险公司投资养老社区既有自我投资项目，也有合作项目；在不同的项目中既有自己投资的房产、物业等重资产，也有收购合作等轻资产模式。目前我国大多数保险公司如合众人寿、太平人寿和中国太保等都采用这种模式，其中合众人寿和太平人寿的养老社区资产配置模式是典型的由重资产模式逐渐转型为轻重资产相结合的模式。

合众人寿是最早进行养老社区建设的保险公司之一。它的转型分为三个阶段：第一阶段，自我投资建设。重资产投资建设大型养老社区。武汉合众优年、沈阳合众优年和南宁合众优年等养老社区，都是重资产模式下的产物。第二阶段，从 2014 年起，合众人寿先后在国内外收购养老社区、养老院、老年公寓等，通过参与国外养老社区企业的房地产信托基金间接投资国外养老社区，属于典型的轻资产配置阶段。第三阶段，通过前两个阶段的发展，合众人寿既有自我投资、自我经营的合众优年养老社区，又有通过直接投资和间接投资等不同方式参与的国内外养老社区。在逐渐完成国内主要合作基地的布局之后，完成了向轻重资产相结合模式的转型。

太平人寿 2014 年采用重资产模式投资建设上海梧桐人家项目，耗时 6 年，投资约 40 亿元，于 2019 年 11 月 19 日正式运营。在轻资产方面，2017 年，太平人寿开始与第三方合作，在上海梧桐人家国际颐养社区的基础上推出“乐享家”全新品牌，合作完成上海快乐家园、云南古滇名城、宁波星健兰亭、大连颐景荟和北京当代时光里等 5 个养老社区项目，目前除了北京项目之外都已正式运营。其资产配置由重资产模式转为轻重资产相结合模式，主要采取“自建+第三方合作”的方式。

中国太保则是由轻资产模式逐步转向轻重资产相结合的模式。以上海为起点推进养老院区项目，在市中心以自建或改建旧楼的方式拿地，并将其改造成养老院区，“轻资产、小规模、快速复制”，介入养老健康产业。2018年，中国太保正式发布《太平洋保险养老产业发展规划》，明确了其“轻重结合”的养老产业发展路径：与全球驰名的法国欧葆庭养老康复集团合作，正式推出“保险产品+养老社区+专业服务”的养老家园品牌，按照“南北呼应、东西并进、全国连锁、全龄覆盖”的思路，致力于提供面向不同年龄段老人的城郊颐养、旅居乐养、城市康养等三大产品线，并提出在未来的3~5年，计划投资100亿元建设6个城郊和度假型养老项目。2020年8月，位于上海崇明东滩启动区的太保家园·上海东滩国际颐养中心项目正式开建，与同处上海的普陀国际康养社区项目形成“同城连锁1+1”模式，其发展主体模式依然是轻重资产相结合的模型，在重点打造轻资产的同时辅以大型养老社区的投资和服务。

第三节　我国保险公司投资城乡养老社区实践

综合供需情况和国家相关政策可知，养老产业目前在我国处于起步阶段，未来发展空间巨大。据全国老龄工作委员会预测，2030年我国的养老产业规模将达到22万亿元。由于保险行业与养老产业具有天然的高关联度，自泰康人寿于2009年宣布涉足养老产业以来，国内多家大中型保险公司先后积极布局并实际投资养老产业，目前已有数家保险公司投资的养老社区项目陆续进入运营阶段。

一、泰康人寿保险公司投资养老社区现状

2009年11月9日，泰康人寿成为第一家被中国保监会授予养老社区投资试点资格的保险企业，随后又成为第一家出售与养老社区相关的保险产品的企业。次年3月，泰康人寿注册成立投资公司，在北京昌平投资40亿元购置

2000 亩土地，开启了“泰康模式”的养老社区投资，并于 2012 年 6 月动工建设旗下第一个“泰康之家”养老社区。近年来，泰康人寿陆续在全国各地投资建设养老社区，走在了行业前列。燕园是其首个投资并于 2015 年 6 月成功运营的养老社区，陆续开园的养老社区将延续燕园的运营模式，逐步实现其“候鸟式”养老的目标。目前，泰康人寿已有 7 家养老社区开园并顺利运营（见表 3-3），完成了在中东部地区核心城市及成都、重庆等 22 个城市的布局。泰康人寿成为国内具有独特优势的投资保险养老社区的保险集团公司，“泰康之家”也成为国内知名的高品质连锁养老品牌。

表 3-3　泰康之家基本情况

泰康之家名称	位置	占地面积/万平方米	建筑面积/万平方米	绿化率/%	总户数/户	康复护理床位/个	开园日期
燕园	北京	14	30	30	2660	320	2015-06-26
申园	上海	9	21	35	1840	440	2016-07-18
粤园	广州	5.8	10.5	35	890	510	2017-01-18
蜀园	成都	7.6	18	43	1840	240	2018-03-03
吴园	苏州	31（含酒店与美术馆）	16.5（含酒店与美术馆）	40	1310	570	2019-11-03
楚园	武汉	17.5	18（其中养老社区为 9.7 万平方米）	36	670	310	2020-07
大清谷	杭州	4.3	4.2	—	350	80	2020-10

资料来源：“泰康健投”微信公众号。

1. 市场定位

泰康养老社区的市场定位为高端养老市场，目标群体是“高知、高管、高干”的高净值人群，为其提供高品质的养老生活。以大健康创新生态模式为抓手，布局了包括“医养康健教”的新体系，构建其“长寿经济试验田”。自燕园之后，申园、粤园、蜀园、吴园、楚园、大清谷均已投入运营。

2. 地理位置

泰康之家一般选址在核心城区附近，靠近地铁站、火车站、高速公路出入口等处，交通便利，附近配建泰康合作医疗机构或临近市政医疗机构，临近大型综合性商场、文娱中心等，且周边环境优美，具有明显的生态优势，可以满足社区老人养老养生、文化娱乐和生态居住等综合服务需求。比如，燕园位于北京昌平核心区域内，距离北京市中心 40 公里左右，紧邻地铁南邵站，附近有白浮泉湿地公园和蟒山国家森林公园；申园距上海火车站 38 公里，毗邻广富林遗址和松江大学城，距万达广场和上海市第一人民医院松江分院仅 10 分钟车程；吴园则位于国家级度假中心——阳澄湖半岛中心，距离金鸡湖中央商务区 11 公里，周边有苏州市九龙医院、浅水湾商业区等；蜀园处于温江国际医学城内，华西医院温江院区、八一康复中心等环绕周边，距成都中心城区 30 分钟车程，离绕城高速不到 2 公里；楚园三面环湖，紧邻大东湖湿地公园，距武汉中心城区、同济医院光谷院区、华润武钢总院等约 20 分钟车程；大清谷位于西溪湿地和之江国际旅游度假村之间的西湖区大清谷，生态环境优越，景观资源丰富，距市中心西湖仅 16 公里，离绕城高速龙坞出口 4 公里，浙江省人民医院望山分院、高尔夫球场等就在附近。从表 3-3 可知，目前已开园的 7 家养老社区绿化率平均达 36.5%，共可以提供 9560 户独立单元和 2470 个康复护理床位。

3. 投资与运营模式

泰康健投是泰康保险集团旗下专门从事医养健康产业投资开发、资产管理和运营的全资子公司，围绕大健康产业构建医养康宁服务体系，泰康之家为其核心业务。泰康保险集团以重资产方式直接投资建设泰康之家并自营其养老社区。这种既是开发者又是运营者的模式，短期内会有跨界经营经验不足、资金回收较慢影响进一步投资的弊端，但是这种模式可控性较强，有利于投资者掌握投资运营整体情况，长远来看可以有效回流资金，实现大规模盈利。

具体来看，泰康之家有两种运营模式，一种是会员计划，另一种是保险计划。前一种模式采取“押金+月服务费”的收费方式，后一种模式则采用

“保险产品+养老社区”的方式。不管哪种模式，都需要通过“预订—入住评估—支付押金—选房及签署合同”等基本程序，在满足入住的年龄条件、健康条件和财务条件等之后，根据评估结果按照不同照护等级缴纳首笔基础服务费用，正式入住。入住条件中的年龄条件是男性年满 60 周岁、女性年满 55 周岁；健康条件主要包括身体健康、心理健康，无传染性疾病，无精神方面的疾病或障碍，无酗酒、吸毒、药物滥用等不良行为，无违法犯罪行为或违反公序良俗的情形，等等；财务条件则主要是保证入住时和入住后能足额支付押金、月费、服务费等相关费用，并有相应的担保人，等等。

（1）会员计划

泰康之家会员计划通过“押金+月服务费”的收费方式为客户提供服务。泰康之家会员通过支付押金的方式获得入住资格，押金由“入门费+乐泰财富卡”组成。入门费是入住社区独立生活单元所交纳的押金，是老人获得入住资格的基本条件，入住前一次性缴足，之后可以根据相关规定退还；乐泰财富卡是可退还的居住押金，会员通过购买乐泰财富卡获得会籍，享受“免房屋基本居住费用”的入住优惠；月服务费则包括房屋使用费、居家费用和餐费，按月缴纳。以燕园社区 1 号、2 号独立生活公寓 2020 年 10 月至 2021 年 3 月的入住标准为例，入门费为 20 万元，根据不同的房间类型，乐泰财富卡的价格分别是 120 万元、180 万元、240 万元、360 万元（见表 3-4）。会员在入住时一次性付清 20 万元的入门费、获取入住资格后，根据各户型对应的标准价格支付乐泰财富卡费用、月服务费和其他服务费用，享受相应的养老服务。

会员计划的入住程序为：准入住人表明签约和入住意向并缴纳入门费完成预订后，提交相应的健康状况证明材料，评估小组对其进行照护等级评定，随后选定房号，签署入住协议，最后缴纳首笔基础服务费，正式入住。

表 3-4 泰康之家·燕园 2020 年 10 月至 2021 年 3 月收费标准

户型	入住人数/人	有乐泰财富卡			无乐泰财富卡标准月服务费/元		其他收费服务
		乐泰财富卡标准价格/（万元/户）	会员月服务费/元				
			房屋使用费及居家费用	餐费预估	房屋使用费及居家费用	餐费预估	
一居室	1	120	6200	1800	10900	1800	按个人需要付费使用，参照社区特约服务价目表
	2		8900	3600	13600	3600	
舒适一室一厅	1	180	8700	1800	15700	1800	
	2		11400	3600	18400	3600	
温馨一室一厅	1	240	11600	1800	20900	1800	
	2		14300	3600	23600	3600	
温馨两居室	1	360	17400	1800	31300	1800	
	2		20100	3600	34000	3600	

资料来源：解码泰康之家：各项目最新收费标准与商业模式评判［EB/OL］. 搜狐网，［2020-12-12］. https：//www. sohu. com/a/437877854_ 100014414.

（2）保险计划

在保险计划中，泰康人寿推出与泰康之家经营相连接的保险产品，客户通过购买保险产品，取得泰康之家的入住资格。主要凭证由泰康人寿指定保险产品的保险合同和泰康之家的《泰康人寿保险客户入住养老社区确认函》构成。投保人购买指定保险产品，保险费金额达到入住门槛后，可以直接申请入住，其拥有的保险产品的相关收益可以用于支付入住后的房租及其他费用。保险计划中，保险费金额最低门槛为 200 万元，投保人或被保险人可以选择是否购买乐泰财富卡，如果不购买则需要支付较高的房屋使用费和居家费用。仍以燕园社区 1 号、2 号独立生活公寓 2020 年 10 月至 2021 年 3 月的入住标准为例，未购买乐泰财富卡的养老社区保险客户，为同等户型的房间支付的房屋使用费和居家费用要远远高于购买了乐泰财富卡的住户，多支付的金额分别为 4700 元、7000 元、9300 元、13900 元（根据表 3-4 计算所得）；户型越好，多支付的金额越多。这种“保险产品+养老社区”的营销模式，优势在于可以用保险金支付养老社区费用，减轻了后期费用的负担。特别是在个税递延政策执行以后，这种可以税前抵扣保险费的养老保险颇受大家欢迎。

但是200万元保险费的门槛对于普通工薪阶层来说确实偏高，而且后期支付的月服务费也因是否购买乐泰财富卡存在区别，又间接增加了保险计划住户的负担。

保险计划的入住程序与会员计划基本相同，不同的是：保险计划享有免费入住的资格和优先入住的权利，前提条件是必须购买与保险社区对接的保险产品；受可选社区和养老保险金额度的限制，养老社区可以任选但只能选择一个；保险金可以支付月服务费但是不承诺兜底。

4. 服务内容

经过多年的探索，泰康人寿已经基本形成了基于会员计划或保险计划的生、养、死、葬“一条龙”服务体系，构建了医、养、康、宁“四位一体”的完备的服务链条。从建筑规划到入住后的服务，泰康之家贯彻了其人文关怀的理念。结合中国老年人口的特征，在服务内容上，泰康之家引入美国CCRC模式，为老年人提供分区生活、持续照料的专业养老服务。以燕园为例，燕园遵循保障老年人安全、支持独立生活、增强老年人控制感、广泛运用自然元素的原则，将燕园的花园空间设计为疗养花园、运动健康、休闲交流、怡乐生产与人文关怀五大功能板块，配套具有强化记忆的入户设计和防眩光照明设计、种植设计、艺术设计，同时配合智能新风系统、无线定位系统、红外线系统等智能系统，为老年人提供一个具有“温馨的家、开放的大学、优雅的俱乐部”功能的精神家园。在此基础上，泰康之家坚持一个社区配建一家医院，为社区老年人提供急病保障、慢病管理、老年康复、定制护理等医养结合的全方位健康保障。

总之，泰康养老社区通过对养老市场细致的调研，优化设计养老方案，运用“养老保险+养老社区”的模式和灵活的投资方式，为投保人或被保险人进行投资和养老管理。其服务的多元性和综合性与其投资经营模式和盈利模式密切相关。在重资产模式下，泰康人寿实现了集团内养老产业的协同发展，上下游产业链完善，在形成了规模效益的同时也有效避免了竞争对手的模仿与复制。其“保单捆绑式销售+押金”的长期持有模式，有力保障了投资的资金来源和养老项目的管理效果，并可以获取持续的回报，进而不断提升其养老服务能力和服务水平。

二、合众人寿保险公司投资养老社区现状

“合众人寿生活养老社区”是合众人寿保险公司投资的养老社区品牌，由合众人寿保险股份有限公司在2010年立项、设计、开发并筹建。2011年，依托“两个千亿”计划，合众人寿启动了其全国战略，全面进军养老及相关产业。2013年，合众人寿与中发实业（集团）有限公司共同出资成立合众优年（武汉）养老企业管理有限公司（以下简称“合众优年”），负责“优年生活”品牌的运营工作。同年，合众人寿推出合众乐享、颐享、尊享等系列养老社区对接产品，在国内首创“保单+实物对接”的营销模式，率先实现保单与养老支付对接。截至目前，合众优年旗下拥有武汉、沈阳、南宁3个已开业的自营自建养老社区，与全国12座主要城市签约了不同类型的旅居合作基地，其中山东聊城、辽宁营口、吉林长春为“旅居+养老社区”，云南昆明、湖南长沙、安徽九华山、江苏扬州、湖南三亚、陕西西安、浙江嘉兴、河北秦皇岛、山东威海等为“旅居合作基地”，基本实现了全国南、北、中的互补布局，在全国行业内积累了较高知名度。

1. 市场定位

合众优年养老社区力图避免与其他养老项目在高端市场的竞争，将其市场定位为中高端，目标群体是中等收入阶层。这既有利于养老社区项目的运营和盈利，又解决了中等收入阶层“高端住不起，低端住不进”的问题。目前已开业的3个养老社区为合众人寿自营自建项目。武汉社区是其国内首家基于美国CCRC健康理念设立的复合型养老社区，总占地面积2400亩，建筑面积16万平方米，一期于2013年10月开始运营；沈阳社区与南宁社区分别于2017年和2018年开业，为住户提供康复疗养、专业医护的私人管家式服务，可满足老人“居住在家中、生活在社区、服务在机构”的复合型养老需求。2018年5月20日起，合众优年依托优年文化和社区优势，开发个性化定制的旅居业务，为中老年客户提供不同期限的集适老化服务、旅游休闲、养老养生服务于一体的旅居养老产品。

2. 地理位置

合众优年养老社区一般选建在风景优美、生态环境良好的区域。其自有的3个养老社区和签约的旅居基地基本上都毗邻自然风景区，兼顾交通、公共服务等基础设施的便利性，是不可多得的生态养老养生之地。武汉养老社区北邻后官湖湿地公园和天香山，湖光山色、风光旖旎，所在区域被称为“超级大氧吧”，拥有优质水源，是当地重点规划的生态宜居新城；沈阳养老社区地处棋盘山风景区内，周边有张氏帅府、怪坡等著名旅游区，集自然风光、人文地理为一体，融合旅游、度假、休闲、养生等服务；南宁养老社区则位于五象新区龙岗片区，拥有绿化率近50%、容积率仅为1.26的园林区，环境优美、空气清新。三亚、嘉兴、扬州、营口、九华山、昆明等旅居基地无不选在气候条件良好、旅游资源丰富的生态养生区，凸显了合众优年养老社区的特点和优势。

3. 投资与运营模式

合众优年的投资运营模式经历了由重资产到轻重资产相结合的历程。项目伊始，合众人寿以重资产模式进行投资建设，先后布局了武汉、沈阳和南宁社区。然而，销售情况的不理想使其单纯依靠养老社区运营很难实现盈利，重资产模式的弊端逐渐显现。2017年，合众人寿开始运营旅居疗养业务，积极对外合作，拓展新的利润增长点，力图打造以养老运营为基础、远郊自建养老社区与城中嵌入式小微机构互动发展的格局，构建全国乃至国际连锁养老服务品牌。2020年，合众人寿正式推出轻资产运营的全新养老服务模式，至此，合众优年由重资产模式转向轻重资产相结合的模式。

运营管理方面，合众优年将保险产品与社区经营挂钩，更注重社区的经营管理。住户可以通过购买养老保险、直接缴费或购买优年卡入住。

（1）购买养老保险

合众人寿保险产品与养老社区对接的实物保障主要体现在被保险人通过购买相应的保险险种，锁定未来的优先入住权和租金，入住门槛相对降低，其收购的长三角地区的7家养老院的入住门槛仅为50万元保费。购买了合众人寿指定养老保险的被保险人可以选择入住或不入住。如果选择入住，则根据年龄不同享有不同的权利。此种方式下，入住基本程序为：投保人购买对接保险产品后，按时缴纳保费以保证保险合同的有效性；保险期限届满后，被保险人签署《保险金给付授权书》，指定合众人寿为受托人，将其保险合同项下累计的生存保险金作为租金全部结转到养老社区，身份转为入住社区的住户，享受《入住合同》和《养老服务合同》中约定的权利。如果选择不入住，则可以在保险期满后领取现金形式的保险金，保险合同终止。合众人寿养老社区与保险对接计划情况如表 3-5 所示，根据不同的养老保险产品计划，具体的保险期限、缴费期限、保险责任和对接的实物保障情况有所不同。

表 3-5　合众人寿养老社区与保险对接计划情况

保险产品计划	乐享优年生活实物养老保障计划	颐享优年生活实物养老保障计划	优年世家养老保障计划
保险期限	保至 70 岁		终身
缴费期限	分期缴纳		一次性缴足
保险责任	按年领取生存保险金；保险期满前身故，返还已交保费，入住期间身故，按入住合同退还剩余租金		被保险人生存，每年可领取生存保险金；若身故，给付死亡保险金
对接实物保障	保障客户 70 岁后可在社区居住 10 年，不愿意入住养老社区的则可在保险期满后领取现金收益	保障客户 70 岁后可在社区终身居住，不愿意入住养老社区的则可在保险期满后领取现金收益	客户可在 55～70 岁入住养老社区；放弃生存金的领取可获得房屋 70 年使用权，并拥有出租房屋的权利

资料来源：保险养老社区运营模式与研究［EB/OL］. 物业大数据，［2019-09-18］. https：//www. kanwuye. com/6985. html.

（2）直接缴费

合众人寿养老社区也可以采用直接缴费方式入住。社区类型不同，缴费标准也不同。如 ACC 社区采取“大额押金+房费+餐费”的模式，房间面积越大，押金越高（见表 3-6），一般 70 平方米左右的一居室押金为 50 万元，房费为 2800 元/户，餐费为 1050 元/月；而 CCRC 社区则需要缴纳医疗备用金、房费、餐费和护理费（见表 3-7），一般根据入住老人的身体状况区别收费，对自理能力越强者，收费越低。

表 3-6 合众优年 ACC 活力社区押金情况

社区	户型	居住面积/平方米	押金	居住类型
武汉社区	一室一厅一卫	76	约 50 万元	适合独立退休生活/夫妻退休生活
	两室两厅一卫	95	约 60 万元	适合夫妻退休生活/两代同堂
	三室两厅一卫	136	约 80 万元	适合家庭退休生活
南宁社区	一室两厅一卫	63.1~65.1	约 50 万元	适合独立退休生活/夫妻退休生活
	一室一厅一卫	69.3~73.63	约 50 万元	适合独立退休生活/夫妻退休生活
	一室两厅一卫	69.3~73.63	约 50 万元	适合独立退休生活/夫妻退休生活
	两室两厅一卫	84.9~88.99	约 60 万元	适合夫妻退休生活/两代同堂

资料来源：合众优年生活官方网站(http://www.chinaccrc.cnthcpthgy/)。

表 3-7 合众优年 CLC 养老社区不同功能分区收费标准

(以合众优年 CCRC 持续照料区为例)

功能分区	入住长者健康情况	每人每月价格	入住方式	试住价格
协助照料区	完全自理	5000~10400 元。其中房费 750~2800 元，餐费 900 元，基础护理费 900 元起	评估后可直接入住	单床 170 元/日；包间 260 元/日
专业照护区	半自理/全护理	7900~15500 元。其中房费 750~2000 元，餐费 900 元，护理费 1600 元起	需评估试住 7 日	单床 310 元/日；包间 340 元/日
记忆照护区	认知症照护专区	9300~19900 元。其中房费 1200~3000 元不等，照护费 4150 元起，餐费 1050 元	需评估试住 7 日	370 元/日

注：另有医疗备用金 2 万元/人，夫妻入住共 2 万元。正式入住及试住均需缴纳医疗备用金；若不住，全额退还。

资料来源：保险养老社区运营模式与研究［EB/OL］. 物业大数据，［2019-09-18］. https://www.kanwuye.com/6985.html.

（3）购买合众优年卡

合众优年卡有居住卡、旅居卡和优乐卡三种。

合众优年居住卡是对接合众优年 AAC 活力社区的年卡，分为 30 年卡和 5 年卡（见表 3-8）。两种年卡均可以享有入住武汉社区和南宁社区 AAC 活力社区多种房型的选择权，同时享受社区基本服务、社区医疗服务和优先转移至持续照料区的权利。30 年卡的卡费为押金，可以享受 9~9.9 折的价格优惠；5 年卡则为消费卡，没有价格优惠。两种卡的购买流程简单，依次完成购买、缴费、合同审批后，即可办理入住手续。

表 3-8　合众优年居住卡基本信息

类型	卡费性质	权利	其他
30 年卡	卡费为押金，价格享受 9~9.9 折优惠	依卡享有居住和服务权益，居住卡到期优先续约/转移至 CLC 照护区	零购风险，共享增值，消费自愿
5 年卡	消费卡		免押消费，独享增值，消费自愿

资料来源：合众优年生活官方网站（http://www. chinaccrc. cnthcpthgy/）。

合众优年旅居卡是对接合众优年旅居基地的旅居养老体验卡，为中老年客户提供合众旅居基地的居住、餐饮、养生休闲、旅游等服务。根据不同的需求有 5 天、12 天、30 天、80 天和 220 天的单人卡，各类卡的价格与其可以享受的服务正相关（见表 3-9）。其服务标准是 1 人 1 日的标准养老服务和相应的住宿及餐饮服务，即双人间 1 人 1 床 1 晚的住宿标准和 1 人次早、中、晚三餐的餐饮服务标准（见表 3-10）。除了 5 天单人欢游卡之外，其他旅居卡均支持多地多人共享。购买旅居卡的基本条件是年龄不超过 70 周岁，持有 1 年期内的健康证，签署《出行确认书》。旅居卡的使用程序为购买—缴费—核实信息—预约成功—出游（入住）。

表 3-9　合众优年旅居卡价格及服务情况

类型	价格/元	有效期	服务内容	备注
5 天单人欢游卡	1628	2 年	一人、一次性、一地。5 天住宿、5 天餐饮及其他无须付费的旅居养老活动	不能多人共享
12 天单人乐游卡	3628	3 年	12 次"1 天"或 1 人 12 次或多人累计 12 次	支持多人多地多次共享
30 天单人享游卡	8918	3 年	30 次"1 天"或 1 人 30 次或多人累计 30 次	
80 天单人优游卡	23528	3 年	80 次"1 天"或 1 人 80 次或多人累计 80 次	
220 天单人年游卡	58828	3 年	220 次"1 天"或 1 人 220 次或多人累计 220 次	

资料来源："优年生活"微信公众号。

表 3-10 合众优年旅居卡三餐标准

早餐	主食 2 款、杂粮 2 款、粥 2 款、时蔬 1 款、鸡蛋 1 款、热饮 1 款、开胃菜 3 款
中餐	热菜（4 荤 1 素）、荤汤 1 款、甜汤 1 款、主食 2 款（米饭、馒头）、开胃菜 3 款
晚餐	热菜（3 荤 1 素）、素汤 1 款、粥 1 款、主食 2 款（米饭、馒头）、开胃菜 3 款

注：如客人中午前抵达，则提供抵达日午餐、晚餐及离开日早餐。如午后抵达，则提供抵达日晚餐、离开日早餐和午餐。

资料来源：“优年生活”微信公众号。

合众优年优乐卡是一款体验卡，由合众优年武汉社区和南宁社区提供，可以获得 2 人 30 天一室两厅养老套房的试住资格。此卡采取记名制，入住时交付押金，要求入住人员中必须有一名 45 岁以上人员，单一身份证入住上限为 30 天。武汉版和南宁版优乐卡限在各自社区使用，不能跨区使用。入住程序为购买—缴费—合同审批—办理手续—入住。

4. 服务内容

合众优年养老社区针对入住老人的服务内容主要包括常规服务和养老服务。

常规服务主要有社区的物业服务、健康服务和社交服务等，同时配备了相应的艺术会所、养生会所、餐饮会所和健身会所等。

根据社区类型，养老服务主要有 AAC 独立生活区域服务、CLC 区域服务和 CCRC 服务。AAC 活跃长者区是为一次退休老人①设计的高端、专业服务社区，为老人提供各类基础社区服务和社区医疗服务，并享有进入持续照料区的优先权。CLC 社区分协助照料区、专业照护区和记忆照护区。协助照料区为老人提供集中居住、分户生活的个人护理服务；专业照护区提供监护、护理、心理及康复等持续的专业健康照护；记忆照护区为患有阿尔兹海默症和记忆减退的老人提供生活和医护整合的照料服务。CCRC 是一种复合型社区，专为二次退休老人②设计，可以为老人提供各个阶段的专业化、定制化服

① 指刚从工作岗位退休，年龄在 55~65 岁的老人。这些老人身体机能较好，具有较强的活力。

② 指从工作岗位退休已经有一段时间，年龄在 70 岁以上，身体各项机能明显下降，养老需求迫切的老人。

务，包括了 AAC 和 CLC 社区独立生活、协助照料、专业照护和记忆照护等各方面的服务。

合众优年养老社区从开发设计到适老设施的配备，都遵循传统风格，将社区规划与周边环境融为一体，为入住老人打造既田园又休闲的氛围，为住户提供持续健康服务。同时，合众优年养老社区的老人还可以享受到健康管理、慢病管理和急救、三甲医院的绿色通道等医疗方面的优质服务以及相应的康复治疗服务。

总之，合众优年以保险金作为租金的“保单+实体”模式是全国首创，同时结合押金、租金、旅居等入住方式。这种轻重资产相结合的模式使其经营方式更灵活、客户群体更广泛，具有很强的适应性。经由合众优年的专业运营，合众人寿投资的养老社区在全国的养老市场上占据了一席之地，在业界具有一定的影响力。

三、中国人寿保险公司投资养老社区现状

中国人寿保险公司（以下简称“中国人寿”或“国寿”）投资养老社区始于 2011 年 11 月在河北廊坊开工的高档养老地产——“国寿（廊坊）生态健康城”项目。2012 年 11 月，借由养老保险税延政策创新试点，中国人寿与苏州市政府签署战略合作协议，在苏州规划建设中国人寿首个大型养老保险社区。中国人寿因此成立中国人寿（苏州）养生养老投资有限公司，在苏州工业园区阳澄湖半岛开始建设高端养生养老社区。此后不久，中国人寿凭借自身大型金融保险集团的平台优势，在广泛借鉴国内外养老社区和老龄产业领先技术的基础上，于 2013 年 9 月正式推出中国人寿养老社区品牌——“国寿嘉园”，将保险与养老服务产品、建筑产品等有机融合，力图打破传统养老养生模式，打造出一个全新的、可持续发展的并且具有人寿特色的养老社区品牌。2015 年，中国人寿布局“大养老”产业再次发力，依托现有的养老金融，以提供养老服务为关键，以开发养老养生基地为重点，稳步拓宽养老产业。2019 年，中国人寿旗下专业投资管理公司——国寿健康产业投资有限公司成立，通过控股企业及受托管理方式，管理包括国寿嘉园健康管理有限公

司等在内的平台以及相关养老项目，将“大健康、大养老”作为中国人寿的重要发展战略，致力于推动中国人寿“金融保险+健康+养老”服务生态圈建设，为应对老龄化社会承担央企应有的社会责任。

1. 市场定位

中国人寿投资的养老社区目前有国寿嘉园项目（见表3-11）和普惠型养老项目（见表3-12）两种类型。国寿嘉园项目定位于中高端养老养生市场，客群锁定为中国人寿中高端个人客户群体和具有定制化养老养生需求的大型企事业单位的团体客户群体，品牌定位是“大健康引领者和值得托付的健康养老服务商”，以人文关怀为核心，以“亲和”“睿智”“参与”“发展”为特征打造品牌个性，为客户尤其是高端客户提供身心兼备的高品质体验，以此凸显“从容享生活之美”的品牌核心价值，进而达成“守护品质人生”的品牌使命。普惠型养老项目则遵循“实用为主，美观大方”的原则，客户群定位于失能失智具有养老刚需的人士以及术后康复人士、残障人士和慢病人士等，基于普通百姓的日常照护需求，提供“专业养老+成熟社区免费公共服务”的服务内容。

表3-11　国寿嘉园项目基本情况

项目名称	位置	占地面积/万平方米	建筑面积/万平方米	容积率/%	绿化率/%	总户数/套	容纳人数/人	开园日期
雅境	苏州	202.34	14	—	39	1020	1500	2019-12-17
乐境	天津	7.4	13.3	1.3	45	836	1186	2021-07-12
逸境	三亚	72.24	11	0.6	46	369	—	2020-02-26

资料来源：国寿嘉园官方网站（https://www.chinalife-a.com/）。

表3-12　中国人寿普惠型养老项目

项目名称	位置	房间数/间	床位数/张	开业时间
国寿·福保社区颐康之家	福田区	11	29	2018-01
国寿·康欣社区颐康之家	景田片区	14	31	2020-01-09
国寿·盐田悦享中心	盐田区	22	36	2020-12-29

续表

项目名称	位置	房间数/间	床位数/张	开业时间
国寿·罗湖悠享家健康护老中心	罗湖区	70	140	2021-04-22

资料来源：国寿嘉园官方网站(https://www.chinalife-a.com/)。

2. 地理位置

中国人寿养老社区目前已落地项目有高端养老社区项目雅境、乐境、逸境和乐城馨苑康养中心、锦瑭项目以及普惠型养老项目国寿·福保社区颐康之家、国寿·康欣社区颐康之家等，分别位于苏州、天津空港、三亚海棠湾、海南琼海、四川成都、深圳等地（见表3-11、表3-12）。中国人寿养老项目整体上根据“关键区域设点、网络连锁成线、渗透社区成面”的区域规划进行布局，自北向南覆盖了环渤海京津冀区域、长三角江浙区域、珠三角区域、海南的亚热带气候区域和西部的西三角区域。

国寿嘉园项目雅境、乐境、逸境分别布局在苏州、天津、三亚。雅境位于国家级旅游度假区苏州阳澄湖半岛，紧邻苏州工业园区核心生活区，与泰康之家·吴园相距不到2公里，与之共享该区域的交通、医疗、商娱等设施。乐境为中国人寿首个医养结合的养老社区，位于天津空港经济区核心地段，处于天津半小时、京冀一小时交通圈内，与天津医科大学总医院空港医院仅一路之隔，社区内也配套医疗、康养等服务和设施。逸境则位于被称为“长寿之乡”的海南三亚的海棠湾中央核心区域，依山傍水，风景宜人，距机场、高铁站和高速公路口30分钟车程，距三亚国际免税购物中心10分钟车程，距中国人民解放军301医院海南分院2分钟车程。国寿嘉园项目秉承了养老项目选址的基本准则，不仅自然条件宜老适老，而且充分考虑交通、医疗、商娱等的便利性和社区内设施和服务的适老性，体现了国寿央企的实力和担当。

普惠型养老项目目前主要布局在深圳市各区，基本选择交通便利、生活便捷、临近医院的区域。福保社区颐康之家紧邻深圳CBD，距离地铁3号线延长线福保站仅百米；康欣社区颐康之家紧邻三甲医院广州中医药大学深圳医院和北京大学深圳医院，距离地铁9号线梅景站约200米。

3. 投资与运营模式

作为我国最大的国有商业保险集团，中国人寿凭借其强大的资金实力、品牌实力，以“重资产+PPP 合作”的模式投资养老社区。国寿嘉园为其自建自营的高端养老社区品牌，始于 2013 年。PPP 合作项目则始于 2015 年，其与深圳市福田区政府合作，推出国寿·福保社区颐康之家项目，成为其首个“普惠型高品质嵌入式”社区居家养老社区。自此，政险企合作项目成为其多元化养老模式的重要组成部分。目前已经落地的 PPP 合作项目有与深圳、成都等地合作的养老项目，其中成都的锦瑭项目开启了政险企在地养老新模式的探索。

（1）国寿嘉园运营模式

①长住模式

客户可以通过购买对接保险产品的方式入住国寿嘉园养老社区，也可以通过申请获得入住资格，当申请客户与保险客户同时有入住需求又房源紧张的情况下，保险客户享有优先入住权。养老社区对接的保险产品基本是年金类和养老类产品，入住门槛是保费总额 300 万元，只要开始缴费就可以申请入住，一般采取 10 年期缴方式。长住模式入住的具体流程是：客户提出入住意向申请，申请被批准后，缴纳 10 万元定金并签署《等候入住函》，进行入住前全方位评估，确认护理等级和收费标准并选定房间，之后缴纳押金、月费、餐费、嘉园卡费（可选）并签署《养老服务合同》，最后办理入住。客户可以任意选择一处国寿嘉园作为长住之所，其间如有迁移需求也可以提出申请，既可以办理短期移居，也可以办理长期迁移，满足客户“候鸟式”养老需求。

收费标准方面，以雅境康养公寓为例（见表 3-13），入住房型和各类收费标准分为自理型和护理型两大类。其中自理型定价采用“押金+月费+餐费+嘉园卡费”的模式。押金为 20 万元。嘉园卡可以选择是否购买。月费由房租、基础服务费组成，费用因是否购买嘉园卡有所不同，比如，有嘉园卡的住户一人入住自理一居需缴纳 6500 元月费，没有嘉园卡的住户在相同情况下则需要缴纳 9000 元月费。自理型各户型对应的嘉园卡收费标准如表 3-13

所示，分别为自理一居 90 万元、自理一室一厅 150 万元、自理一室一厅（大）180 万元，对应的月费比无卡住户分别少 2500 元、4250 元和 5000 元（由表 3-13 计算所得）。餐费根据客户实际发生的费用结算。护理型定价则采用“押金+月费”模式。押金与自理型收费标准相同；没有嘉园卡；月费根据公寓类型不同而不同，护理一居为 16800 元起，失智一居为 25000 元起；餐费包含在月费中，不再单独计算。押金为入住社区的必要条件，是客户履行养老服务合同义务的保证金和应对突发状况的风险押金，可以根据规定无息退还。自理型的嘉园卡费则是客户为了享受月费的优惠而缴纳的一笔可以根据规定退还的费用。

表 3-13　国寿嘉园·雅境康养公寓收费标准

<table>
<tr><th rowspan="3">类型</th><th rowspan="3">户型</th><th rowspan="3">建筑面积/平方米</th><th colspan="2" rowspan="2">押金/万元</th><th rowspan="3">嘉园卡费/万元</th><th colspan="4">月费/元</th></tr>
<tr><th colspan="2">有嘉园卡</th><th colspan="2">无嘉园卡</th></tr>
<tr><th>入住一人</th><th>二人同住</th><th>入住一人</th><th>二人同住</th><th>入住一人</th><th>二人同住</th></tr>
<tr><td rowspan="3">自理型</td><td>自理一居</td><td>约 40</td><td rowspan="3">20</td><td rowspan="3">30</td><td>90</td><td>6500</td><td>9700</td><td>9000</td><td>12200</td></tr>
<tr><td>自理一室一厅</td><td>约 68</td><td>150</td><td>9750</td><td>12950</td><td>14000</td><td>17200</td></tr>
<tr><td>自理一室一厅（大）</td><td>约 83</td><td>180</td><td>13000</td><td>16200</td><td>18000</td><td>21200</td></tr>
<tr><td rowspan="2">护理型</td><td>护理一居</td><td>—</td><td colspan="2" rowspan="2">20</td><td rowspan="2">—</td><td colspan="4">16800 起</td></tr>
<tr><td>失智一居</td><td>—</td><td colspan="4">25000 起</td></tr>
</table>

资料来源：“国寿嘉园健康养老”微信公众号。

②体验式入住和旅居养老模式

国寿嘉园除了提供长住服务之外，还提供体验式入住和旅居养老模式。比如乐境和逸境推出的三天两晚体验式入住服务，可以让体验者享受国寿嘉园的衣食住行、医疗健管等服务，体验价格如表 3-14 所示。旅居养老可以通过购买旅居卡和预订国寿嘉园酒店来实现，保险客户拥有相对优惠的价格，比如持有《确认书》的客户仅用 580 元就可以享受外部报价为 1350~1750 元/（套·晚）的国寿嘉园·逸境养生度假酒店的客房服务（见表 3-15）。

表 3-14　国寿嘉园部分体验式入住价格

公寓户型	价格/（元/晚）	
	入住一人	二人同住
乐境大一居室	1300	1740
乐境一室两厅	1650	2090
逸境两室一厅一茶室	—	1380

资料来源："国寿嘉园健康养老"微信公众号。

表 3-15　国寿嘉园·逸境养生度假酒店部分客房销售价格

类型	外部市场价格	网络售价	国寿贵宾客户	持《确认书》客户
价格/［元/（套·晚）］	1350~1750	688~1450	600	580

资料来源："国寿嘉园健康养老"微信公众号。

（2）国寿普惠型养老项目运营模式

中国人寿首创推出的普惠型养老项目国寿·福保社区颐康之家于 2018 年 1 月开业，开启了其养老社区的多元化运营模式。普惠型养老社区以普惠价格为居民提供专业、高品质的养老服务，实现"不离社区、不离家"的养老生活。入住该类社区的基本程序是：首先自行体检，提供 3 个月内二级甲等以上医院体检报告；其次进行电话评估、现场评估和家访；最后经过双方沟通并确认照护方案后办理入住手续。收取的费用主要包括押金及医疗备用金 3 万元、品牌床品费 1000 元、床位费 1000~4800 元/月、餐饮费约 1600 元/月、护理费 1200~6500 元/月等。其中床位费因房间类型不同而不同，可选房型为单人间、双人间和多人间；餐饮费包括三餐两点；护理费则根据不同的护理等级收费。符合条件的国寿保险客户享有一定优惠。

4. 服务内容

中国人寿投资的养老项目既有以"国寿嘉园"为品牌的高端养老社区，也有与政府合作的普惠型养老项目。

"国寿嘉园"品牌下的各项目结合中医养生理念和现代养生科技成果，提供"医、食、住、行、文、娱、思、享、健"九大维度的服务，可以满足客户退休后休闲养生、健康养老、康复疗养、医疗护理等方面的基本需求；同时搭载互联网技术，整合智慧生活、智慧健康、智慧家庭、智慧社区、智慧金融五大智慧应用资源，逐步构建检、食、养、护、疗“一条龙”健康服务链条。已经落地的三家高端养老社区各有特点，雅境是集“健康文化、养老康复、活力养生、颐养天年”四大功能于一体的复合型养老养生社区，乐境为养、护、防、疗、康“五位一体”的医养结合型养老养生社区，逸境则是包含养生度假、健康管理与康复、医疗健康等服务在内的康养度假基地。依托中国人寿自身强大的持续经营实力，三大养老社区基本可以实现“候鸟式”养老的空间自由和医养结合的服务保障，构建了“可持续—健康—快乐生活”的连锁健康养老养生网络，为高质量养老提供了“国寿样本”。

普惠型养老项目主要为社区嵌入式居家养老。已经投入运营的福保社区颐康之家、康欣社区颐康之家、盐田悦享中心和罗湖悠享家健康护老中心四个项目充分考虑了“原居”老人的生活需求和周边老人的养老需求，开创了“三聚焦、三融合”的养老服务模式，初步形成了连锁化、规模化的发展格局，为入住老人提供日间照料、短期托养、康复护理、居家支援和餐饮定制等养老服务，为“原居养老”提供了“国寿模式”。

总之，中国人寿作为行业的领头羊，依托其强大的资金优势、客户优势和央企行业背景，采用轻重资产相结合的投资运营模式，不仅宣告了其在高端养老社区中的地位，还首创了普惠型社区嵌入式居家养老项目，有力推进了中国人寿“金融保险+健康+养老”综合服务生态圈的建设。同时，通过与保险职业学院的老年服务与管理、健康管理和护理等专业进行合作，实现订单式培养，为社会培养了一大批专业的养老服务人才，为国家应对老龄化贡献了“国寿力量”。

四、新华保险公司投资养老社区现状

新华保险公司投资的养老社区项目名为“新华家园”，由新华人寿保险股份有限公司全资子公司新华家园养老服务（北京）有限公司负责运营，分布于北京和海南，共包含北京莲花池持续照料型尊享公寓、北京延庆颐享社区和海南博鳌乐享社区三个项目，分别定位为康复护理型、持续照料型和活力养生型（见表 3-16）。北京莲花池持续照料型尊享公寓位于北京市西三环莲花池西侧，市场定位为康复护理型养老机构，周边环境优美、交通便利、医疗资源丰富，配有1万平方米的新华康复医院，方圆4公里以内有北京世纪坛医院、301医院、302医院、海军总医院、空军总医院和武警总医院等。北京延庆颐享社区位于有“中国天然氧吧”之称的延庆区，空气质量优良，生态宜居，以康养、乐活为主题，致力于打造长短旅居融合的大型综合持续照料退休社区。海南博鳌乐享社区位于海南省琼海市，距博鳌亚洲论坛举办地约8公里，所在博鳌镇建有涵盖肿瘤防治、干细胞应用、健康管理、康复疗养等内容的博鳌乐城国际医疗旅游先行区。社区以高绿化、生态性、安全性和健康性为基本特征，拥有2100多套养老公寓，为年轻的老年人提供度假型活力养生服务。

表 3-16　新华家园养老项目基本情况

项目名称	位置	市场定位	建筑面积/万平方米	绿化率/%	房间数/套
北京莲花池持续照料型尊享公寓	北京西三环莲花池西里	康复护理型养老机构	2.4	—	206
北京延庆颐享社区	北京延庆	大型持续照料退休社区	28.4	51	2000
海南博鳌乐享社区	海南琼海	度假型活力养生社区	20	50	2100

资料来源：新华家园官方网站（http://www.newchinahome.comxhjyIndex.action? Action=init）、“新华家园养老”微信公众号等。

新华人寿全资持有新华家园项目，属于重资产模式。北京莲花池持续照料型尊享公寓主要提供养老服务，不以购买保险产品为入住的必要条件，只需缴纳一定数额的押金即可入住，新华人寿保险客户入住可以享受一定的优惠。入住的基本要求是达到退休年龄、提供一个月以内的体检报告。入住的基本程序为个人提交申请和相关材料后，评估健康等级，根据等级确定护理标准，缴纳押金及医疗备用金5万元，办理入住。运营模式采用“床位费+护理服务费”的模式。服务内容包括室内外卫生、个人卫生、护理、餐饮等基本服务项目，以及服药、特殊护理、康复训练等定制化服务项目。海南博鳌乐享社区主要提供旅居养老、休闲养生等度假式服务，以酒店模式运营，为新华人寿保险客户不定期提供康养体验的优惠活动。2021 年 5 月 18 日，北京延庆颐享社区举行亮相仪式，标志着新华保险养老布局基本形成了独有的“乐享、颐享、尊享”闭环模式，大力推进了“保险—医养”生态圈的建设进程。

五、中国太平洋保险集团投资养老社区现状

2014 年 9 月成立的太平洋养老产业投资管理有限公司（以下简称“太保养老投资公司”），是国内首家获批的养老产业投资管理平台，主要负责养老投资、运营与管理。公司采取轻资产介入、重资产布局的整体投资策略进军养老产业。2015 年，中国太保以“南山居”品牌的轻资产模式在上海市徐汇区推出首个养老地产项目。2018 年，开始打造高端养老社区品牌“太保家园”，以重资产模式在全国布局国际颐养、乐养和康养社区，以满足不同类型的养老需求。目前已经在全国 7 个城市建设 8 个养老社区，包括位于南京、杭州、上海东滩、厦门、武汉、成都的 6 个颐养社区，位于大理的 1 个国际乐养社区和位于上海普陀区的 1 个康养社区（见表 3-17）。其中颐养社区是健康活力养老社区，乐养社区是以满足度假养生需求为主的“候鸟式”旅居型养老社区，康养社区是满足生活照护、医疗康复需求的康复护理型养老社区。这些社区完工开业后将成为我国保险养老服务产业的又一生力军。运营上，太保家园对接年金类保险产品，入住的门槛条件是保费总额达 200 万元。

表 3-17　太保家园基本情况

项目名称	建筑面积/万平方米	区位条件	公共配套	医疗配套	体验馆开业年份	社区开业年份
南京国际颐养社区	2.7	位于南京仙林区，距地铁站 1 公里、高速路出口 2 公里、南京火车站 12 公里	周边有大普塘水库、羊山公园、萧宏石刻公园、金鹰奥莱城、仙林大学城	仙林鼓楼医院、江苏省中医院（仙林分院）、南京市栖霞区医院等	2021	2022

续表

项目名称	建筑面积/万平方米	区位条件	公共配套	医疗配套	体验馆开业年份	社区开业年份
杭州国际颐养社区	19.1	位于杭州临安区南侧，离地铁站 800 米、高速路出口 2 公里	紧邻青山湖国家森林公园、天目山国家自然保护区、文体中心、若干学校等	浙江省人民医院临安分院、临安骨伤科医院等	2021	2022
上海东滩国际颐养社区	11.7	位于崇明区，濒临长江口，紧靠东滩大道和瀛陈公路	周边有东滩湿地公园、东滩生态公园、上海外国语大学	上海交通大学医学院附属新华医院崇明分院	2021	2023
厦门国际颐养社区	13.3	位于环东海域板块，距高崎国际机场 13 公里、铁路厦门北站 7 公里	周边有古榕公园、嘉庚公园、国贸商城、波特曼酒店等	厦门市环东海域医院、厦门医学院附属第二医院、厦门市第三医院	2021	2023
武汉国际颐养社区	12.2	位于汉阳区，紧邻地铁、客运站、规划地铁站、火车站	周边有永旺梦乐城、万达广场、武汉体育中心、武汉国际博览中心等	武汉中医医院（汉阳院区）、武汉亚心总医院、协和医院西院	2023	2024
成都国际颐养社区	26.7	位于温江区，距高铁站直线 500 米，紧邻温邛快速路	紧邻金马国际体育城马术公园、鱼凫国际温泉大酒店等	西华大学西医院、成都市第五人民医院、金马镇公立卫生院	2020	2021
大理国际乐养社区	5.7	位于大理市大理镇，距市中心 20 分钟车程	紧靠苍山、洱海、大理古城等	大理第一附属医院、大理市第一人民医院、大理南山医院	2020	2021

续表

项目名称	建筑面积/万平方米	区位条件	公共配套	医疗配套	体验馆开业年份	社区开业年份
上海普陀国际康养社区	1.7	位于上海市中心，距轨道交通700米	周边有金沙绿地公园、近铁城市广场、百联中环广场、学校等	普陀区中心医院、长征镇社区卫生中心等	2021	2022

资料来源：太平洋保险养老投资太保家园官方网站（http://www.cpic.com.cn/aiisqbj）。

六、太平人寿保险公司投资养老社区现状

作为一家历史悠久的大型保险企业，太平人寿保险公司于2014年开启了首个重资产养老项目——“梧桐人家”的建设。之后为了匹配不断变化的市场需求，于2017年推出“乐享家”养老品牌，同时以轻资产模式推出“保险业务+养老社区”的跨界融合创新经营模式，引入第三方优质养老社区，以合作共建的方式，先后与上海快乐家园等合作建成养老社区。截至目前，“乐享家”品牌下共有自建社区1个、合作建设养老社区11个（见表3-18），服务类型以旅居、医养为主，提供“乐享家+乐享游+乐享居”的乐享养老服务。入住基本条件是年满55周岁、身体状况符合入住标准。客户可以通过购买太平人寿对接保险产品，或成为其会员获得太平乐享资格卡，进而获得太平“乐享家”的入住资格。具体要求是总保费金额超过200万元，或者缴纳100万~400万元的会员费。入住基本程序为：客户首先提交入住申请，获批后签订《养老服务合同》，再通过选房并评估其健康状况后办理入住。入住后根据不同的级别和户型按月缴纳房费和服务费。太平乐享资格卡持有人可以指定任一自然人入住。依据“会籍制”取得太平乐享资格卡的用户免交房屋使用费，而且可以在一定期限内转让其会籍。

表 3-18　太平人寿养老社区项目基本情况

项目名称	地址	资源条件	总面积	建筑面积	容量	定位
太平小镇·梧桐人家	上海市浦东新区周浦镇上海国际医学园区内	距上海市中心 30 分钟车程；距上海国际医学中心 0.8 公里，距上海质子重离子医院 0.9 公里	284 亩	30 万平方米	3500 人	CCRC 颐养社区
快乐家园	上海市闵行区金光路 199 号	紧邻新虹桥国际医学中心、国家会展中心、各类学校等	100 亩	15 万平方米	1700 人	生态颐养社区
颐景荟健康颐养社区	大连市金普新区保税区湖居路 99 号	紧邻大黑山景区，距开发区中心和金州火车站 15 分钟车程，距大连医科大学附属第一医院 45 分钟车程	9.05 万平方米	3.7 万平方米	541 间	CCRC
古滇名城	云南省昆明市晋宁区环湖南路北	有滇池、七彩云南购物广场、温泉 SPA、商城 CBD 等	3800 亩	—	1168 套	滇池国际养老养生度假区
当代时光里	北京市顺义区 G45 四纬路与经纬中路交叉口	紧邻国际机场、东六环、东郊湿地公园等	17.7 万平方米	—	1700 人	科技绿色、活力颐养社区
太平小镇·海棠人家	海南省三亚市海棠区林旺南路通海路	距海棠湾核心商业圈 5 分钟车程，距 301 医院海南分院 3 公里	12.86 万平方米	—	—	集医疗、度假、康养为一体
和城有伴社区	苏州市吴中区梧桐街 9 号	与苏州市中心直线距离 9.6 公里，周边有吴中万达、永旺商圈、苏州中医院、苏州大学附属瑞华医院、社区卫生服务站等	1.72 万平方米	6.45 万平方米	—	苏州首个医养结合型产权式标杆健康养老社区
郎和银江	杭州市环站东路 99 号云峰大厦北楼	长者公寓	约 1.5 万平方米	—	151 套	提供高品质的医养健康服务
		护理院	约 8000 平方米	—	200 张	
郎和银江	杭州市富阳区银湖街道雍柏荟富春阁	有午潮山国家森林公园，10 公里内有浙江省人民医院望江山分院、杭州之江医院、省立同德医院等	—	—	—	康养一体化

续表

项目名称	地址	资源条件	总面积	建筑面积	容量	定位
郎和银泰国际医养中心	杭州市东新路822号中大银泰城	约有50%的面积为公共服务配套设施，集医、养、护、娱为一体，医疗、护理、康复资源完善	2.2万平方米	—	195间，363张	杭州首个国际标准高品质医养型养老服务机构
广州·保利天悦和熹会	广州市海珠区任瑞新街6号	北邻珠江，附近有广东省第二人民医院、解放军第七十四集团军医院、华侨医院中山三院等	2.63万平方米	—	—	仅提供社区参观及短期体验服务
青岛融创藏马山颐养社区	山东省青岛市黄岛区藏马大道	社区内配备医疗诊所、文娱生活服务中心	—	—	—	CCRC

资料来源：互联网资源、“太平乐享健康”微信公众号、太平人寿内部材料等。

七、中国平安保险公司投资养老社区现状

中国平安保险公司早在2011年就开始布局养老项目，其首个养老度假综合体项目于2012年9月在浙江桐乡启动，包括高桥镇的养生度假社区——合悦·江南和乌镇的旅游度假小镇——悦景庄·乌镇两大核心项目。项目周边环境优美，交通便利，占尽人文、地理之优势，经过多年的运营，已经成为当地养老服务和休闲养生的标杆，充分发挥了保险公司天然的“服务+”特性，为客户提供一站式养老服务。高桥镇地块规划建设包括“健康膳食概念村”、体检咨询中心、休闲商业街区、诊所医药区、亲子型养老公寓等在内的系列功能区域；乌镇地块则主要结合乌镇现有旅游业优势，重点打造特色养生度假酒店、养生度假村、国际养生学校、养生商业街区等。中国平安通过旗下的“平安不动产”计划在长三角、珠三角、环渤海、中西部及海南岛等五大战略布点建设养老社区，并通过组建专业的运营团队，逐步形成中国平安特色的“候鸟度假养老模式”。

2021年5月9日，中国平安发布“平安臻颐年”康养品牌及其首个高端产品线“颐年城”，成为继桐乡项目后的又一开创性养老投资项目。该项目将

布局在深圳、北京、上海等核心城市的核心地段，以建设市中心的 CCRC 综合康养社区为目标，与世界顶尖康复、照护团队合作，以“国内行业引领者和标准制定者”为目标打造“平安臻颐年”品牌，为客户提供融合医疗服务资源优势和智慧养老科技实力的“金融+医疗+科技保障”的智慧康养服务。与桐乡项目的养老地产性质不同，该养老社区与年金类等保险产品对接，保费总额达 1000 万元的保险客户才享有入住“颐年城”的资格。自此，中国平安以其一贯的创新作风开启了国内超高端养老社区的建设，在一定程度上满足了超高收入群体更高端的养老需求，与现有的保险养老社区形成了错位发展的互补格局。投资模式上轻重结合，经营上租售并举，与中国平安其他业务协同发展。

八、恒大人寿保险股份有限公司——恒大·养生谷

恒大人寿保险股份有限公司（以下简称“恒大人寿”）的前身是成立于 2006 年 5 月的中新大东方人寿保险有限公司，恒大集团获得其 50%的股份后于 2015 年 11 月 20 日获批将其更名为恒大人寿保险股份有限公司。2016 年 9 月 27 日，恒大人寿签约郎平为形象代言人，开启了“大健康、大医疗”的发展模式，重点发展健康保险和社区保险业务。恒大集团的房地产项目为其社区保险业务的发展提供了广阔的空间。2017 年 3 月 25 日，恒大人寿在博鳌亚洲论坛上提出“保险保障+生态养老+医养结合”的战略模式，并推出“恒享福”养老保险组合计划，与恒大健康开发的健康养生项目——恒大·养生谷对接。恒大人寿“恒享福”的投保人、被保险人可以享有恒大·养生谷的优先入住权。恒大·养生谷是恒大集团八大产业之一的恒大健康，依托恒大地产，采用重资产模式打造的全年龄段养生养老社区。从严格意义上来说，恒大人寿保险产品与恒大·养生谷的对接是保险参与养老服务的模式，而恒大人寿对养老社区真正意义上的投资始于 2020 年 4 月 7 日，完成了恒大·养生谷首个城郊颐养项目——南京六合 CCRC 的投资布局。“恒享福”保险产品、“恒享家”“恒荟萃”等线上平台项目与恒大·养生谷的成功对接，标志着恒大人寿的康养战略进入了一个新阶段。

恒大健康目前已在全国布局23个养生谷（见表3-19），运营上采取会员制，会员费为6万元，有效期为100年。恒大人寿的保险客户在缴满150万元保费后，可以通过签署《恒大人寿保险客户入住恒大·养生谷丨恒享家确认函》，使投保人或被保险人（二选一）夫妇、投保人夫妇双方父母享有恒大·养生谷的会员优惠。会员可以享受医养、保险、体检服务和“租、购、旅”优惠及其他服务。入会程序为：提交申请—签订入会协议—缴纳会费—成为会员领取会员卡—激活健康服务卡和医养服务卡—提交参保资料—领取保险凭证—享受会员权益。养生谷服务类型有两种，一种是CCRC服务，另一种是旅居乐养服务，两种服务收费标准不同。会员制模式运营使得恒大·养生谷客户网络庞大，结合恒大集团庞大的地产资源和强大的医疗资源，融合金融、旅游和科技资源，恒大·养生谷成为不可多得的养生养老可选之地。

表3-19　恒大·养生谷全国主要项目基本情况

项目名称	地理位置	功能定位	面积/万平方米	配套资源
三亚恒大·养生谷	海南省三亚市海棠湾区林旺南路中段	集滨海居住、健康养生、医疗康复、运动娱乐等功能于一体	15.19	养生空间、生活会所、健康管理中心、国际疗养中心、三亚恒大妇女儿童医院等
海花岛恒大·养生谷	海南省海花岛2号岛海花二路海花岛澜湾	集度假公寓、医疗养生、康复护理、运动休闲、益智教育等于一体	3.27	养生空间、健康管理中心、康复中心等
西安恒大·养生谷	西安市长安区大学城，子午大道与神禾二路交界处	构建产业、旅游、人文、社区“四位一体”的宜居康养胜地	15.9	康养美宅、健康养生体验中心、大型水景园林、缤纷商业体系和国际双语幼儿园
郑州恒大·养生谷	郑州市荥泽大道与悦来西路交叉口	打造健康无忧、长幼共融、睦邻同乐的全龄化健康养生空间	263.87	健康体检中心、医院、养老中心、旅居公寓

续表

项目名称	地理位置	功能定位	面积/万平方米	配套资源
沈抚恒大·养生谷	辽宁省沈抚新区	打造特色生态宜居康养胜地	131	医疗、教育、商业、会议、酒店等
湘潭恒大·养生谷	湖南省湘潭市岳塘区	打造产业、旅游、人文、社区“四位一体”的全生命周期养生养老空间（CCRC）	124	—
云台山恒大·养生谷	云台天阶旅游小镇	打造规模、档次超前的养生养老胜地	149.13	三大旅居度假中心、国际商业街区、全龄段教育资源等
南京恒大·养生谷	江苏省南京市六合区	打造超大型高品质养生养老空间（CCRC）	342	国际高端医院、高端康养酒店、科技与孵化场所、院士工作站
镇江恒大·养生谷	江苏省扬中市西城区滨江新城	集商业、教育、医疗为一体的全方位全龄化健康宜居大城	327	高端医院、臻美园林、幼儿园、多功能康养会所、风情商业街、恒大影城等
重庆恒大·养生谷	重庆市北碚区西北部	引领健康人居生活方式	176.67	五国温泉馆、温泉博物馆、温泉主题酒店、温泉主题会议中心、主题商业街等
梧州恒大·养生谷	广西壮族自治区苍海新区	打造粤港澳大湾区首个健康养生胜地	128.6	苍海湖、湿地公园
昆明嘉丽泽恒大·养生谷	云南省昆明市嵩明县杨林镇	万亩原生湿地、健康文旅大城	169.54	原生湿地、国际酒店、运动场地、亲子乐园、水幕喷泉、会议中心、养生会所、中影UL影院、花海
呼和浩特恒大·养生谷	呼和浩特市和林格尔县，地处晋蒙交界区、呼包鄂“金三角”腹地	集儿童成长、休闲养生、健康运动、文化娱乐、医疗康复等功能为一体，打造内蒙古首个国际康养大城	192.5	生态环境得天独厚，自然旅游资源丰富，交通便利

资料来源：恒大健康官方网站—恒大·养生谷（https：//health.evergrande.com/business.aspx？type=2）。

九、光大永明人寿保险有限公司与北京光大汇晨养老服务有限公司

光大永明人寿保险有限公司（以下简称“光大永明”）由中国光大集团和加拿大永明金融集团于2002年4月联合组建，2010年成为光大集团控股的国有保险企业。北京光大汇晨养老服务有限公司（以下简称“光大汇晨”）成立于2007年，母公司为中国光大集团旗下中国光大养老健康产业有限公司。光大汇晨依托光大集团大健康E-SBU战略，以轻资产运营为主、轻重资产相结合的模式在全国布局养老机构。目前，光大汇晨旗下已有31家养老机构，以北京、上海为中心，辐射全国，提供机构养老、社区养老和旅居养老服务，对应的养老社区主要有养老公寓、旅居养老服务社区、社区养老机构和康复养老机构（见表3-20）。其中养老公寓数量最多，旅居养老服务社区也已经布局全国40多个城市。光大汇晨将市场定位为中高档群体，入住门槛与入住后的费用相对较低。

光大永明通过E-SBU战略中的保养项目“光大安心养老计划”与光大汇晨对接，根据“保单+养老社区入住权+旅居服务优享权”的保险计划锁定保险客户及其配偶和双方父母在光大汇晨养老社区的各项权益。保险计划分为A、B两款（见表3-21），对接光大永明的终身寿险类、年金类等产品。两款计划对入住资格的限制条件不同，对应的权利也不同。比如B计划中，单张保单保费累计缴纳30万元后可以对接旅居计划，而A计划中累计保费超过100万元可以同时对接长居权和旅居权。保养项目的保证入住与优先入住等权利是光大汇晨养老服务的门槛权利，客户入住后根据养老服务的内容缴纳相应的费用，主要包括房费、护理费和餐费等（见表3-22）。

表 3-20 光大汇晨养老服务主要社区一览表

社区类型	社区名称
养老公寓	光大汇晨北京老年公寓、光大汇晨北京朝阳区（望京）老年公寓、光大汇晨北京东城区老年公寓、光大汇晨北京朝来老年公寓、光大汇晨北京古塔老年公寓、光大汇晨北京东四老年公寓、光大汇晨北京科丰老年公寓、光大汇晨上海杨浦区长白老年福利院、光大汇晨苏州阳山老年公寓、光大汇晨青岛老年公寓、光大汇晨威海荣成老年公寓、光大汇晨义乌康养中心、光大汇晨兖州社会福利中心、漯河光大汇晨康养中心、光大汇晨三亚海棠花开康养中心
旅居养老服务社区	漯河光大汇晨康养中心、光大汇晨威海荣成老年公寓、光大汇晨苏州阳山老年公寓、光大汇晨三亚海棠花开康养中心等
社区养老机构	光大汇晨北京东四七条社区养老服务驿站
康复养老机构	光大汇晨北京朝阳区老年公寓、光大汇晨北京东城区养老公寓、光大汇晨北京科丰老年公寓

资料来源：光大汇晨官方网站(http://www.huichenlife.com/ChannelOfProject.aspx)。

表 3-21 光大永明保险项目“光大安心养老计划”基本情况

项目	申请条件	内容
A 计划	单张保单累交保费大于等于 100 万元	养老服务优享权、旅居养老服务优享权
B 计划	单张保单累交保费大于等于 30 万元	旅居养老服务优享权
长居权	1. 保证入住：10 个月内保证入住申请区域内养老社区 2. 体验入住：权益人可申请 1 次不超过 3 天的免房费入住体验 3. 优先入住：普通客户≤优先客户≤保证客户 4. 价格优享：入住第一年费用优惠	
旅居权	1. 优先入住：普通客户≤优先客户 2. 价格优享：入住费用 9.5 折优惠	
可对接产品	光大永明福运连年（A 款）年金保险、光大永明福运连年（B 款）年金保险、光大永明福运金生终身年金保险、光大永明至爱鑫传终身寿险、光大永明锦裕传家终身寿险等	

资料来源：互联网资源。

表 3-22　光大汇晨养老社区费用情况

<table>
<tr><th>项目名称</th><th>服务类型</th><th>户型</th><th>面积/平方米</th><th>价格/（元/月）</th><th>护理费/（元/月）</th><th>餐费/［元/（人·天）］</th></tr>
<tr><td rowspan="2">光大汇晨北京老年公寓（北七家）</td><td>自理型</td><td>标准间、套间</td><td>48.6～112</td><td>5210～8870</td><td>1000</td><td rowspan="2">50</td></tr>
<tr><td>护理型</td><td>标准间</td><td>20～60.5</td><td>2000～8352</td><td>2300～9000</td></tr>
<tr><td rowspan="2">光大汇晨北京朝来老年公寓</td><td>自理型</td><td>标准间、套间</td><td>50～100</td><td>10000～16000</td><td>1000</td><td rowspan="2">50</td></tr>
<tr><td>护理型</td><td>标准间、套间</td><td>50～100</td><td>5000～8500</td><td>2300～9000</td></tr>
<tr><td rowspan="2">光大汇晨北京古塔老年公寓</td><td>自理型</td><td>标准间</td><td>18.6～39</td><td>5450～12300</td><td>1000</td><td rowspan="2">40</td></tr>
<tr><td>护理型</td><td>标准间</td><td>18.6～39</td><td>2725～6150</td><td>2300～9000</td></tr>
<tr><td rowspan="2">光大汇晨威海荣成老年公寓</td><td>自理型</td><td>标准间、套间</td><td>28～56</td><td>1200～3800</td><td>1060</td><td rowspan="2">16.7</td></tr>
<tr><td>护理型</td><td>标准间、套间</td><td>28</td><td>1200</td><td>1740～5100</td></tr>
<tr><td>光大汇晨苏州阳山老年公寓</td><td>自理型</td><td>标准间、套间</td><td>26.5～80</td><td>2050～6000</td><td>0</td><td>40</td></tr>
</table>

注：自理型按房间收费，一个房间可以住 2 位老人；护理型按床位收费。

资料来源：互联网资源。

十、复星保德信人寿保险公司——复星星堡

复星保德信人寿保险有限公司（以下简称“复星保德信”）由复星集团与美国保德信金融集团联合组建，2012 年 9 月成立。复星康养是复星集团健康板块中的重要一环，拥有养老、康复和社区业务，主要机构包括复星星堡、星健和蜂邻社区健康服务中心，定位于高端养老服务，以“整合式健康服务”的中国模式为家庭客户提供全龄段、全方位的连续型健康服务。复星星堡于 2012 年成立，是复星康养养老业务中持续照料型养老社区，目前已有 4 个社区开始运营（见表 3-23），运营模式采取月费制或会员制。2019 年 3 月 12 日，复星保德信与复星星堡合作推出“保险+养老”的“星养老”方案，通过一份保单拥有复星星堡养老资源的保证入住权、优先入住权、优惠入住权。复星星堡主要对接复星保德信的增额寿险和养老类保险产品，资格条件是单件保单总保费不低于 200 万元或者同一自然年度内多款产品总保费不低于 200

万元，保单生效日超过12个月并在第12个月无欠费等影响合同效力的行为。以复星保德信保险客户身份锁定入住权的客户在入住后根据护理标准缴纳相对应的房费、护理费和餐费等。

表3-23 复星星堡基本情况

项目名称	运营模式	基本信息	开业时间	对接保险
星堡中环一期	月费制	18000平方米、189间房间、容纳300人	2013年5月	星福家、星颐优享、星世家、星御家、星瑞家等
星堡浦江养老社区	会员制	27000平方米	2016年6月	
星堡香山长者公馆	会员制	8500平方米、77个房间、122张床位	2018年7月	
星堡中环二期	会员制	10万平方米、900户	2019年5月	

资料来源：复星星堡官方网站（http://www.starcastleliving.com/）、其他互联网资源。

十一、阳光保险集团投资养老社区现状

阳光保险集团于2014年开始涉足养老产业，北京颐和天享养老服务有限公司（以下简称“颐和天享”）与阳光颐康养老服务有限公司（以下简称“阳光颐康”）都是阳光保险集团投资的专业化养老服务公司，分别成立于2015年10月和2016年7月。阳光保险集团首个CCRC康养项目——阳光人家·粤港澳全龄康养国际社区在广州从化启动，标志着阳光保险集团康养战略正式落地。以此为起点，阳光保险集团陆续在全国布局，打造“阳光人家”养老服务品牌。

颐和天享筹建的项目主要有阳光人家养老社区、大栅栏养老照料中心和阳光里·长者照护之家；阳光颐康则投资运营了德州两家阳光颐养养老中心（见表3-24）。大栅栏养老照料中心是阳光保险集团投资运营的小型养老照料机构，目前入住老人多为高龄、失能老人；阳光里·长者照护之家则是其首家社区型长者照护中心，为老人提供机构养老和居家养老服务；德州两家阳光颐养养老中心主要由德州阳光颐养养老服务有限公司运营，定位为一站式国际养老服务专家，引进专业化的养老机构委托运营，以满足老人对高品质生活的需求。

阳光保险集团养老项目在入住资格上没有必须是阳光保险客户的限制条件，只要符合年龄、身体等条件，缴纳社区规定的门槛费、押金等，就可以办理入住。保险客户享有一定优惠，同时可以锁定未来不限入住年限的入住资格。

表 3-24　阳光保险集团主要养老项目基本情况

项目名称	地址	医疗资源	服务类型/内容	面积	房间/床位数	运营时间
阳光人家养老社区	广东省广州市从化区江埔街	加拿大健康管理中心、紫和堂、南方医科大学第五附属医院、阳光融合医院	CCRC、AAC 活力长者居住区、国际健康护理中心和温泉养生酒店四大主要功能区	436.8 亩	酒店 218 间、康养公寓 292 户	2020 年 12 月
大栅栏养老照料中心	北京市西城区西河沿南街	距同仁医院 2.3 公里、协和医院 2.7 公里、宣武医院 1 公里、阜外医院 2.8 公里	养护型养老机构，专注于为护理型老人提供颐养、照料、护理、康乐等服务	860 平方米	29 张	2017 年 1 月
阳光里·长者照护之家	北京市大兴区景明路 16 号	999 急救驻点，距北京仁和医院 3 公里、大兴区京军医院 1.2 公里	集康、住、护、食、娱等于一体，分为记忆照护区、失能护理区、协助生活区，并配有多功能活动区、医务室、评估室等	2500 平方米	108 张	2019 年 8 月
阳光颐养养老中心	山东省德州市德城区胜利街	距德州市立医院 1.5 公里、德州人民医院 2 公里、德州联合医院 2 公里	提供机构的住、食、娱、护等服务，设立居家养老服务站，提供送餐、理发、助浴、修脚等上门服务	2914 平方米	68 张	2017 年 6 月
	山东省德州市德城区青龙桥	距德州人民医院 3 公里、德州德广医院 1 公里	机构和居家相融，为长者提供住、食、娱、护等服务	1290 平方米	48 张	2020 年 6 月

资料来源：阳光人家官方网站（http://www.gzygrj.com/）、颐和天享官方网站（http://www.yiheyile.com/）等。

十二、中国人保人寿保险公司大连颐园养老社区项目

2019年10月25日，中国人保人寿保险公司（以下简称“人保人寿”）大连颐园养老社区正式投入运营。这是人保人寿在健康养老领域的试验示范项目，也是其在健康养老产业的重要战略布局。颐园养老社区位于辽宁省大连市经济技术开发区国际商务区中心区，以对接人保人寿养老保险产品和保险支付的方式，贯彻“一碗汤”的理念，为长居客户提供医、养、游相结合的全方位服务。项目距大连市中心城区约40公里，周边医疗资源丰富，适合养老人群居住，可提供1100多户养老养生单元。首期开放养老区，引入国内领先养老服务综合运营商——九如城集团实际运营管理项目，面向自理人群，倡导“品质与爱同行”的理念，集“适老化的自理家居生活空间+完善的养老文娱休闲配套+适度的医疗配套”于一体，为长者提供养老服务。另据有关报道，人保人寿另一个养老社区——和园项目将于2022年面世，可以为1000位老人提供一站式康养服务。

十三、招商局仁和人寿保险股份有限公司投资养老社区现状

招商局仁和人寿保险股份有限公司（以下简称“仁和人寿”）于2017年6月开业，复牌了中国早期民族保险业“仁和保险”的品牌。2018年，仁和人寿与招商蛇口合资共建招商局仁和养老投资有限公司，开始布局养老产业，并推出“仁和颐家”养老品牌，基本目标是建设在全国具有一定影响力的专业养老品牌。仁和人寿依托招商局集团的综合产业链资源优势，采取“统一平台、轻重并举、医养结合”的养老发展策略，致力创建出“冬无严寒、夏无酷暑、四季如春”的养老家园，满足客户“候鸟式”养老需求。其全国规划为立足广东，布局北京/雄安、广州、深圳、厦门/漳州、杭州、苏州、粤东新城，运营2~3个养老社区，储备3~5个二线省会城市养老用地或项目。广州番禺仁和颐家是其首个养老社区项目，总建筑面积为4.5万平方米，周边商业配套成熟、自然生态良好、医疗服务周全，主要户型有单间、一室一厅、两室一厅。

仁和颐家主要服务仁和人寿保险客户，对接保险产品包含健康险和理财险等险种。投保人购买保险累计应交保费达到200万元，即可申请《保险客户养老社区申请入住资格确认函》，让自己或其他家庭成员入住。未来还可以选择不同城市的养老院自由入住，享受丰富多彩的老年生活。

十四、君康人寿保险股份有限公司投资养老社区现状

君康人寿保险股份有限公司（以下简称“君康人寿”）依托其大股东忠旺集团的高端技术实力，依托“君康年华”品牌，定位于高端养老服务市场，布局全国康养体系，规划康养社区、康养酒店、康护中心和养生度假村四大产品线，满足客户全龄段、多层次的养老需求。目前已在北京和上海推出两大高端康养综合体，总户数约为2400户。入住途径有缴纳对应户型300万~600万元的押金直接入住，或购买保费总额达200万元的对接保险产品。保险客户享有保证入住权和优先入住权。

小 结

目前我国保险养老社区多选在自然风景优美、生态环境优良的宜居养老养生之地，内部宜老适老配套设施齐全，周边交通便利，配套医疗资源、商业便利；或者选址核心城区，以优越的交通条件、医疗资源和商业配套等服务老人。投资模式主要有重资产模式、轻重资产相结合模式，其中重资产模式以泰康人寿、中国人寿和新华人寿为代表，轻重资产相结合模式又分为以太平人寿为代表的“自建+第三方合作”模式，以及以恒大人寿、光大永明和复星保德信为代表的集团协同模式。运营上主要采取会员制、月费制，同时基本都对接各自的保险产品，保险客户拥有保证入住权、优先入住权以及入住后的一定优惠权。入住资格中对客户的年龄有一定的要求，根据健康状况评估结果提供有针对性的服务；收费标准与服务匹配，养老服务基本上都具有医养结合的优势和康养休闲的功能。

不足之处是：①多数布局在城市核心区或城乡接合部或旅游景区内，在农村鲜有布局。②保险对接属于浅层次对接。多数是将一定金额的保费作为入住资格或优先入住资格，保险经营环节与养老社区运营没有直接衔接。“保险费—保险金领取”环节属于保险经营环节，养老社区各项费用支付属于养老社区运营环节，保险金收益不能直接支付养老社区相关费用，或者说，保险服务没有直接对接养老服务。

第四章　我国保险公司投资河北省农村养老社区的SWOT分析

目前，各主要保险公司在河北省都设有分支机构，个别公司甚至把华北区的区域发展中心设在河北省，说明河北省具有良好的保险基础。京津冀协同发展战略和河北省独特的地理区位，更是为在京津甚至全国布局养老社区的保险公司投资河北省农村养老社区提供了绝佳的机遇。

农村养老社区是指在农村或城郊等一定地域范围内建立起来的、以养老养生为目的的、由社区居民组成的社会生活共同体，有独特的地域范围、归属感、利益、朋友关系网等一系列相关要素。养老社区养老模式是一种介于家庭养老和机构养老之间的养老模式，融合了家庭养老和机构养老的优势，是一种具有养老功能，能够提供专业化、个性化和定制化养老服务的新型养老模式。

保险养老社区由保险公司投资，是将保险产品开发销售、保险资金运用与养老社区建设、运营等紧密联系在一起的有机统一体。保险公司是保险人，提供保险保障服务，同时也可能是房地产开发商、物业管理者、养老服务及其配套设施的提供者，甚至可以是管家、医生、看护。相应地，被保险人也会有多重身份，比如被保险人、受益人、业主、各项服务的享用者，同时也是付费者。不论是直接投资还是间接投资，双方都有最重要的身份，那就是保险公司是投资者、被保险人是养老保险保障的对象。投资要求盈利，被保险人作为保险产品保障的对象则要求到年老时尽可能享有满意的养老服务。这就必须分析保险企业投资养老社区这一行为的优势、劣势、机会和威胁，以更好地明确保险企业在这一行为中的盈利状况以及被保险人能否得到其想要的、被允诺的养老服务。

SWOT分析方法是一种企业战略竞争态势分析方法，根据既定的内部条件，分析企业的优势、劣势和核心竞争力。在分析中，企业被作为一个整体，其优劣势贯穿在价值链的各个环节，是一个紧密联系的有机体。S（strength，优势）、W（weakness，劣势）主要用来分析内部条件，即企业内部资源和相关关系，主要是找出企业自身的优势和劣势。O（opportunity，机会）、T（threat，威胁）主要分析外部条件，即企业所处的外部环境，主要是找出企业面对的机会和威胁。以保险企业为例，一般来说，保险企业的外部环境或者说外部条件主要是指自然环境、宏观经济环境、监管法规、来自竞争对手的压力等。其中，自然环境主要包括气候、地理等自然因素。各类灾害事故的发生一方面影响保险企业的日常，另一方面因保险公司具有特殊的保障职能，还会直接影响保险企业的经营发展。洪水、飓风等巨灾风险将给保险公司带来巨大的威胁。宏观经济环境则主要包括GDP、通货膨胀率、利率等，主要影响保险企业的产品定价、赔偿或给付等，是决定其承保条件和是否能有承保利润的因素。监管法规主要指涉及保险企业资本、产品开发销售、准备金提存、投资、理赔等各经营环节的法律法规，是保险企业规范经营和持续发展的基本保证和要求，也是被保险人基本利益的保障。

第一节　我国保险公司投资河北省农村养老社区的优势分析

SWOT模型中的S是指企业本身的独特优势或相对于竞争对手的相对优势，其他企业不可能模仿也不具备模仿的条件。相对于其他企业，保险企业投资养老社区具有无法企及的优势，如大量长期可运用资金、风险管理技术水平高、内外部资源丰富等。

一、资金优势

保险公司在河北省投资农村养老社区具有明显的资金优势。理论上，保险资金具有规模大、期限长的特征。只要在缴费期内投保人正常按期缴费，保险公司就有稳定的收入来源。在保险有效期内保险事故发生之前，保险公司不用给付保险金，这就形成了一个明显的时间间隔。其间，保险公司针对不同的产品提取大量的准备金等，形成了保险投资的重要资金来源。相关统计数据显示，随着经济的发展、人们生活水平的提高和保险意识的增强，我国保险费收入稳步增长，到2020年末，我国保险资金运用余额为216801.13亿元，占保险资产总额的93.05%，其中人寿保险公司的资金可用余额占较大比重（2020年11月末占比达88.3%）。

保险公司投资养老社区的资金主要来自自有资本金、非寿险责任准备金、寿险责任准备金和保险保障基金等方面，属于货币资本性质。资本的本质属性和保险业经营的基本原则都要求投资的收益性。首先，货币资本的本性在于增殖，“作为资本的货币的流通本身就是目的，因为只是在这个不断更新的运动中才有价值的增殖。因此，资本的运动是没有限度的”，主要表现为追逐盈利，“谋求利润的无休止的运动”①。其次，保险业作为高负债行业，基本职能是赔偿和保险金给付，保险经营活动必须保证其基本偿付能力。作为盈利主要来源的投资收益是其偿付能力的基本保障。同时，可用作投资的资金有一部分来自投资连结型险种，本身需要高额的回报，必须在保险投资活动中得到其预期的盈利。在保险公司承保利润空间不断下滑甚至为负的情况下，为了保证偿付能力并实现盈利，对资金收益率的要求越来越高。为了获取较为稳定的高收益率，在资本逐利本性的驱使下，保险资金不断寻求投资机会。养老社区成为其投资的选择之一。

投资建设农村养老社区需要大量的长期性资金，而保险公司拥有的大量可用资金也具有长期性特点，要求选择合适的投资工具。投资养老社区可以匹配保险资金期限长、规模大的特点，还可以在产业成熟时获得稳定的收益。在期限、规模和未来的现金流三个方面，养老社区与保险投资都完美匹配。养老社区不是一个暴利行业，遵循一种低回报、长周期的商业模式。前期的

---

① 马克思．资本论：第一卷［M］．中共中央马恩列斯著作编译局，译．北京：人民出版社，1975：174-175.

投资建设需要大量资金，从拿地、建造到推向市场需要8~10年的时间，在这个周期内是没有回报的。作为稳定的商业不动产投资，养老社区在产业成熟时可以给保险公司带来长期、稳定的收益，保险公司可以从中获取持续稳定的现金流，这也是保险公司所看重的。成熟完善的养老实体产业，除了包含老年健康管理、老年护理等保险公司擅长的专业化服务外，还包含保险公司寻求的长期性投资领域，如养老地产、物业等。所以，养老实体产业为我国大量的保险资金提供了一个科学合理的投资渠道。

近年来，随着我国对保险资金运用监管的完善，保险公司资金运用结构呈现多样化趋势，投资结构也更加合理，2020年其他投资项占比达37.67%。在养老社区投资方面，截至2020年9月末，包括中国人寿、泰康人寿、太平人寿等在内的10家保险机构共投资了47个养老社区项目，分布于北京、上海、海南、江苏、广东、安徽等东部和中部的20个省区市，床位数达84155张；保险资金通过直接股权和间接股权的方式，投向养老产业及其上下游医疗、健康等行业的私募股权投资基金达2347.82亿元①。保险公司投资养老社区的实践也表明，由保险公司对养老社区进行开发、建设、运营，将会达到一个双赢的局面。

二、产品优势

保险公司投资养老社区还有一个非常重要的优势，就是可以设计出与养老社区挂钩的对接保险产品，通过养老社区服务来带动保险产品的销售，增强保险产品的竞争力，将产品销售和增值服务结合起来，使产业链拓展到地产开发、医疗服务、护理服务等多个领域。保险公司在河北省投资农村养老社区的产品优势主要体现在以下几点：

第一，将无形的养老保险产品与有形的养老社区对接，吸引来自京津冀地区的客户。

保险公司的产品体系包括人身保险和财产保险，其中，人身保险中的养

---

① 李致鸿．险资加速布局康养领域 已有10家保险机构投资47个养老社区项目［EB/OL］．21世纪经济报道，［2020-12-05］．http：//insurance. hexun. com/2020-12-05/202561364. html.

老保险、年金保险、失能收入损失保险以及护理保险是与养老密切相关的产品。被保险人购买这一类产品的主要目的是在未来有一个稳定的养老资金来源，而在哪里养老、用什么方式养老是不确定的。同时，保险产品最大的特点是无形性，保险合同的射幸性又加剧了其“无形”的感觉，保险术语的专业表达也使得被保险人和投保人难以理解保险责任。虽然这不会影响被保险人享有的各项保险服务，但投保人（被保险人）购买保险产品的目的是确保在发生保险事故时获得保险赔偿或者给付。在保险事故发生之前，投保人定期缴纳保险费，而看到的保险产品只是一纸合同，难免会对保险的功能产生怀疑，甚至在长期不发生赔偿或给付时选择退保，不利于保险公司的客户维护和稳定经营。

因此，如果一个保险产品能够连接一个看得见、摸得着的实体，并且明确了保险产品的养老保障服务以及将来的养老地点和养老方式，那么无形的、不确定的就可以转变为有形的、确定的，就会增加已有客户的信心，同时吸引更多的客户。保险产品与保险养老社区的对接一般是通过保险公司开发设计并销售保险产品，实现养老财务规划，由保险养老社区项目运营公司与投保人签署入住资格确认书，以明确未来的养老生活（见图 4-1）。其中，保险合同与入住资格确认书是两个独立的法律文件，保险合同由投保人与保险公司签署，入住资格确认书由投保人与经营养老社区项目的公司签署。目前，部分保险公司已经在京津地区布局了养老社区，并设计了保险产品对接方案。这就直接将无形的保险产品和服务有形化，让投保人、被保险人甚至潜在客户直接感知到保险养老社区的存在和优越性，为保险公司在河北省农村地区投资养老社区奠定了良好的基础。

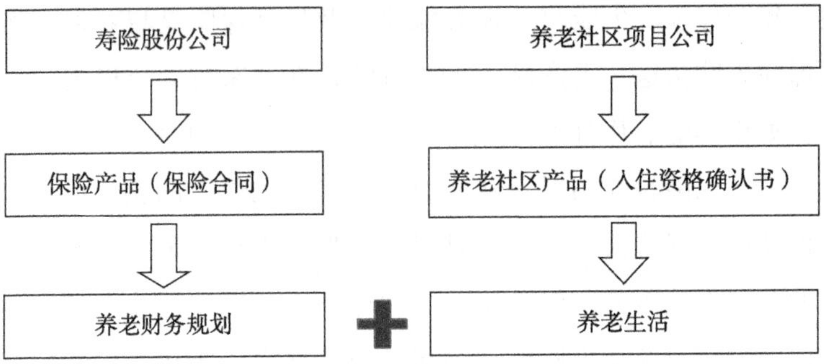

图 4-1　保险产品对接养老社区基本方案

第二，延伸被保险人享有的养老保障，不断优化保险养老社区的服务能力。

保险公司通过开发、设计、销售与养老社区挂钩的养老产品，可以将对被保险人的保障延伸到未来的养老服务，增加产品附加值，进而增加产品的吸引力和竞争力，吸引更多的客户，扩大产品的销售，为保险企业积累更多的资金。投保人通过购买与养老保险社区挂钩的养老保险产品，享有保证入住权、优先入住权、费用减免权、体验式入住权等（见表 4-1），将获得养老资金的权利全部或部分转化成享受养老服务的保障；通过参观、体验已经开业的保险养老社区，明确将来可以享有的养老服务内容，不仅可以解决养老风险的不确定性带来的资金来源问题，还可以解决如何养老、怎样养老等不确定问题；同时，因为可以享受到在传统养老机构无法享有的各项服务，理性的投保人和被保险人在有支付能力的情况下，必然会选择保险公司推出的养老社区连接产品。作为商业企业的保险公司，不断升级自身投资的养老社区，提升管理服务能力和水平，使被保险人在基本养老服务之外享受个性化、定制化的服务，提高其满意度，可以获得稳定收益。

表 4-1　养老社区对接产品投保人享有的权利（以中国人寿为例）

权利	保证入住权	优先入住权	费用减免权	体验式入住权
内容	客户可提出入住中国人寿旗下任意一家养老社区的申请，如该社区开业未满 5 年，则保证客户可在 18 个月内实际入住	客户可提出入住中国人寿旗下任意一家养老社区的申请，并享有优先入住权，不受养老社区开业时间限制	入住的养老社区开业未满 3 年的，可累计享受 20 个月房屋租金的减免；入住的养老社区开业已满 3 年的，可累计享受 10 个月房屋租金的减免；配偶同住，配偶无须支付房屋租金	客户在正式入住养老社区前可申请到中国人寿旗下任意一家养老社区进行度假和疗养体验式入住；在约定天数内，客户无须支付房屋租金，但需支付其他费用
备注	此权利只能行使一次	此权利可行使多次	此权利只能行使一次	此权利只能行使一次

资料来源："国寿嘉园健康养老"微信公众号。

第三，有利于被保险人明确养老成本，规避通货膨胀风险。

保险经营的基本原理是把将来不确定的风险转化为确定的保费支出。养老社区对接保险产品不仅可以固定养老资金来源的风险，还可以固定基本养老内容的风险。投保人用保费支出的方式明确了所有的保障成本，在一定程度上可以规避通货膨胀的风险。通货膨胀风险主要来源于货币发行量超过了流通中的货币需求量，造成了货币贬值，进而表现为物价上涨。养老保险产品基本上都是长期性产品，期限短则十几年，长则几十年。领取养老金的条件决定了被保险人在拿到保险金时都经过了漫长的等待，并且都已经进入养老阶段。这时，被保险人的身体状况不仅不允许其去工作赚取生活费用，还可能需要花钱购买医疗、养护等服务。此时被保险人的主要资金来源就是养老保险合同给付的养老金。养老金的金额往往都是在十几年或几十年前购买保险的时候明确的，虽然在厘定保险费率时已经加入了预定利率，但是由于货币本身的时间价值和经济社会的快速发展，物价存在上涨的趋势，大大降低了养老金的实际支付能力，减少了可以购买的养老服务量，减弱了保险的保障功能。以我国居民消费价格为例，2019 年的物价水平是 1978 年的近 6.7 倍，是 1997 年的 2 倍多（见图 4-2）。因此，即使被保险人如期足额拿到了养老金，物价上涨也会对其养老生活的质量造成影响。但如果被保险人购买了对接养老社区的养老保险产品，就拥有了享受养老社区养老服务的资格和权利，避免了因未来养老费用升高而无法获得基本的入住资格。

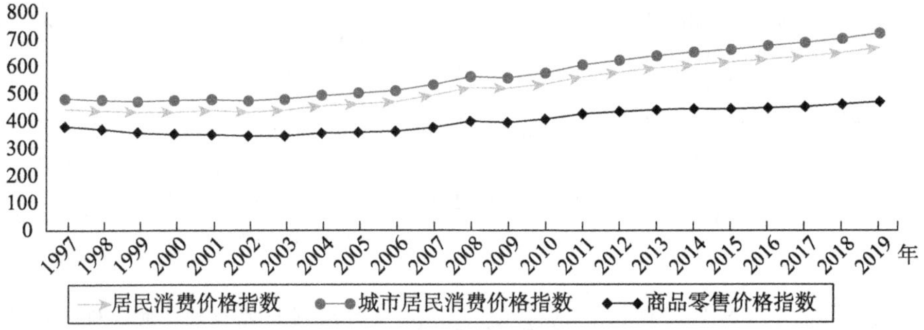

图 4-2　1997—2019 年我国物价指数情况（1978 年 = 100）

资料来源：国家统计局官方网站。

与此同时，被保险人在购买养老社区对接产品时已经签署了入住确认书，可以保证直接入住。保险企业作为养老社区的投资者和经营者，将养老保险与养老社区的服务有机结合，作为唯一的供应商，为被保险人提供从养老财务规划到享受养老服务的“一条龙”服务，不仅为被保险人节约了购买或租住房产的费用，还节约了寻租、询价、中间结算等中间费用。同时，如果部分产品可以将保险产品收益实体化，免费为被保险人提供养老社区的各项服务，则可以延长被保险人的融资计划，被保险人可以锁定未来的支付风险，并通过保险公司的投资运作来确保资产的保值增值。

三、客户优势

保险公司是销售保险产品的自主经营、自负盈亏的商业主体，产品的销售和相应的资金运用是其利润的主要来源，而产品的销售需要得到客户的认可。多数投资养老社区的保险公司都拥有一定的客户基础。在此基础上创新保险产品，开发与养老社区对接的养老保险产品，不仅能够牢牢把握住之前的客户群，还可以吸引更多的客户，在一定程度上将产品优势转化为了客户优势。保险公司投资河北省农村养老社区的客户方面既有量的方面又有质的方面。

第一，保险公司投资养老社区拥有大量的客户基础。

大数法则是指在大量重复的随机事件中呈现必然的规律，是厘定保险产品费率的基础和保险经营的基本法则。根据大数法则，保险经营必须聚集尽可能多的客户，才能达到分散风险的目的。其基本原理是，保险公司承保的客户越多，实际损失（保险事故）发生的结果越无限接近于精算费率时的风险发生率、损失率等因素。只有这样，按照精算费率收取的保险费总额才会无限接近于实际赔偿或给付额，厘定费率时预定的“差”才能以收益而不是亏损的形式出现，预计的承保利润才能实现。

养老保险是典型的生存保险，一个人可以购买多份保险为自己提供保障，即使保险产品具有同质性，也只会增加保障的程度，而不会影响客户对保险的需求。我国当前的保险密度只有 3232. 55 元/人，人身保险人均保单约 0. 6 件①。根据河北省保监局和第七次全国人口普查数据，截止到 2021 年 6 月，河北省保险密度为 1603 元/人，其中寿险保险密度为 1231 元/人，人均寿险保单 0. 21 件，河北省人寿保险市场还有巨大的发展空间。

从理论上说，保险公司需要巨大的客户群来满足经营的大数法则要求，从实践上看，保险公司目前有数量巨大的潜在客户，是保险企业投资养老社区的一个巨大优势，其他任何行业都囿于经营规则和产品的同质性而无法拥有。

第二，保险养老社区能够吸引并满足高净值客户的需求。

高净值个人（high net worth individual）指个人金融资产和投资性房产等可投资资产总值较高的人群。根据中国建设银行与波士顿咨询公司推出的《中国私人银行 2019：守正创新 匠心致远》的解读，我国的高净值个人是指可投资金融资产在 600 万元以上的成年人。根据这个标准，2018 年我国高净值个人数量已达 167 万人，预计到 2023 年将增至 241 万人，可以形成一个约

---

① 根据国家统计局公布的《中华人民共和国 2020 年国民经济和社会发展统计公报》的注释，第七次全国人口普查数据预计 2021 年 4 月公布，这里计算保险密度和人均保单数时使用的人口数为 2019 年底的人口数，实际情况应该比这一结果还要少一些。

82 万亿元的金融资产投资市场。

从地域分布上看，我国拥有超 5 万高净值个人的有北京、上海、广东、江苏、浙江、辽宁、河北、山东、福建、四川等 10 个省市，其中北京地区高净值个人密度居首，湖南、湖北、四川等中西部地区高净值个人密度增长最快，宁夏、青海和西藏的高净值人口最少。目前，我国主要保险公司投资的养老社区的市场定位几乎都是中高端客户群体（见表 4-2）。保险养老社区对接产品及其服务都是用来满足相对较高的消费需求。保险公司已经积累的客户资源，一般都是具有较强风险意识和购买能力的优质客户资源，这些已经或将成为保险养老社区的客户群。同时，目前我国保险养老社区的整体布局与高净值个人密度较高和增长速度较快的地区基本吻合，为高净值个人选择养老方式提供了极大的便利。

表 4-2　主要保险公司已开业保险养老社区的市场定位和运营模式

保险公司	市场定位	运营模式
泰康人寿	高端	保险产品+养老社区、押金+月服务费
中国人寿	中高端	保险产品+养老社区
中国平安	中高端	租售并举
新华人寿	中高端	CCRC 入住模式
合众人寿	中端	CCRC 租赁模式
恒大人寿	高端	保险产品+养老社区、押金+月服务费
光大永明	中高端	保险产品+养老社区
中国太保	中高端	保险产品+养老社区

资料来源：各保险公司官方网站、相关互联网资源。

从主体来看，高净值个人主要是企业家。目前我国高净值客户的需求可以分为几类：一是财富传承或财富持续增长需求；二是个人健康养生需求；三是税务筹划需求；四是信贷融资需求；五是子女留学和移民需求等。在一代企业家创业之初，我国的社会保障体系不健全，大部分民营企业家都没有享受到国家的社会保障体系；随着年龄增加，这些企业家对长久健康、个人养老、财富传承等方面越来越关注。保险特有的功能可以满足高净值个人的需求。投资理财类产品可以满足其财富增值和融资的需求，养老保险类产品可以满足其健康养生的需求，教育金类保险产品可以满足其子女教育的需求，同时，保险金的免税功能可以提高其财富传承效率，部分税延产品也可以免掉很多税额支出。保险养老社区及其对接产品和配套服务不仅完全具备保险的这些优势，还附加了许多养老养生的专业服务，为养老生活提供了诸多便利。加上面对日趋复杂的市场环境，持有避险和观望态度的高净值个人对低波动资产的投资倾斜性增大，保险养老社区成为吸引并满足高净值个人各种需求的综合资产配置选择。河北省是高净值个人较多的省份，但目前省内中高端保险养老社区较少，与高净值个人的养老需求不相匹配。

四、技术优势

首先，保险公司是经营风险管理的专业机构，在风险管理技术方面有绝对的优势。风险是指损失的不确定性，由风险因素、风险事故和损失三个要素有机构成，具有客观性、普遍性、偶然性和可变性等基本特点。风险是不以人的意志为转移的客观存在，时时处处威胁着人类的生命财产安全，一旦发生风险事故，就会造成损失，对人的正常生活造成巨大影响。风险管理是指经济单位通过对风险进行识别和衡量，采用合理的经济和技术手段、方法对风险进行处理，以尽可能小的成本去争取尽可能大的安全保障和经济利益的行为①。随着社会的发展，风险也在发生变化，对防范风险的技术方法的要求也在提高。保险的产生和发展与风险管理密切相关。风险是保险产生和存在的自然条件和前提条件，没有风险就没有保险。保险以风险为保险责任，以发生损失进行赔偿或给付为基本任务；保险产品的设计开发主要考虑的是风险发生率、风险损失率以及风险对人类生活的影响程度等因素。人的一生面临的人身风险主要有生、老、病、死、残等，在人身保险保障体系中，每种风险都有对应的保险产品。保险产品从开发前的市场调研到产品上市需要经历许多环节，其中前期开发、设计、费率厘定等都需要充分考察保

① 魏丽，李朝锋. 保险学（第二版）［M］. 大连：东北财经大学出版社，2015：8-9.

险产品所涉及的风险情况。一般情况下，保险公司会对这些风险进行风险识别和风险衡量，根据市场需求和自身的承保能力确定承保的风险范围、赔偿给付条件等，通过计算风险发生率、损失程度和损失频率等完成保费计算的准备工作，之后采用精算技术厘定费率，完成产品的开发设计工作。在长期的经营中，保险公司积累了大量的风险管理经验，不仅可以开展保险业经营服务，还可以为投保人和被保险人提供相应的风险咨询和风险管理服务，在处理人身风险上具有优势。

其次，保险公司还具有强大的精算技术优势。保险精算指保险公司在经营保险业务时，需要预先估计风险的大小和危险事故造成损失的分布，在此基础上，依照保险契约的规定，计算不同保险契约下投保人需缴纳的保险费、保险公司在不同时期为未来赔偿损失建立的责任准备金等。人身保险精算是在对人身保险事故出险率和出险率变动规律进行研究的基础上，考虑资金投资利率及其变动，按照人身保险契约对保险种类、保险金额、保险时期、保险金给付方式、保险费缴付方式和保险人对营业费用开支等的规定，预先对投保人需缴纳的保险费水平、保险人在不同时期必须准备的责任准备金、投保人因故退保时保单具有的现金价值、一定时期有效保单的资产份额、红利分配及人身保险其他方面进行的科学准确的计算①。在当前信息技术不断发展的背景下，精算技术与信息技术共同为保险公司产品设计和开发提供了强大的支持，加上保险企业掌控着整个养老产业链条里最关键、最核心的客户和资金两方面资源，因此与其他投资主体相比，在市场开拓上的优势明显，由保险公司牵头来开发、建设、运营养老产业较为合适。

保险公司投资河北省农村养老社区还可以带来如下好处：第一，以养老社区对接产品为龙头，带动其他涉老产品的开发和销售，激发老年消费者的购买能力，不仅能为京津冀保险业务带来新的业务增长点，还有利于降低京津冀老年人入住养老社区的服务费用压力。第二，可以为年轻人，尤其是在北京、天津和雄安等核心城市工作的年轻人规划养老生活提供一个有效途径。

---

① 王晓军，江星，刘文卿．保险精算学［M］．北京：中国人民大学出版社，1995：5.

通过精算技术帮助消费者用现在确定的保险费支出锁定未来不确定的养老费用支出，有助于不同年龄段的人群规划养老生活。第三，有助于保险公司不断创新服务方式和服务内容。保险公司投资和运营河北省农村养老社区必然要引入当地的银行、医院等或者京津的各类资源，为入住老年人提供生活便利。由此，保险公司不仅能够积累大量提高服务质量的经验，还能与金融机构、医疗机构形成良好的合作关系，拓展产业链，为京津冀保险企业持续发展提供强力保障。

第二节　我国保险公司投资河北省农村养老社区的劣势分析

SWOT模型中的W意指企业自身的固有缺陷或相对于竞争对手的弱项、欠缺项。从行业的角度是指保险公司与别的行业企业相比固有的不足或缺陷，从内部来看指的是不同企业因自身情况在投资养老社区方面的不足。比如，一些地方性的小保险公司不可能拥有全国的经营网络，这是企业的固有缺陷；同时，地方性保险公司因为规模较小、资金实力较弱，相对于资金实力雄厚的大型保险公司，只能采取依附或者跟随战略，保险资金投资策略也只能选择对资金要求较少的轻资产模式。本节主要分析相对于房地产行业和养老服务行业来说，保险公司的不足或相对薄弱的方面。

一、养老社区开发设计方面劣势明显

保险公司投资河北省农村养老社区，在开发、创建与运营管理中会涉及土地的征用、地产的开发、物业的管理、餐饮等服务的提供。相对于房地产行业和养老服务行业来说，保险公司经营养老社区属于跨行业经营，在社区的开发设计方面不如房地产开发商专业。

保险公司以往涉足的主要是保险领域，比较擅长资本运作，对房地产开发设计、养老服务等实体产业涉足尚浅，相关专业知识和专业技能比较缺乏。

在开发养老地产时，保险机构与房地产开发公司在资金和运营模式上各有优劣势。在资金和客户资源方面，保险机构优势明显，尤其是中国人寿、泰康人寿、中国平安、太平人寿等大型保险公司，可以以重资产模式进行投资。但是在运营方面，保险机构劣势明显（见表4-3）。比如，保险企业在投资建设养老社区的初期，首要工作是购买土地、组织规划和设计养老社区，之后还需要对养老社区进行建设。土地的征用与地产的开发都需要与政府部门保持良好的沟通，只有通过政府的支持与帮助，保险企业才有可能用相对低廉的价格购得土地，节约投资成本。但保险企业这些方面的知识与经验还比较欠缺。

表 4-3　养老地产市场开发主体对比

项目	优劣势	房地产开发公司	保险机构
资金	优势	可以通过借入外部资金放大杠杆	资金雄厚且使用期限较长，适合资本密集型的养老产业
	劣势	前期投入较大，资金周转压力大	—
客户	优势	—	客户资源丰富，且可以对客户进行分层
	劣势	需要一定的投入才能实现快速的客户积累	—
模式	优势	租售结合，较为灵活	以购买保险产品模式入住，接受程度高
	劣势	高端产品费用相对较高，接受需要一定的过程	由于监管原因，养老地产只租不售
运营	优势	管理运营经验丰富，对市场变化比较敏感，反应灵活	—
	劣势	—	缺乏房地产运营经验

资料来源：【热点评述】泰康之家燕园［EB/OL］．搜狐网，［2019-10-24］．https://www.sohu.com/a/349361397_120059752.

在养老社区的组织建设方面，养老社区的客户群是老年人，有着特殊的生理和心理需求，因此前期需要对养老社区内的养老设施及社区建设进行大量、专门的调研。安全方面、医疗设备方面、行动辅助设施方面等，都要针对老年人的需求进行专门设计。对养老社区进行建设施工是一项专业性很强的工作，需要考虑使用哪种建筑材料可以最大限度地保证老年人的安全、怎样才能找到养老社区功能发挥最大与投入成本最低的平衡点等。而这些工作都属于房地产开发的常规流程，房地产开发商在养老社区的建设施工方面占有绝对优势。保险公司在这方面的知识和技能比较缺乏，对于可能存在的风险以及如何规避风险等还没有形成经验。保险公司储备多方面的专业人才、提高经营能力并积累各方面的经验都需要一个很长的过程。

二、养老社区投资成本较高

专业养老社区对于保险企业来说是一个全新的投资领域，既不同于一般的不动产投资，也不同于普通意义上的养老服务业，是一种全新的商业模式和保险经营模式。保险公司投资养老社区以自持或合作经营养老社区为主要形式，提供非货币形式的养老服务，从投资、开发、建设到终止服务包括很多环节，在许多方面还处于探索阶段。某些外部因素导致的投资成本增加会直接影响保险公司投资养老社区的积极性。

首先，土地性质不明确直接导致保险公司投资养老社区成本增加。保险成本是指保险公司为了提供相应的保险产品，需要消耗的生产要素的总额，包括显性成本和隐性成本。其中显性成本主要包括办公场地费用、设备添置费用、理赔费用、佣金手续费、办公经费、员工工资及福利、管理费以及其他相关生产要素费用等；隐性成本包括自有场地和自有办公设备的使用与自有准备金的留存成本。保险公司经营的主要任务是保证保险费收入总额在将来足够赔偿或给付之用，因此投资成本或者保险资金的运用成本就成为其承保成本之外的主要成本。保险公司投资养老社区在操作层面上存在许多困难，其中土地制约最为突出。土地是建设养老社区最基础、最前端的资源，而当前我国保险公司面对着较高的土地成本，主要体现为“拿地难、拿地贵”。根据银保监会公布的数据测算，保险养老社区土地的平均成本为5652元/平方米，每个床位平均投资达169万元（盛松成、李鹏，2018）。以恒大人寿首个CCRC项目——南京恒大·养生谷项目为例，项目占地10.85万平方米，规划地上建筑面积15.83万平方米，计划投资总额为19亿元，则成本为 12002 元/平方米，还要加上保险产品开发成本、后期的服务成本。对于以重资产模式投资养老社区的保险公司来说，投入成本太高，必然会影响其对接产品和相关服务的价格，使得保险养老社区成为普通老百姓支付不起的“可望而不可即”的事物。

其次，养老社区不同于一般的房地产项目，不仅包括住宅本身，还包括许多配套服务，设施、设备的规划设计和安装都要结合老年人的特点，总体造价可能比普通房地产项目高 0.5~1 倍。如此高的造价为开发带来了困难。以泰康之家·燕园为例（见表 4-4），燕园占地面积约 14 万平方米，土地性质为商业性综合用地，总建筑面积约 30 万平方米，可提供约 2660 户独立生活养老单元，投资总额约为 54 亿元。按建筑面积测算，成本约为 1.8 万元/平方米，每个独立生活养老单元的成本约为 203 万元/户。根据国家统计局公布的数据，我国 2019 年住宅商品房平均销售价格为 9287 元/平方米，保险养老社区成本之高可见一斑。

表 4-4　保险养老社区内部布局及相关配套——以泰康之家·燕园为例

区域	楼栋号	配套设施
北区	1#、2#	独立生活单元、协助生活单元、记忆障碍单元
		文化中心
	3#	专业护理单元
		健康管理医养中心
	5#	独立生活单元、协助生活单元
		酒店
南区	—	活力生活单元
		社区商业

资料来源：【热点评述】泰康之家燕园［EB/OL］. 搜狐网，［2019-10-24］. https://www.sohu.com/a/349361397_120059752.

三、投资模式单一，盈利点少

养老社区的开发运营在发达国家已经比较成熟，但在我国还是一种新兴的模式。鉴于我国国情，保险公司在投资开发养老社区的模式上存在诸多限制。目前，我国保险公司投资养老社区基本都采取直接投资模式，间接投资模式还处于探索之中。保险养老社区投资的基本模式是“保险+地产”模式，表现为两种形式，一是保险资金运用于房地产，二是保险公司参股房地产企业。第一种形式是我国保险公司投资养老社区的主要形式，即保险公司直接投资建设养老社区。除了自营自建、全资自持之外，股权投资也是我国保险公司投资养老社区的重要方式。经过多年发展，企业股权已成为保险资产配置的重要品种。截至 2020 年 9 月末，保险资金通过股权直接投资、股权投资计划、股权投资基金等方式，投资企业股权规模达 2 万亿元，占保险资金运用余额的 10%，成为金融业可提供股权性资本的主要机构投资者。被投资机构中有一部分是房地产开发企业。据相关资料统计，我国保险公司持有一定份额的房地产公司股份①（见表 4-5）。随着房地产市场调控力度的加强和人们养老保障需求的提高，“保险+地产”模式有扩大的趋势。间接投资模式相对于直接投资模式来说，风险较小、收益较高、期限搭配更加多样化，但 2020 年 4 月 30 日境内基础设施领域公募 REITs 试点才刚开始，目前还没有保险公司在国内通过 REITs 投资养老社区。

表 4-5　我国保险公司持有房地产公司股票情况

保险公司	所持房地产公司	持股比例/%
中国人寿	远洋地产	29.59
	金融街	0.9
	新城控股	0.47
平安人寿	华夏幸福	19.83
	旭辉控股	9.64
	碧桂园	8.96
泰康人寿	保利	5.31
新华人寿	中国金茂	9.66

资料来源：唐烨．保险+养老 险资投资养老社区是赔还是赚？［EB/OL］．综合国际金融报，［2018-12-14］．https://www.sohu.com/a/281882277_611014.

① 唐烨．保险+养老 险资投资养老社区是赔还是赚？［EB/OL］．综合国际金融报，［2018-12-14］．https：//www.sohu.com/a/281882277_ 611014.

养老社区虽然采用社会化开发运营模式，但仍然具有福利性，不可能完全以营利为目的，而投资开发养老社区的保险企业并不是公益型企业，而是以营利为最终目的，两者存在一定的矛盾。目前我国保险养老社区的主要收入来源包括两个方面：一是门槛费，即入住费用，主要有两种类型——对接产品的销售收入，或以会员制或押金制收取的会员费或押金；二是入住后老人缴纳的各项费用。保险公司在厘定保险产品价格时，只考虑精算上的保费收入与赔偿支出总额的现值或终值的总量均衡，在某种程度上，养老金的时间价值风险通过保险养老社区的实物给付方式转嫁给了保险公司。根据监管规定，保险养老社区房子只租不售，相当于保险公司承担了所有开发建设成本。由于投资周期长、对被保险人采取养老服务给付方式，保险养老社区的前期投入基本全靠保险公司的积累，后续保险产品的销售情况和入住情况直接影响保险养老社区的运营，运营过程中人力成本和物价上涨等风险也基本由保险公司承担。如果入住率较高的话，保险养老社区的基本运营部分可以保持财务上的收支平衡甚至盈利，但社区建设和相关配套的投资成本需要慢慢回收。社区内的配套设施由于只为社区内的老年人提供服务、不能对外经营，会因客户群不足而不能得到最优使用，极有可能亏损。根据测算，养老社区入住率达到70%以后，运营管理收入基本可以覆盖运营管理成本；养老社区项目投资的收益率保持在5%~5.5%，才可以基本覆盖保险资金的运用成本；从拿地到盖房，其间大概5年是没有收益的。

四、养老社区的综合管理能力不足

与其他国家相比，我国现行的养老机构服务模式比较单一，综合服务水平不高。由保险公司牵头投资建设的高质量养老地产，为我国解决中高收入人群的养老问题起到了重要的作用；同时，养老产业逐步向商业化发展，还可以有效填补社会福利养老的诸多缺陷，对于我国建设不同层次的养老体系大有益处。虽然我国部分保险养老社区已开业经营四五年，经过了一段时间的发展，但总体上看，我国目前的保险养老社区仍处于初期发展阶段，在提供专业性服务和经营管理方面明显不如专业的养老服务企业运营的养老机构，综合管理能力需要进一步提升。主要表现在以下两点：

首先，保险企业缺乏养老社区运营的标准评价体系。

管理水平的高低决定了养老社区日常运营成本和服务质量的高低，而运营成本和服务质量又会对养老社区的入住率和盈利水平产生巨大的影响。建立各种标准评价体系对提高养老社区的管理水平非常有必要。养老社区实现良好运营的关键是建立两个标准评价体系。一是服务内容的标准评价体系。构建这个评价体系，需要将服务供应商提供的服务进行分类，然后按照服务质量分级。服务内容包括医疗保健相关服务、餐饮相关服务或娱乐休闲相关服务；服务质量可以采用优、良、中、差等等级作为评价标准，由此制定一套完整的、量化的评价体系。二是入住老年人健康状况的标准评价体系。养老社区需要一套专业的、完整的标准和程序来评定入住老人的健康状况，以便针对不同的健康状况提供相应级别的特别照护。这将直接影响服务费的价格制定，并间接影响养老社区的入住率。目前保险养老社区的服务评价体系及相应的监督体系还不健全，保险企业缺乏构建服务评价体系的相关知识及技能。

其次，我国保险养老产业的经营范式尚未明确。

“范式”概念是库恩在《科学革命的结构》中提出来的。库恩认为，范式是某些实际科学实践的公认范例，包括定律、理论、应用和仪器等，为特定的、连贯的科学研究的传统提供模型。范式具有两个基本特征：一是它们的成就空前地吸引一批坚定的拥护者，使他们脱离科学活动的其他竞争模式；二是这些成就足以无限制地为重新组成的一批实践者留下有待解决的各种问题。不论从理论层面还是实践层面，范式都具有优先性。范式是科学发展中的工具，工具翻新了，革命也随之产生。科学革命是科学发展中的非累积性事件，旧范式全部或部分地被一个与其完全不同的崭新范式所取代，革命成功的标志就是新范式取代旧范式。从整体来看，科学是通过不断的革命发展进步的，最终表现出由简单到复杂的进化趋势①。

---

① 托马斯·库恩. 科学革命的结构 [M]. 金吾伦，胡新和，译. 北京：北京大学出版社，2002.

保险养老社区经营范式是在保险公司投资建设养老社区实践中公认的定律、理论、应用和仪器。保险养老社区是我国刚刚起步的新兴产业，虽然各方主体都已经充分认识到这个新事物的意义——政府在监管范围内大力支持；保险公司纷纷以各种方式进行全国布局，并成立相应的健康养老投资管理公司、养老服务公司，甚至医院、健康中心；大量被保险人购买对接产品以满足自己的高端养老需求——但是就目前来看，各家保险公司的养老社区基本是各家保险公司根据自己的能力来提供相应的服务和设施，所谓的“医养结合”不过是“宾馆+医院”的形式组合，许多服务没有真正融合在一起；养老社区的建设、相关配套设施及专业化服务等方面都还没有形成一个完整、统一的业内标准；养老社区入住标准、收费标准没有行业标准，呈现出不同程度的差异化；差异化的配套标准也不存在；与此相关的监管保障制度也不明确。这些直接导致了保险公司等社会资本在养老社区的开发、建设、运营中存在着很大的经营不确定性。在实际操作中也发现，由于相应监管制度不到位，有些保险公司打着投资建设养老不动产的旗号，开发、建设、销售民用住宅，这是监管部门极为警惕及担忧的情况。同时，不论是以重资产模式还是轻资产模式投资保险养老社区，保险公司都不可能独立提供所有的相关配套和便利设施。作为商业企业，保险公司要建立以养老社区为核心的涉老产业链，需要与服务供应商、养老社区经营机构、政府等不同参与者合作。而在合作过程中，有许多未知的风险和成本，可能会导致合作失败或者合作成本太高，直接影响养老社区的配套服务，严重的可能会影响保险公司养老社区布局规划的实现。

五、市场定位精准度不够，产品创新不足

我国目前保险养老社区的市场定位基本都是中高端人群，在市场细分上，主要根据不同年龄设计不同的养老模式，比如，低龄老年人的旅居“候鸟式”养老、中龄老年人的活力健康式养老和高龄老年人的康复护理式养老；在养老社区内部区分不同的房间类型，比如泰康之家的独立生活单元、协助生活单元、记忆障碍单元等（见表4-4），不同单元内部配置不同的设备；在

园区内也会设置不同功能的区域，如恒大·养生谷内有颐养园、长乐园、康益园、亲子园四大园，提供游、学、禅、乐、情、膳、美、住、健、护等 852 项设施设备、867 项服务，打造"一家三代两居"的生活模式。

目前，我国大部分保险养老社区主要依赖寿险保费支撑前期投资和后续投资资金，一旦销售环节出现问题，将会给养老社区的投资建设带来致命的打击。具体到我国的养老社区对接产品，主要有年金保险、终身寿险、理财类保险等，或者不限保险种类只规定保费金额作为入住条件（见表 4-6）。所对接的保险产品基本都是传统的保险产品，既没有体现保险养老社区的高端服务，也没有体现具体项目上的差异性；购买保险产品只能得到一个入住资格，入住资格与保险产品本身的责任内容没有必然的、密切的相关性。保险养老社区与保险公司的产品没有实质性的内在联系，只是表现为保险产品与入住资格之间的外部关联性。保险合同与入住协议是两个文件，保险合同的履行主体是保险公司，入住协议中的服务由社区管理服务公司提供。这种对接属于"浅对接"，养老社区及其服务没有真正嵌入保险产品之中，在经营管理上依然是双轨制。如何把养老社区与保险产品真正连接到一起、实现深度对接是保险公司必须考虑的问题。

表 4-6　我国主要保险养老社区对接产品及入住条件

保险公司	保险养老社区	对接保险产品	备注
泰康人寿	泰康之家	泰康颐养有约年金保险（分红型）、泰康鑫账户终身寿险（幸福有约系列）等	
光大永明	汇晨养老	无须购买保险产品，缴纳一定数额押金即可	
恒大人寿	恒大·养生谷	恒大万年福、万年红、万年禧等	会员制
人保人寿	人保大连颐园	在人保投保总保费超过 45 万元即可取得优先入住权	
仁和人寿	仁和颐家	招盈年年年金保险、招盈双玺年金保险（分红型）、金玺年年年金保险等	

续表

保险公司	保险养老社区	对接保险产品	备注
中国人寿	国寿嘉园	国寿颐享金生年金保险（分红型）	
太平人寿	乐享家	理财类产品累计200万元	
阳光人寿	阳光人家	阳光升B款、阳光橙、阳光金穗、真爱倍致、臻鑫倍致等	2021年第三季度销售政策
合众人寿	合众优年	合众优年养老定投两全保险（分红型）	
中国平安	平安养老综合服务社区、平安臻颐年	500万元保单+市郊康养社区、1000万元保单+蛇口项目	
新华人寿	新华家园	无须购买保险产品，缴纳一定数额押金即可	
复星保德信	复兴星堡	无须购买保险产品，缴纳一定数额押金即可	

资料来源：互联网资源。

第三节　我国保险公司投资河北省农村养老社区的机会分析

SWOT模型中的O表示发现新的市场或者旧市场的潜力被挖掘，给企业带来了新的增长点和发展机会。可以理解为，机会主要指“创新”。按照熊彼特的理论，创新就是“经济发展”，是“建立一种新的生产函数”，是企业家执行“新组合”进行生产进而推动经济发展，具体包括五种情况：①采用一种新的产品；②采用一种新的生产方法；③开辟一个新的市场；④掠取或控制原材料或半成品的一种新的供应来源；⑤实现任何一种工业的新的组织①。其中企业家具有“首创性”“权威”或“远见”，其职能是实现新组合（即创

① 约瑟夫·熊彼特．经济发展理论［M］．北京：商务印书馆，2017：75-76，84-85，90.

新），而且该职能是不能继承的。就保险企业来说，机会就是指开发新的保险产品、采用新的销售（或经营）方法、开辟一个新市场、争取到新的客户以及变革其组织管理模式，而经营保险企业的企业家的“首创性”则在保险企业的成功中具有不可替代的作用。“邻京津、环雄安”的河北省，是京津冀协同发展中的重要一环，集中了“未来之城”建设的基本因素，具有广泛的创新基础。在河北省广大农村和城郊投资养老社区，是保险企业创新驱动发展战略的必然选择。

一、我国大力实施创新驱动发展战略

保险养老社区是一种商业模式的创新，它的产生和发展离不开我国创新驱动发展的大环境。国家体制机制的保障与保险企业家的首创精神发挥了关键作用，也是将来保险养老社区进一步发展的基本动力。

熊彼特在《经济发展理论》一书中首提“创新”的概念，在此基础上，弗里曼（C. Freeman）和伦德瓦尔（B. A. Lundval）等学者结合系统研究方法、社会系统动力学及创新理论中的制度观点，研究了具体国家的创新活动，发展了西方经济学的创新理论，最终提出了“国家创新体系”。其中，“学习过程”是国家创新体系的核心要素之一，强调学习其实就是强调新知识的生产或者对知识的“新组合”。早在熊彼特之前，马克思在著作中也表达了类似的思想。马克思虽然没有专门界定“创新”的概念，但是创新思想是马克思理论体系中不可或缺的组成部分。保险养老社区建设是在中国特色社会主义经济理论指导下的保险产品和保险模式的创新，也是我国养老保险制度的创新。

根据熊彼特的创新理论，企业家指具有首创性、有权威或远见并执行实现新组合即创新的人。随着保险业的复业和改革开放不断向纵深发展，1988年中国平安保险股份有限公司在深圳成立，之后，太平洋保险、华泰财险、华安财险、永安财险、太平保险、新华人寿、泰康人寿等大批股份制保险公司成立，为我国保险业注入了新鲜血液并带来了保险业连续十几年的高速发展。在此期间，以这些保险企业管理者为代表的中国企业家发挥了重要作用，在保险养老社区建设方面，不断创新的国家体制机制为这些保险企业家的创新行为提供了保障，才有了我国保险养老社区的产生和发展。

二、强大的经济物质基础和技术支持

保险养老社区是保险制度发展到一定程度，人类社会对养老风险管理方式的创新。以“实物或服务给付”方式代替“货币给付”方式，是人类经济社会发展到一定程度对养老风险保障的真正需求。这种给付模式建立在高度发达的信用制度基础之上，经济发展是其产生的基础。现代社会信息技术的发展又为保险养老社区的发展提供了技术支持。

首先，保险养老社区的产生和发展以经济发展为基础。保险养老社区不是也不可能凭空产生，它的产生和发展是建立在一定物质基础之上的。改革开放 40 多年的经济发展为保险业的发展提供了坚实的物质基础，也是保险养老社区得以产生并不断发展的根本。

从本质上看，保险制度是一种物质储备制度。在前保险时代，物质储备多采用实物储备方式，随着私有制的产生、交换的发展和货币的产生，金银以其独特的属性成为货币的一般形态，货币这样的一般等价物作为物质储备形态开始出现。物质储备制度发生了质的变化，人类社会的物质储备不再受时间和空间的约束。

同时，在长期的人类进化和人类社会发展的进程中，各种风险一直威胁着人类的生存，人类社会在团结协作中艰难发展。在社会生产力发展到一定程度后，人类开始运用各种技术手段和行为规则规避风险。通过多年与风险斗争积累的经验，最终风险规避手段与人类货币制度相结合，保险制度应运而生。保险以货币储备作为基金，为人类提供各类风险保障。

从根本上说，人类社会生产力的发展水平与物质的丰富程度是保险制度的根基，生产力越发达，物质生产越丰富，保险就越发达，或者说保险的发达程度与经济发展水平密切相关。新中国成立以后到改革开放之前，我国 GDP 总量一直处于较低的水平，在这个阶段，保险业也基本没有发展。改革开放后，尤其是 20 世纪 90 年代中后期以后，我国 GDP 总量迅速增加，保险业总资产也同步提高（见图 4-3），保费收入更是保持了 20%～30%的高速增长（见图 1-5）。强大的经济发展基础是保险业不断发展创新的源泉，我国保险养老社区正面临历史最好的发展机遇。

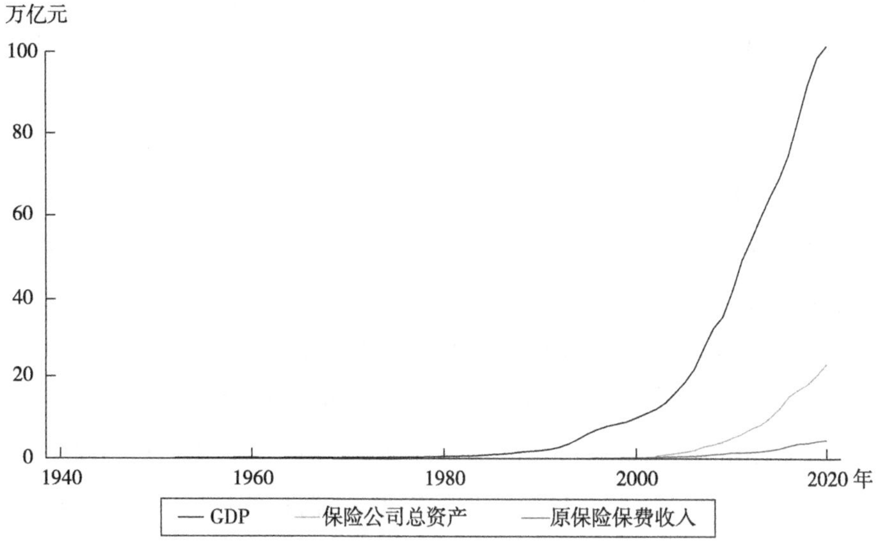

图 4-3　中国 GDP 与保险业发展情况

资料来源：国家统计局官方网站。

其次，信息技术的发展为养老社区的发展提供了技术保障。党的十八大以来，推动数字经济发展逐渐上升为国家战略。自 2013 年《国务院关于印发“宽带中国”战略及实施方案的通知》以来，国家陆续出台一系列文件，促进并规范互联网及数字经济的发展。2020 年《中共中央、国务院关于构建更加完善的要素市场化配置体制机制的意见》首次将数据当作一种新型生产要素，提出推进政府数据开放共享、提升社会数据资源价值、加强数据资源整合和安全保护，数字经济发展战略进入培育以数据为关键要素的新形态。预计到 2025 年，我国数据标注①核心产业规模将达 500 亿元，带动相关产业规

① 数字标注指通过贴标签、做记号、标颜色、画重点的方式，标注出数据的不同点、相似点或类别，为机器提供训练和学习资料的过程。

模 1800 亿元，人工智能相关产业规模到 2030 年预计将超 10 万亿元①。依托技术创新的互联网的发展和应用，尤其是数字经济发展战略的实施，为保险业发展创新和保险养老社区不断发展提供了前提条件和技术保障。

保险养老社区以现实物质条件为基础。马克思认为，“现实中的个人”是历史的前提，现实中的个人是依据一定的物质条件从事活动的人。在以信息技术为基础的互联网时代，个人表现自己的方式就是利用互联网技术和互联网平台，通过各种程序、软件等展现自己的日常生活、工作，并开展各类消费、学习和社交活动。受新冠肺炎疫情影响，“无接触”服务增加，许多线下场景移至线上，教育行业、生活服务行业、新闻资讯行业、移动购物行业、旅游服务行业等纷纷开展全景生态、多维、全渠道服务，聚焦特定用户实现流量增值。《QuestMobile2020 中国移动互联网秋季大报告》显示，2019 年 4 月至 2020 年 4 月，移动用户月人均使用时长延长了 12.9%，拼多多、京东、微信小程序用户均高达亿级；至 2020 年 9 月，教育学习类微信小程序的月活跃用户人数同比增加 103.3%②。在常态化疫情防控的背景下，以互联网技术为基础的创新驱动使养老等领域的场景重构成为现实，也为保险养老社区提供了一个“互联网+”的发展空间。这将是保险领域和养老领域无限精彩的开始。

三、国家政策的大力支持

国家现行支持政策主要包括政府引导和鼓励民间资本投资养老社区的各种政策、对保险资金运用监管的政策（详见附表 1）。这些国家政策是保险公司投资河北省农村养老社区的规范和指引。

首先，政府引导和鼓励包括保险资金在内的民间资本投资养老社区。1996 年 8 月，全国人大通过《中华人民共和国老年人权益保障法》，为我国

---

① 中国信息通信研究院．中国数字经济发展白皮书（2020）［EB/OL］，［2020-07］. http://www.caict.ac.cnkxyjqwfb/bps/202007/P020200703318256637020.pdf.

② QuestMobile2020 中国移动互联网秋季大报告［EB/OL］. Quest Mobile，［2020-10-28］. https://www.questmobile.com.cn/research/report-new/129.

推动养老产业发展提供了法律依据。自此以后，政府出台多项推动养老产业发展的政策法规，其中包括多项促进民间资本投资养老产业的政策文件，尤其是税收优惠方面的支持政策。2000 年 10 月 1 日起执行的财政部、国家税务总局发布的《关于老年服务机构有关税收政策问题的通知》规定："对政府部门和企事业单位、社会团体以及个人等社会力量投资兴办的福利性、非营利性的老年服务机构，暂免征收企业所得税，以及老年服务机构自用房产、土地、车船的房产税、城镇土地使用税、车船使用税。"民政部 2012 年 7 月 24 日颁布的《关于鼓励和引导民间资本进入养老服务领域的实施意见》详细规定了税费减免政策、资金支持政策、财政补贴政策等。2014 年 1 月 1 日开始实施企业年金、职业年金个税递延的政策。税收调节政策对个人和企业都产生了很大的激励引导作用，对企业和个人购买年金产品及养老保险产品起到了强有力的刺激作用。2015 年 9 月 24 日，国家发展改革委、保监会印发《关于保险业支持重大工程建设有关事项的指导意见》，提出支持保险资金进行养老、医疗、健康等相关领域的股权和不动产投资。2016 年 3 月，中国人民银行、民政部、银监会、证监会、保监会印发《关于金融支持养老服务业加快发展的指导意见》，提出发挥保险资金长期投资优势，兴办养老社区和养老服务机构；2016 年 12 月，国家发展改革委、财政部、民政部印发《养老服务体系建设中央补助激励支持实施办法》，提出"对落实养老服务业支持政策积极主动、养老服务体系建设成效明显的省（区、市），在安排中央补助及有关基础设施建设资金、遴选相关试点项目方面给予倾斜支持"。2017 年 6 月 29 日，国务院办公厅印发《关于加快发展商业养老保险的若干意见》，提出鼓励商业保险机构投资养老服务产业。2018 年 4 月 2 日，为推进多层次养老保险体系建设、对养老保险第三支柱进行有益探索，《财政部 税务总局 人力资源社会保障部 中国银行保险监督管理委员会 证监会关于开展个人税收递延型商业养老保险试点的通知》（财税〔2018〕22 号）明确规定，自 2018 年 5 月 1 日起，在上海市、福建省（含厦门市）和苏州工业园区实施个人税收递延型商业养老保险试点，试点期限暂定一年。2019 年 6 月，为支持养老、托育、家政等社区家庭服务业发展，财政部、税务总局、国家发展改革委、民政部、商务部、卫生健康委发布《关于养老、托育、家政等社区家庭服务业税费优惠政策的公告》；同月，财政部、税务总局发布的《关于个人取得有关收入适用个人所得税应税所得项目的公告》中详细规定，个人按照财税〔2018〕22号的规定，自2019年1月1日起，领取的税收递延型商业养老保险的养老金收入，25%予以免税，75%按照10%的比例税率计算缴纳个人所得税，税款计入“工资、薪金所得”项目，由保险机构代扣代缴后，在个人购买税延养老保险的机构所在地办理全员全额扣缴申报。

其次，关于保险资金运用的相关支持政策也发挥了重要作用。2006年3月6日，《保险资金间接投资基础设施项目试点管理办法》明确，保险资金可以间接投资基础设施项目；2006年6月26日，《国务院关于保险业改革发展的若干意见》开启了保险资金投资不动产和创业投资企业的试点；2007年6月《保险资金运用管理暂行办法》把保险资金投资对象的范围进行了进一步细分和拓展；2009年10月1日，新修订的保险法规定保险资金可以直接投资于不动产领域；2010年8月5日，《保险资金运用管理暂行办法》首次对保险资金投资不动产和未上市企业股权的投资比例进行了规定；2015年修订的保险法修改完善了有关保险资金运用的条款和法规；2018年1月《保险资金运用管理办法》明确并细化了保险资金的运用范围；2020年4月《关于推进基础设施领域不动产投资信托基金（REITs）试点相关工作的通知》明确了保险资金投资养老社区的方式可以增加REITs；2020年11月《关于保险资金财务性股权投资有关事项的通知》取消了保险资金财务性股权投资的行业限制。这些政策对保险公司投资养老社区进行了有效的规范，将带来极大的利好。

四、现有养老社区供求失衡

我国养老保险制度有三个层次。第一层次是基本养老制度，包括职工养老保险和城乡居民养老保险两个平台，已经基本健全；第二层次包括企业年金、职业年金制度，已初步建立并在逐步完善；第三层次指个人养老金制度，还没有出台相应的制度。当前我国养老服务供给以“保基本”为主，第一、第二层次的养老保险制度都是在社会养老保险基础之上演变而来的，相应的体制机制还不完善。以市场化、专业化方式提供中高端服务的现代养老产业刚刚起步，为有实力、有定力的保险公司进军养老产业提供了历史性机遇。从根本上说，保险公司投资养老社区的目的是实现长期的、较高的、稳定的投资收益，在获取较高经济效益的同时，获得好的社会效益。投资低端养老机构的盈利空间有限，且与寿险公司提供高品质产品与服务的形象不符。因此，寿险公司一般都倾向于投资满足老年人中高端养老需求的养老社区。

根据《中国老龄产业发展报告（2020）》，养老产业以居家、社区及养老机构内60岁及以上的老人为服务对象，围绕医、康、护、养等需求，为老年人提供衣、食、住、行、用、娱、医等物质、精神、文化多领域产品和服务。我国养老产业发展有五个阶段，其中2011—2020年为快速发展期，在这个阶段，我国逐步形成了“9073”格局，养老政策法规体系逐步完善，养老服务参与主体逐渐增多，养老服务供给能力大幅提升；2021—2030年为爆发期，将是确立标准、健全体系、规范法律的时期，养老产业将呈现出规模化、规范化、全面化特征。

当前我国养老产品和服务较为单一，多聚焦于对失能、半失能老人的养护，缺乏对初老群体的关注，涉老产业的巨大潜力没有被开发出来；受限于教育背景和经历，目前老龄人口对信息技术和智慧生活的接受程度不高，许多老年人不会上网、不会使用智能手机，更不会用互联网资源为自己服务，信息技术的高度潜能还没有在养老领域充分发挥出来；养老服务和养老产业缺乏对老龄人口的细分，服务、收费标准没有精准针对不同的群体，尤其是高收入老年人的个性化需求和精神层面的需求不能得到满足。

我国保险业一直通过保险产品参与我国的养老服务，进入养老产业体系的标志是开始运营养老社区。从2007年开始规划到2013年第一家养老社区开业，保险业迈出了进军养老业的关键一步。从表面上看，保险公司投资养老社区只是资金运用行为，属于投资环节，但是从产业链的视角进行分析，养老社区的运营向上可以与保险公司险种开发、销售、承保和理赔等环节相衔接，向下可以推动寿险公司投资养老社区的配套设施和服务。保险公司通过开发与入住养老社区相衔接的养老、医疗和护理保险产品，不仅能有效拉动涉老保险产品的销售，还将使销售对象更具针对性，提高营销环节的效率。同时，保险客户入住养老社区，也有利于保险公司加强对其的健康管理，从而更加有效地控制赔付率。保险公司以养老社区为依托，可涉足物业管理、医疗护理服务、老年科技产品的开发和销售等多个产业，从而进一步拓宽其资金运用的渠道和领域。保险公司的涉老产业不仅包括直接投资经营养老公寓、养老社区，提供医疗、看护等各种服务，保险公司的传统养老保险产品和新型对接养老社区产品还提供着养老金融的服务。保险的融资功能使其在交通、电力、教育等基础产业方面发挥着重要的作用（见图 4-4）。由此，当前养老产业的发展需要保险资金的介入，养老服务供求失衡为保险养老社区提供了发展机会。

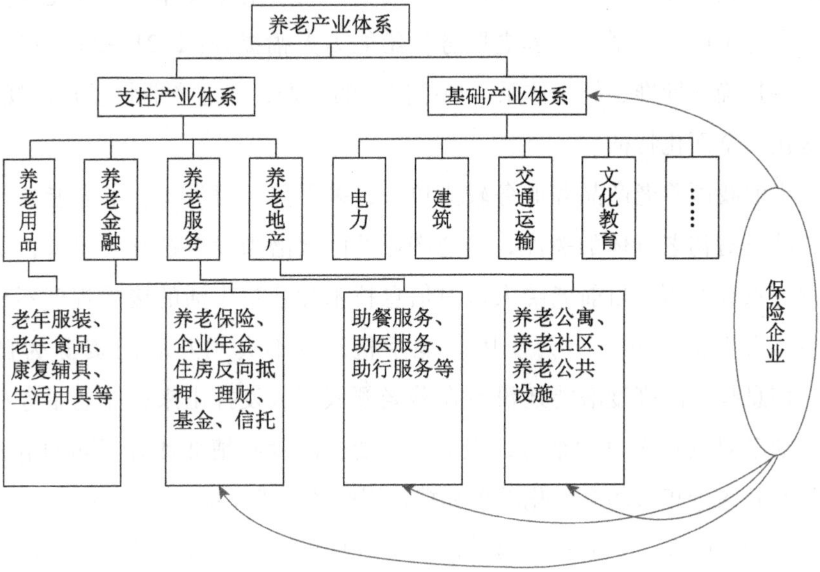

图 4-4　养老产业体系

资料来源：《中国老龄产业发展报告（2020）》。

第四节　我国保险公司投资河北省农村养老社区的威胁分析

SWOT 模型中的 T 指影响企业生产经营的外部环境条件或者变化，一般是企业无法控制的负面因素。比如巨灾、2003 年的"非典"、起始于 2020 年的新冠肺炎疫情，以及这些突发事件可能引发的经济衰退、物价变化，等等。保险养老社区是保险公司投资开发建设的养老社区，承担着一定的社会养老的责任，能够缓解我国目前养老服务供需失衡的状况。从 2013 年合众人寿养老社区开业算起，保险养老社区只有几年的发展时间，虽然其母体保险公司有着较为丰厚的资金优势和丰富的风险管理经验，河北省农村地区也符合保险公司投资养老社区的各种条件，但是很多错综复杂的因素都可能成为保险养老社区成长的威胁。

一、现有土地政策对保险养老社区建设的制约

目前我国对养老产业用地的土地性质还没有一个明确的规定。2012 年民政部下发的《民政部关于鼓励和引导民间资本进入养老服务领域的实施意见》中提出："将民间资本举办养老机构或服务设施纳入经济社会发展规划、城乡建设规划、土地利用规划和年度土地利用计划，合理安排用地需求，符合条件的，按照土地划拨目录依法划拨。"虽然该意见未就符合什么条件才可以取得划拨土地作出规定，但参照《中华人民共和国土地管理法》第五十四条和《中华人民共和国城市房地产管理法》第二十三条的规定可知，以下四种类型的用地经相关政府部门批准后可以划拨的方式取得：国家机关用地和军事用地；城市基础设施用地和公益事业用地；国家重点扶持的能源、交通、水利等基础设施用地；法律、行政法规规定的其他用地。保险公司建设养老社区的用地显然不符合以上条件，因此，不可能用划拨的方式取得。2014 年国土资源部发布的《养老服务设施用地指导意见》中明确提出养老用地要纳入单

列用地指标，但是直到 2017 年 11 月《土地利用现状分类》（GB/T 21010—2017）出台，专项分类中依然没有“养老土地”这一项，营利用养老设施用地也不能单列。以泰康之家为例，其土地性质可分为两类，一类是社会保障类用地，另一类是商业类用地（见表 4-7），明确用于养老服务项目及其配套的用地为社会福利用地、医卫慈善用地、医疗卫生用地等。根据《土地利用现状分类》，社会福利用地是指为社会提供福利和慈善服务的设施及其附属设施用地，包括福利院、养老院、孤儿院等用地。

表 4-7 泰康之家园区地址和用地性质情况

项目名称	地块位置	用地性质	出让年限
燕园	北京昌平新城核心区域	住宅混合公建用地、托幼用地	居住 70 年、商业 40 年、综合 50 年
申园	上海市松江区，毗邻广富林遗址和松江大学城	商业办公用地	40 年
三亚海棠湾度假村	三亚海棠湾林旺片区滨海酒店一带	其他商服用地	40 年
蜀园	成都温江国际医学城内	商业用地（限建设养老服务项目及配套设施）	40 年
楚园	武汉市东湖高新区花山生态新城核心地段	医卫慈善用地	50 年
赣园	南昌九龙湖新城核心地段	二类居住、其他服务设施用地、兼容旅馆用地	—
鹭园	厦门同安区环东海域新城核心位置	社会福利用地（营利性养老设施用地）	40 年
湘园	长沙湘江新区梅溪湖国际新城二期	医疗卫生用地和旅馆用地	50 年
桂园	南宁兴宁区三塘板块	旅馆用地（服务型公寓：养老用途及二级康复医院）兼容居住用地	城镇住宅用地 70 年、住宿餐饮用地 40 年
徽园	安徽省合肥市滨湖新区贵阳路	商业（旅馆）用地、医疗卫生用地	商业用地 40 年、医疗卫生用地 50 年

资料来源：杭州和睿养老产业发展有限公司．中国式持续照料养老社区开发全流程解析——CCRC的中国本土化实践经验［M］．北京：化学工业出版社，2020.

土地性质不明确对保险公司投资养老社区的影响主要有以下几个方面。第一，在“拿地”方面，保险公司没有优势。因为没有专门的养老用地项目，养老地产投资竞标时也不会设置较高的门槛，保险公司与大量房地产企业及其他企业“同台竞技”。相对于这些“地产开发专家”，保险公司显然没有优势，直接增加了竞争压力。同时，商业类用地成本较高，且保险公司没有优先权和税收方面的优惠，直接导致了保险公司投资运营成本增加，继而打击了保险公司涉足养老实体产业的积极性。第二，保险公司投资开发建设的养老社区大多采用长期持有、只租不售的模式，而普通的住宅房地产项目通常会选用出售模式。房地产企业投资养老社区的运营模式也以出售为主，或者仅从其全部地产中拿出一小部分真正用于建设养老公寓等。保险养老社区运营模式与普通住宅用地的现行政策存在矛盾，这不仅干扰了对养老市场的监管，还不利于提升我国养老服务的有效供给。第三，由于用地性质不明确，许多养老社区产业用地使用年限太短。比如，如果用地属于政府提供的公共建设配套用地，那么根据有关政策规定，只有 50 年的使用年限；泰康之家的申园、鹭园、蜀园和三亚海棠湾度假村等的用地甚至只有 40 年的使用年限。这显然不利于保险企业长期经营养老事业。

二、监管层面缺乏统一标准

在我国，养老社区是一个新兴概念，保险养老社区作为商业创新模式，与之相关的市场环境与法律环境都还不够成熟。例如，托老所、养老院、老年公寓，以及现存的养老社区，这些不同的名称的外延是什么、建设标准是什么、服务标准是什么、人员配备要求是什么，都没有明确的法律法规和行业规范标准。相关扶持政策不仅存在一定的滞后性，还存在执行力不够的问题。比如，养老社区土地的性质问题、土地的取得问题、投资开发养老社区的门槛标准，目前都没有相应的法规进行解释和规范。这就给保险企业投资养老社区带来极大难度。

中国民办养老机构有两种性质：一种是在工商系统注册的企业，另一种是在民政系统登记注册的民办非企业单位。根据性质不同，国家市场监督管理总局和民政部分别对民办养老机构行使管辖权，“双轨制”的监管模式为民办养老机构的监管埋下了隐患。当前，民间资本投资养老产业的瓶颈之一就在于不能全部享受国家的政策优惠。民办非企业单位性质的养老机构能享受优惠政策，但不能盈利分红，且资产属于社会，不能用作抵押融资。因此，该类养老机构的创办者不仅丧失了对其初始投入资本的使用权、收益权，也丧失了自由流转资本的权利，但当养老机构出现经营问题时，却有可能要承担连带民事责任。这种权利与义务的不对等，客观上造成了社会化养老事业发展的制度困境。而在工商系统注册的民办养老机构，虽不受盈利分红和抵押融资限制，但却不能享受低价土地和税收减免等优惠政策。现行养老服务政策及相关的优惠扶持政策过于强调服务活动的福利性和公益性，一定程度上否定了民间投资的资本属性和养老服务业的产业属性。养老社区法律法规和标准等的缺失或不完善，使得民营资本在投资建设养老社区的过程中会遭遇很多潜在的政策风险，很多企业因而选择观望，不敢贸然进入这个领域。

目前，我国养老社区建设参照的主要是民政部、住建部、国家发展改革委、原卫生部及中国房地产业协会等政府职能部门和行业组织先后颁发的《疗养院建筑设计标准》《老年人建筑设计规范》《老年养护院建设标准》《社区老年人日间照料中心建设标准》《康复医院基本标准》《中国老年宜居住区试点工程管理办法（试行）》等文件。最新的服务标准来自 2020 年 9 月的《养老机构管理办法》。该办法明确养老机构是指依法办理登记，为老年人提供全日集中住宿和照料护理服务，床位数在 10 张以上的机构。很明显，保险养老社区不属于养老机构，因此对其服务标准和范围没有明确的规范，收费标准也不明确。不仅不同保险公司的养老社区的服务范围和收费标准不同，同一家保险公司的不同养老社区也存在不同的服务和收费标准。以泰康之家为例（见表 4-8），同样位于一线城市的燕园、申园和粤园，同样使用乐泰财富卡入住，三园的标准价格存在 10 万~60 万元不等的差距，房屋使用费及居家费用差距更大。整体来看，粤园价格较低，申园价格较高，两者差距甚大，在无保险对接的情况下，差距最大可达 6039 元/月。

表 4-8　泰康之家燕园、申园、粤园收费标准

户型	入住人数/人	有保险对接									无保险对接					
		乐泰财富卡/（万元/户）			乐泰财富卡会员月费/（元/月）						标准月费/（元/月）					
					房屋使用费及居家费用			预估餐费			房屋使用费及居家费用			预估餐费		
		燕园	申园	粤园	燕园	申园	粤园	燕园	申园	粤园	燕园	申园	粤园	燕园	申园	粤园
一居室	1	120	110	100	6200	6386	5000	1800	1800	1800	10900	11227	8800	1800	1800	1800
	2				8900	9086	7200	3600	3600	3600	13600	13927	11000	3600	3600	3600
舒适一室一厅	1	180	160	150	8700	8961	7500	1800	1800	1800	15700	16171	13400	1800	1800	1800
	2				11400	11661	9700	3600	3600	3600	18400	18871	15600	3600	3600	3600
温馨一室一厅	1	240	210	200	11600	11948	10000	1800	1800	1800	20900	21527	16800	1800	1800	1800
	2				14300	14648	12200	3600	3600	3600	23600	24227	19000	3600	3600	3600
温馨两居室	1	360	300	300	17400	17922	15000	1800	1800	1800	31300	32239	26700	1800	1800	1800
	2				20100	20622	17200	3600	3600	3600	34000	34939	28900	3600	3600	3600

资料来源：保中有你 篇三十二：新鲜出炉丨2021 年全国各地“泰康之家”养老社区入住价格表来袭！［EB/OL］. 什么值得买，［2020-10-29］. https://post. smzdm. com/p/aoozx8r6/.

作为普通的消费者，投保人和被保险人选择保险产品和养老服务的行为是自发的、无组织的，相对于保险公司来说，投保人和被保险人的消息来源和参考标准存在一定的信息不对称性，加上保险合同本身是附和性合同和长期性合同，一旦投保人和被保险人选择了相应的保险公司提供的养老社区对接产品，就得接受该公司提供的养老服务给付。给付的程度和将来的收费标准都取决于保险公司，这对于投保人和被保险人显然很不公平。同时，面对不同保险公司分布在不同城市的养老社区，不同的户型结构、纷繁复杂的功能服务、参差不齐的收费标准，要求投保人和被保险人有一双“火眼金睛”来选择合适的养老服务。这不仅不利于行业监管，还不利于保护投保人和被保险人的权益。

三、保险公司投资养老社区面临的各种风险

（一）投资风险

保险公司投资养老社区是保险资金运用的一种形式，受到法律法规的制约和规范，同时由于其直接影响着保险公司的利润和偿付能力，对保障投保

人和被保险人的合法权益、保持社会稳定意义重大。

保险公司投资养老社区面临的投资风险主要是市场风险，即当市场价格不稳定或与预期相反时造成价值损失的可能性。养老社区投资量大、周期长，房产一般只租不售，流动性弱。一旦土地和房地产市场价格出现较大波动，就极有可能导致投资成本太高，严重的可能会使项目停滞、亏损甚至破产。当房价处于上涨期，整个产业链投资需求旺盛，存在上涨预期，整体市场风险并不会凸显。但如果房价出现下跌预期或发生实际下跌时，风险很快就会凸显。由于房地产投资具有高杠杆特点，风险可能会被放大数倍，不但会给房地产开发商、银行及购房者带来实际损失，保险企业投资于不动产的保险资金也会面临投资减值、收益下降等风险。在世界金融市场存在明显泡沫的情况下，我国对房地产市场的监管应该会更加严格。那些在前几年地价、房价较高时取得的养老社区用地，已经严重拉高了其成本，如果不动产价格突然大幅下跌，保险资金也不会幸免于难，这对保险公司的稳健性经营来说是一个巨大的风险。

保险企业投资养老社区的投资风险中还有流动性风险，即变现能力的风险，主要指保险企业由于缺少必要的现金和能够迅速转化为现金的资产，无法偿还到期债务、不能维持经营的风险。投资专业养老社区需要长期、稳定、大量的资金，提高了对其资金流动性、变现能力的要求。如果保险公司在短时间内需要大规模的资金，投入养老产业的投资很难变现。一旦房地产泡沫破裂，房价大幅下降，保险资金很难及时撤离，将给保险公司的资金管理带来流动性风险。因此，保险企业运用保险资金进行不动产投资时，必须考虑与关注流动性风险。

（二）业务风险

这里的业务风险主要包括保险养老社区对接产品风险和保险养老社区经营管理风险两个方面。保险产品的费率经严格的精算程序得出，费率厘定中需要考虑的因素非常多，养老社区对接产品主要考虑生存率、疾病发生率、残疾率等。正常情况下，保险公司按照既定的标准算出保险费率，并据此收取保险费。但是类似非典、新冠肺炎等流行病，超出了预定的疾病范围、提高了疾病发生率，进而提高了赔偿或给付的可能性，影响了保险经营的稳定性。这是养老社区对接产品有可能遇到的风险之一。同时，由于道德风险的存在，部分保险公司面临逆向选择的可能，在护理类产品经营中就可能因此承担更多的医疗护理费用等。

另外，在保险养老社区经营管理方面，不管是轻资产模式还是重资产模式，保险公司都属跨业经营。尤其是在重资产模式下，从房地产开发、保险产品开发、养老社区和产品的销售，再到后期的运营，保险公司全方位介入养老产业链。其中，后期对养老社区的经营管理，本身就是对被保险人履行“给付养老服务”的义务。与传统养老保险产品给付货币形式的养老金不同，“给付养老服务”涉及医疗、护理、照料、物业等全新领域，业务范围广，时间跨度长，许多中间环节的成本无法估算，还可能出现一些突发事件。保险公司的运营管理理念与养老服务机构并不相同，一旦发生意外伤害事故，由于缺乏纠纷处理机制和相关法律，处理起来就会十分棘手，还有可能因此面临法律风险。因此，保险养老社区业务的复杂程度远远高于一般保险业务，这也意味着保险公司在经营过程中将面临更大的业务风险。

（三）行业竞争风险

我国进入老龄化社会以后，许多社会资金都开始投向养老产业，主要包括民政部门、个人及非营利性组织、保险企业、房地产开发公司、医疗保健机构及医疗投资机构、国外资本和外资机构等主体。这些主体给保险企业投资养老社区带来了一定的竞争压力。保险养老社区的目标群体是中高端人群，而房地产开发公司、医疗保健机构及医疗投资机构、国外资本和外资机构投资的养老服务机构的目标群体也是中高端人群，它们是保险公司的主要竞争对手（见表 4-9）。

在这些投资主体中，房地产开发公司资金雄厚，房产开发运营经验丰富，房地产开发及相关融资机制非常成熟，而且只要项目符合《中华人民共和国城市房地产管理法》第四十四条的规定，就可以进行商品房预售，可回收一定的成本；保险公司投资的养老社区一般为自持房产，采取租赁模式，不对外销售，与房地产开发公司相比没有优势。民政部门和非营利性组织投资建设养老社区，可以直接用划拨的方式或者以较低的成本通过合作的形式取得建设用地；而保险公司是商业经营，在获取养老社区用地方面没有优势。在养老社区进入运营状态后，相对于养老服务机构、专门的物业管理机构来说，保险公司没有专业优势。所以，综合来说，在养老社区建设的各个环节，保险公司都面临不同的竞争对手，来自房地产开发行业、养老服务行业、物业管理行业的竞争会给保险公司投资养老社区带来威胁。

表 4-9　养老产业主要投资主体情况

投资主体	养老社区代表	目标群体	养老服务特点
民政部门	汇晨老年公寓（北京）	孤寡老人、优抚对象、低收入群体	提供基本养老生活需要
个人及非营利性组织	鹤童老年福利协会（天津）	低收入、贫穷困难群体	提供基本养老生活需要
保险公司	泰康人寿的“泰康之家”	中高端群体	提供“一站式”全面养生养老服务
房地产开发公司	今典集团的“红树林模式养老”	中高端群体	提供集休闲、养生、旅游、养老等众多功能于一身的大型综合性养老服务
医疗保健机构及医疗投资机构	燕达国际健康城	中高端群体	提供集医、护、养于一体的高龄老人健康养护、健康管理及慢病康复养老服务
国外资本和外资机构	凯健华鹏老年服务有限公司（上海）	中高端群体	提供集健康、生态、休闲于一体的养老服务

资料来源：互联网。

四、保险公司缺乏布局农村养老社区的经验

从理论上看，保险养老社区的布局很大程度上受经济发展水平的影响。经济发展程度影响保险储备和保险意识，进而影响保险的发达程度，而保险的发达程度直接影响保险公司的发展战略安排。我国经济发展水平总体上来说一直是东中部地区发展较西部地区快，近年来又呈现南快北慢、南升北降①的局面，南北经济体量差距日趋扩大（见图 4-5）。我国人均 GDP 排在前

① 北方包括北京、天津、河北、山西、内蒙古、辽宁、吉林、黑龙江、山东、河南、陕西、甘肃、青海、宁夏、新疆 15 个省区市。南方包括上海、江苏、浙江、安徽、福建、江西、湖北、湖南、广东、广西、海南、重庆、四川、贵州、云南、西藏 16 个省区市。

几位的省份分别是广东、江苏、山东、浙江、河南、四川、湖北；而保险密度超过 3500 元/人的地区有北京、上海、天津、江苏、浙江、广东，其中北京地区高达 9639.97 元/人，人身保险密度为 7528.46 元/人，远远高于全国其他地区。从保险养老社区的分布上来看，自 2010 年我国第一家养老社区开业运营以来，各大保险公司在全国加紧布局，目前已经有十多家保险公司投资的养老社区在全国 15 个省市开业运营（见表 3-2）。从各省市的经济发展水平来看，养老社区布局与经济发展水平和保险水平基本吻合（见图 4-6）。

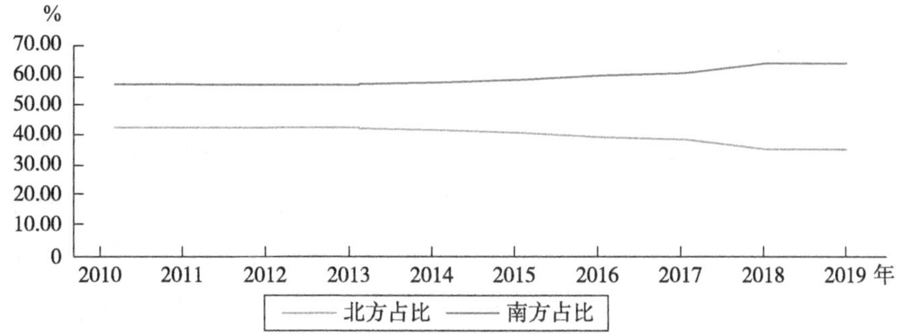

图 4-5　2010—2019 年我国南、北方 GDP 占比情况

资料来源：国家统计局官方网站。

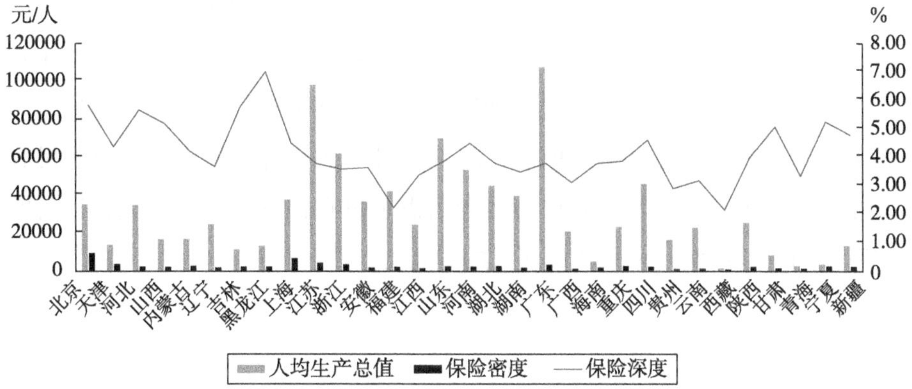

图 4-6　全国各省区市人均生产总值、保险密度、保险深度情况

资料来源：国家统计局官方网站。

从空间分布来看，保险养老社区的分布并不能满足所有客户的需求。保险公司布局养老社区都是先经过实地考察，再综合考虑当地市场等各方面因素。一般来说，养老社区选址主要考虑环境、交通和配套3个影响因素。目前我国已开业的保险养老社区主要分布在北京、上海、天津、江苏、浙江、广东、四川、湖北、山东、辽宁、河南、湖南、海南、云南、安徽等中东部地区的核心大城市。比如，泰康人寿、新华人寿、阳光人寿、光大永明、大家人寿、复星保德信等多家保险公司在北京投资的养老社区已经建成并营业（见表4-10）。再考察具体地址，基本都选在风景优美、生态良好、交通便利的城郊，比如泰康人寿、中国人寿、中国太保、新华保险、太平人寿、平安人寿、合众人寿、君康人寿等大中型保险机构已经布局的养老社区。近年来，保险公司的养老机构布局逐渐呈现出另一个共性，即增加了在城区、市中心的布局。比如，新华人寿由北京西三环六里桥办公楼改造而成的有康复医院的高端养老院，中国人寿在深圳试点的普惠型养老社区福保社区颐康之家，中国太保位于上海市中心、定位于高龄刚需人群的普陀国际康养社区项目，等等。

正是因为保险公司投资养老社区时看重交通、医疗等公共服务资源，在我国广大西部地区，尤其是西北地区都没有保险公司布局养老社区。西北地区虽然经济发展水平整体不高，但是近年来发展速度加快，保险业的发展速度也随之加快，比如甘肃和宁夏的保险深度都超过了5%，新疆也高达4.81%（见图4-6）。从城乡来看，农村地区虽然生态环境良好，但交通不便，因而没有被选中开发养老社区。但是，随着农村地区经济发展水平以及农民收入水平、生活水平的提高，农民对养老的需求也在提升。由此可见，目前的养老社区布局难以满足未来我国居民的养老需求。

表 4-10　我国主要城市开业的保险养老社区的投资主体情况

城市	北京	上海	广州	天津	苏州	深圳	武汉
保险公司	泰康人寿、新华人寿、阳光人寿、光大永明、大家人寿、复星保德信	泰康人寿、太平人寿、光大永明、复星保德信	泰康人寿、阳光人寿、仁和人寿	中国人寿	泰康人寿、中国人寿、光大永明	中国人寿、仁和人寿	合众人寿、泰康人寿

五、保险公司缺乏专业人才和专业管理

保险公司涉足养老地产的优势在于其庞大的客户资源和可投资资金，以及在保险精算、风险控制等方面的专长。但保险公司在地产开发建设及运营管理方面并不擅长。在养老社区的投资运营中，需要大量熟悉不动产投资业务的专业投资人员；在项目运营中，还需要大量物业管理、养老服务和医疗领域的技术人员；针对高龄老人的养老社区，还必须配备专业的护理人员。目前，在保险养老社区运营过程中，人工成本高是一个普遍问题，一方面反映了运营的专业性，另一方面也说明人才的短缺，短期内专业人才供需失衡的现象比较严重。

根据银保监会数据，我国 2020 年底保险资金运用余额为 216801.13 亿元。按照国外保险公司不动产投资比例在 4.5%~9%的水平测算，我国当前可用于不动产投资的资金额度约为 9756 亿元，最高可达 19512 亿元。实际上，我国保险资金中投资于房地产的资金规模为 2101.06 亿元，占比仅为 0.97%，还有很大的发展空间。根据我国相关法律规定，保险资金用于不动产投资的比例的上限是总资产的 30%。2020 年底，我国保险公司总资产为 232984.3 亿元，可投资于不动产的资金最多可达 69895.29 亿元。这就需要专业水平较高的技术人才来进行投资管理，做好风险控制工作。但由于长期以来保险公司的负债经营性质，投资领域专业人才储备相对不足，因此保险公司必须重视这方面人才的培养和引进，否则可能会影响保险公司的偿付能力，甚至影响

社会的稳定。

同时，保险养老社区必须配备一批经过专门培训、具备专业医疗和护理知识的从业人员，但是目前我国此类人员存在严重缺口。根据相关资料，我国目前失能老人约1200万人，如果按照国家4∶1的标准配备护理人员，则需要300万名护理人员，而目前全国养老护理人员只有30多万人①。2020年3月9日，在国新办就民政领域疫情防控与民生保障有关情况的发布会上，民政部养老服务司司长俞建良指出，全国有200多万名老人住在约4万个养老院，而工作人员只有37万人，其中真正的护理人员只有20多万人，全国养老院普遍存在养老护理人员紧缺的问题。由于养老服务职业工作强度大、责任重、工资待遇不高、社会地位较低、晋升空间较窄等，有些专业人才毕业后不愿意从事养老服务职业。虽然相对于传统养老机构来说，保险养老社区工作环境较好，但是依然存在这些问题。而且由于保险养老社区自身性质不明确，其工作人员的身份待遇问题也得不到妥善解决，容易造成人才流失。

除了投资人才、养老专业护理人才之外，信息技术人才在保险养老社区建设运营中也必不可少、需求量很大。保险养老社区对接产品的设计开发销售、保险养老社区的运营等方面都离不开信息技术人员。社区内大多配有各种检测设备，对其进行安装、维护、更新等都需要技术人员。比如，泰康之家社区内每个楼层都配备一名管家，负责为老人提供专业服务。每位老人居住的房间门口都安装了感应系统，可以统计老人的进出门次数，进而检测老人的身体、精神状态；房间内配备了生命体征测试仪器，可以检测老人的身体状况；社区内的道路、内部设施也都安装了一些感应设备，可以感应到老人摔倒等情况。这些设备的硬件问题和软件问题，包括检测结果的查看、分析，快速作出判断并及时处理老人的突发状况，都需要管家具备一定的技术水平和经验。这种综合了信息技术和养老服务甚至专业医护服务技能的人才是保险养老社区急需的人才。我国目前的教育体系，对养老社区专业人才的培养不够重视。近两年来，设置养老服务类专业的大学逐渐增多，但是培养

① 朱亚运．全国人大代表李楠楠建议：加强养老从业人员专业队伍建设［EB/OL］．扬子晚报网，［2021-03-07］．https：//www.yangtse.com/zncontent/1212888.html.

周期一般为 3~4 年，远远不能满足当前的需要。保险公司纷纷与专业技术类职业院校合作开展订单式培养，解决人才问题。中国人寿 2015 年就与位于长沙的保险职业技术学院合作开办养老养生服务与管理订单班；太平洋养老投资公司也在 2015 年与遵义医药高等专科学校合作，将其作为太平洋保险公司的医护人才培养基地。随着保险养老社区在全国布局的扩大，养老综合性服务人才需求量将越来越大。

综上所述，养老社区养老将成为我国中产以上阶层的主要养老模式，保险资金投资建设和运营养老社区是解决中国老龄化问题的一个很好的途径，也是保险业商业模式的创新，对建立成熟完善的养老商业模式、培育养老市场产业链条都起到了积极作用。但是由于目前养老市场还不成熟，与养老相关的法律、法规及政策相对滞后，与创办养老实体产业相配套的实施细则及优惠政策等均未颁布，我国养老实体产业发展还存在着许多不确定性，保险公司在对养老产业进行具体投资时会遇到许多困难与阻碍。必须尽快解决这些问题，以更好地促进保险企业投资养老产业，增加我国养老服务的有效供给，构建多层次养老保险制度，完善养老服务保障体系。

第五章　我国保险公司投资河北省农村养老社区的 SWOT 发展战略

第一节　基于 SWOT 模型的基本战略分析

一、SWOT 模型矩阵的构建

（一）模型构建

SWOT 矩阵分析一般是指基于内外部竞争环境和条件下的态势分析，就是将与研究对象密切相关的、主要的、内部的优势和劣势以及外部的机会和威胁等，通过调查列举出来，按照矩阵形式排列，并把各种因素匹配起来加以分析，得出相应的结论，为营销决策提供依据。根据优势、劣势、机会、威胁，SWOT 矩阵分为 4 个象限，如图 5-1 所示：Ⅰ象限内，企业拥有很多内部优势和众多的外部环境机会，应采取增加投资、扩大生产等增长性战略；Ⅱ象限内，企业面临外部机会，但是内部缺乏有利条件，应采取扭转性战略，改变内部不利条件；Ⅲ象限内，企业同时面临外部威胁和内部不利条件，应采取防御性措施；Ⅳ象限内，企业拥有较大的内部优势，但外部面临挑战和威胁，应想方设法降低外部威胁，分散风险，寻找新的发展方向。

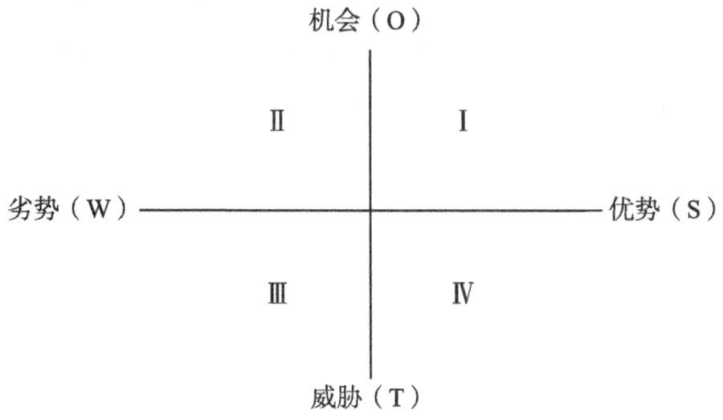

图 5-1　SWOT 模型分析图

（二）基本战略分析

作为一种战略分析方法，SWOT 通过将被分析对象的优势、劣势、机会和威胁等加以综合评估与分析得出结论。将内部资源与外部环境进行有机结合，能够比较清楚地知道被研究对象的优势和劣势以及面对的机会和挑战，从而进行战略层面上的分析，以达到要实现的目标。基于 SWOT 分析的战略有 4 种组合，分别是优势—机会（SO）战略、劣势—机会（WO）战略、优势—威胁（ST）战略和劣势—威胁（WT）战略。制定决策的基本思路是：发挥优势，改变劣势，利用机会，避免威胁。

在对企业内外部环境 4 个方面的因素进行分析后，可以构建我国保险公司投资河北省农村养老社区的 SWOT 模型矩阵，如图 5-2 所示。

1. SO 战略

SO 战略是一种充分发挥企业内部优势和利用外部机会的战略，是一种最理想的发展战略。当企业具有某些方面的优势，同时外部环境也能为发展这种优势提供机会时，可以采取 SO 战略。例如，保险公司可以发挥资金优势、技术优势等，同时利用需求增加、创新驱动发展战略和政策支持等外部机会，达到培育创新文化、创新保险产品和提升竞争力等目标。

2. WO 战略

WO 战略是一种充分利用外部机会以弥补企业内部劣势，使企业尽力改变劣势从而获得竞争优势的发展战略。从外部环境看，企业发展存在机会，但一些内部劣势可能阻碍其利用外部机会，那么企业可以先采取一些措施改变劣势。例如，一些保险企业面临综合管理能力不足、市场定位不准确等内部劣势，此时可以利用市场调查和现代信息管理技术来提高企业综合管理能力、明确市场定位，弥补自身存在的不足，然后利用有利的外部机会如创新驱动发展战略、政策支持等，达到创新保险养老社区管理模式、探索创新盈利模式等目标。

3. ST 战略

ST 战略是一种企业充分利用内部优势，回避、扭转或减轻外部威胁造成的影响的发展战略。例如，保险养老社区的发展面临专业高级人才缺乏、产业布局不合理、行业标准欠缺等外部威胁因素的制约，此时可以充分利用保险企业的资金优势、产品优势、客户优势、技术优势等来扭转或减轻外部威胁的影响，健全风险防控体系。

4. WT 战略

WT 战略是一种改变或减少企业内部劣势，回避外部环境威胁的防御性战略。当企业同时面对内部劣势和外部威胁时，可能关乎企业生存，此时降低成本是改变劣势的主要措施。例如，当面临土地政策制约、行业标准欠缺、风险较大、布局不尽合理、人才缺乏等劣势，以及开发设计存在劣势、建设成本高、投资模式单一、综合管理能力不足、市场定位不精准和产品创新不足等威胁时，保险公司首要考虑的是降低成本保证生存，健全人才培养和激励机制。

机会（O）：
O1创新驱动发展战略
O2物质技术基础
O3政策支持
O4需求增加

劣势（W）：
W1开发设计劣势
W2建设成本较高
W3投资模式单一
W4综合管理能力不足
W5市场定位不精准和产品创新不足

WO战略：
WO1创新保险养老社区管理模式，提升综合服务能力
WO2探索创新盈利模式，增加盈利点

SO战略：
SO1寻求政策支持，统一行业标准
SO2培育创新文化，理念指导行动
SO3创新保险产品，提升竞争力

优势（S）：
S1资金优势
S2产品优势
S3客户优势
S4技术优势

WT战略：
WT1健全人才培养和激励机制，提升专业服务能力和水平
WT2借鉴国外先进经验

ST战略：
ST1健全投资风险控制体系，有效分散风险
ST2创新保险养老社区管理模式

威胁（T）：
T1土地政策制约
T2行业标准欠缺
T3风险较大
T4布局不尽合理
T5人才缺乏

图 5-2　我国保险公司投资河北省农村养老社区的 SWOT 模型矩阵

二、我国保险公司投资养老社区的 SWOT 战略概述

分析保险企业投资养老社区行为的优势、劣势、机会和威胁，可以更好地明确保险企业在这一行为中的盈利程度以及被保险人能否得到其想要的、被允诺的养老服务。

（一）美国 CCRC 运营经验

在世界范围内，美国经营养老社区的时间较长，特别是经营 CCRC 已经有上百年历史。美国 CCRC 的显著特点是环境设施的适老性、养老服务的连

续性、运营模式的灵活性、法规的宽容度。

首先，环境设施的适老性。CCRC 在选址上非常注重交通便利和环境优美，一般选在城市一小时交通圈内的城郊或毗邻州际高速的乡村，兼有都市的便利和乡村的闲适，成本较低，适合老人居住。从社区开发建设到相关配套设施配备，都充分考虑老人的特殊需求，同时兼有“候鸟式”度假特征。社区内分设独立生活区、协助生活区和专业服务生活区三种不同区域，每个区域内的建筑设计、配套设施与服务都互不相同。①独立生活区以独立房间、小型公寓、独栋或双联或连体别墅为主要建筑类型，平层或楼层较少，室内采光、通风良好，保证了必要的日照时长以及室内温度和湿度的自然调节，一般配有健身、医疗保健等设施。社区服务较一般住宅社区更多，除了基本的安全保卫、住宿和维修等服务外，还包括饮食、清洁和外出等方面。该区域主要适合 55~65 岁的自理型老人居住。②协助生活区以适合独居的一居室为主，居住面积较小，拥有可以进行集体用餐和社交娱乐的公共区域，配备相应的厨卫、休闲娱乐等设施。该区域除了提供基本的社区服务外，还有日常照护、医疗服务、清洁服务和紧急援助服务，适合 65~75 岁的介助型老人居住。③专业服务生活区除了具备基本的住宿功能，还必须配备医疗保健、治疗康复等护理服务。随着 CCRC 的发展，记忆支持单元也被作为专业服务生活区的必要组成部分，为生活不能自理的老人提供 24 小时不间断的专业服务，多适用于 75 岁以上老人或患有急慢性疾病、自理困难的老人。

其次，养老服务的连续性。在我国，有人将 CCRC 称为“一站式养老服务社区”，是一个为普通人群提供居家养老、社区服务和医疗照护服务的养老社区。入住老人按照年龄或健康状况被分为自助型、介助型和介护型三类，分别居住在相应的区域。根据老人身体状况的变化，动态调整居住区域，不必搬离社区。一般情况下，身体健康的“年轻的老人”（young old）被安排在独立生活区居住，可以享受社区的各类休闲娱乐、社交等服务；随着年纪增长或身体健康状况变差，老人被相应调整至协助生活区或专业服务生活区。在同一社区内，老人可以享受到不同级别的持续照护，避免了频繁更换居住地点给老人带来的心理或生理上的负面影响。

再次，运营模式的灵活性。美国 CCRC 以各种协议取代了早期转移资产的入住资格条件，具体运营模式主要包括入住型协议和租赁型协议。其中，入住型协议一般要求入住老人支付一笔入住费并按月缴纳月费，享受的服务内容与缴纳的费用挂钩。费用最高的协议类型为全面型协议，养老社区承担长期照料老人的义务，不另外收取费用；而虽然服务收费型协议要求老人支付的入住费和月费金额较低，但老人也不能免费享受社区内的医疗保健服务或协助生活服务。租赁型协议中，老人只需缴纳月费，不用缴纳入住费，入住后根据服务内容按市场价格缴纳相应的费用。长租模式是 CCRC 经营的成功经验，也是美国养老房产业历经上百年的发展找到的特色发展之路。其灵活性主要体现在各类协议的自愿选择以及入住后养老服务的市场化收费标准上。一般情况下，入住费用较高的，后续费用相对较少。

最后，法规的宽容度。1942 年，美国弗吉尼亚州修改保险法，允许险资用于出租类房地产，此后，包括纽约州在内的多个州的保险监管法规都明确了险资投入房地产为合法渠道。对于寿险资金投资房地产，美国各州都作了不同于非寿险资金的规定，美国保险监督官协会（NAIC）更是明确了意外伤害和健康保险公司投资医疗、健康护理服务类房产的宽松政策（徐高林，2013）。一方面，房地产是保险资金一个非常重要的投资方向，险资投资养老医疗类房地产更是享有各类政策优惠。另一方面，房地产投资是建立在稀缺性土地资源之上的固定投资，随着经济的发展和人类活动向自然界的不断扩张，土地的有限性就会形成一个巨大的价格上涨空间。特别是城市周边的房地产价格会随着城市的扩张而不断上涨，为保险资金提供了巨大的升值空间。但是也需注意防范房地产泡沫引发的系统性风险。因此，在风险防控方面，保险企业力求投资渠道多元化、投资比例合理化、投资模式适宜化，在养老社区房地产投资中大量采用间接投资的模式，规避资金流动性风险和规划设计等方面的不足，既有效满足了养老市场的需求，又能实现保险企业的投资盈利。

（二）我国保险养老社区发展对策

虽然我国的保险养老社区与国外的养老社区存在很大区别，但在养老社区经营管理方面，可以借鉴国外的经验，结合我国国情和各家保险公司的司情，不断完善我国养老社区经营管理体制机制。目前，我国保险养老社区已经基本具备了适老性和持续性，相关法规也越来越完善，但是在经营模式的灵活性上还存在不足。同时，由于这些社区很多是由保险公司以自持模式建设的，产品对接服务和捆绑式销售也会带来一些弊端。许多保险公司的养老社区对接产品仅仅是一张“门票”，与养老社区的服务没有深度融合，而且与国外相比，这张“门票”的价格又偏高。这样难免会出现产品与服务“两张皮”的现象。

借鉴美国 CCRC 经验，尤其是投资渠道、投资比例、投资模式等方面的风险防控经验，结合我国保险企业投资养老社区的 SWOT 战略分析，我国保险公司应充分发挥资金优势、产品优势、客户优势和技术优势，利用创新驱动发展战略营造的良好社会环境，以经济发展奠定的物质条件为基础，紧抓当前人们不断提升的养老服务需求与不充分的养老服务供给之间不匹配的有利时机，充分利用当前政策支持，争取国家更大的政策优惠和支持力度，合理布局养老社区，将养老房产的开发、设计和建设等环节外包，保留其与保险产品对接的服务内容，引入或与专业养老服务机构合作，适当降低建设成本，提升服务老人的各项能力，同时密切关注投资风险、业务风险和竞争风险，为公司和社区提供可持续发展的空间。具体策略包括：①SO 战略：寻求政策支持，统一行业标准；培育创新文化，理念指导行动；创新保险产品，提升竞争力。②WO 战略：创新保险养老社区管理模式，提升综合服务能力；探索创新盈利模式，增加盈利点。③ST 战略：健全投资风险控制体系，有效分散风险；创新保险养老社区管理模式。④WT 战略：健全人才培养和激励机制，提升专业服务能力和水平；借鉴国外先进经验。

第二节　我国保险公司投资河北省农村养老社区 SWOT 战略的具体对策

一、争取政策支持，统一行业标准

近年来，党和国家高度重视老龄化问题，相继颁布一系列支持政策（见附表 1）。2019 年 9 月，民政部印发《关于进一步扩大养老服务供给 促进养老服务消费的实施意见》，明确指出，要大力发展城市社区养老服务，积极引导重点扶持，培养综合化、专业化、连锁化、品牌化社区养老机构，力争到 2022 年实现社区日间照料机构覆盖率达 90% 以上，优化财政支持养老服务，争取更多资金用于支持社区养老服务。2020 年 11 月，《中共中央关于制定国民经济和社会发展第十四个五年规划和二〇三五年远景目标的建议》中 14 次提到"养老"，彰显了党和政府对养老事业和养老产业发展的高度重视。2020 年 12 月中央经济工作会议首提"第三支柱养老保险"，引起了多方关注。2021 年政府工作报告明确提出，推进养老保险全国统筹，规范发展第三支柱养老保险，健全多层次社会保障体系。

我国养老保险有三层制度保障，即养老保险三大支柱：第一层次或第一支柱是基本社会养老保险制度，第二层次或第二支柱是职业年金和企业年金制度，第三层次或第三支柱是个人养老金制度。第一支柱的社保基金是个人缴费、政府兜底的公共养老金，用于保障国民基本养老，具有一定福利性质；第二支柱的职业年金和企业年金是基本社会养老保险的补充，由企事业单位主导，具有一定的市场性质，是否缴纳以及如何缴纳由单位决定，年金领取水平由缴费标准决定，目前只有 10%左右的在职员工缴纳年金；第三支柱是商业养老保险，自愿参加，由个人风险意识、收入水平和当前的商业养老保险产品供给情况决定，完全市场化操作。相对于第一支柱较低的养老金替代率和第二支柱难以突破的低覆盖率，第三支柱优势明显。商业养老保险采用市场运作、自愿参加的发展模式，具有较强的激励性，对于越来越多的自由职业者、灵活就业者来说是一个很好的选择。

从制度层面来看，第一支柱和第二支柱的制度层面已基本规范，而“第三支柱”的含义、内容和范围尚无明确定义，对什么样的产品是第三支柱产品缺乏统一界定。保险业、银行业和基金业等都推出了包含“养老”字样的金融产品，但是这些产品与其他理财产品没有本质区别。同时，全国尚未建立起统一的第三支柱养老账户管理体系，而且相关政策支持力度不足。根据国家统计局数据，2019 年底，我国城镇职工和城乡居民养老保险基金累计结余 62872.59 亿元。另据社科院《中国养老金发展报告 2020》公布数据，至 2019 年底，我国年金（即第二支柱资金）共计 3.2 万亿元，而保费收入（即第三支柱资金）仅有几亿元，第一支柱呈现“一家独大”的显著优势。第三支柱如何发展、向哪里发展以及如何发挥其在养老保障中的强大功效，亟须从制度层面进行规范并提供相关政策支持。在规范完善养老保险第三层次制度方面，保险业义不容辞。保险业通过销售保险养老社区对接产品，把传统养老保险产品的“货币给付”，变为直接提供养老服务的“实物给付”，不仅直接将无形的保险产品有形化，还规避了物价上涨带来的购买力风险，不仅为自我发展探索了全新模式，还为社会提供了保险参与第三支柱制度建设的样板。我国对保险养老社区的政策支持与规范是对第三支柱进行支持与规范的重要组成部分。我国保险养老社区已经起步，可以成为制度规范层面的“试点”，先从政策层面对保险养老社区进行规范，再从实践层面完善行业标准。

（一）争取河北省地方政府政策支持

社会养老保障制度与国计民生密切相关。做好社会养老保障，既要有稳定的方针政策，又要明确各有关部门的职责与权利，并且贯彻执行。法律法规在发达国家社区老年服务事业中起到了基础性、指引性、保障性的作用，我国应该在不断探索的过程中积累经验，并以法律或制度的形式明确涉老各方的地位、权利、责任、义务、资源保障，使老年服务事业得到推广与普及，并规范、持续地发展下去。

首先，明确概念和范围，主要是明确保险养老社区的“准公共物品”属性及其对接产品的福利性质。只有明确了养老保险社区的“养老”属性，才能享受投资建设中的相关政策优惠。所谓“准公共物品”是指介于公共物品与私人物品之间的物品或服务。私人物品是具有消费的竞争性与受益的排他性的物品或服务；公共物品与之相反，消费具有非竞争性，受益则具有非排他性。从理论上说，准公共物品的供给存在市场失灵问题，政府必须采取激励措施以保证有效供给。养老保险具有一定的公共属性，保险养老社区的服务具有准公共物品性质，需要政府政策的支持。我国保险养老社区有较高的入住门槛，所以其提供的养老服务的消费具有竞争性，但是其提供的优美的社区环境和便利的适老性公共设施，则可以为非住户所享用（除非有特殊限制或出现拥堵），所以其受益具有一定的非排他性。

此外，寿险公司投资养老社区，从数量上看，可以增加养老床位数的供给；从结构上看，可以满足较高收入群体高层次的养老需要，以缓解政府的养老压力。保险养老社区的出现既能够为高收入老龄群体提供较高质量的生活护理和医疗服务，又能够为他们提供包括较高层次的精神慰藉等在内的高端养老医疗一体化服务。根据产业扶持理论，能够影响和带动国民经济发展的战略性产业应该得到政府扶持。包括养老社区在内的养老产业，能够缓解政府部门的养老压力，有利于满足老年人多层次的养老需求，应被列为政府扶持产业，得到政府的扶持。

其次，地方政府要明确相关配套支持政策。保险公司投资养老社区的一个关键环节是取得合适的土地，取地成本是保险养老社区建设成本中的主要部分，所以地方政府配套支持政策中的土地政策非常重要。一是要明确保险养老社区用地的土地性质。对我国现行《土地利用现状分类》进行修订，增加“养老用地”专项，内部区分营利性和非营利性养老项目用地。可以把保险养老社区用地单独列出，明确获取土地和相关审批方面的程序，在条件允许的情况下给予一定的优惠，比如在取得土地方面适当给予优先权，对取得土地的方式进行合理规定。二是要明确监管部门。保险公司是保险养老社区的投资主体，其主要目的是保证保险资金的合理运用，取得投资收益，保障其偿付能力。要明确保险公司是被监管的对象，银保监会是监管部门。三是确定保险企业投资养老地产的相关土地政策及税收政策。可依据养老地产的服务对象来确定税收减免或优惠的力度，比如，政府对将中低端客户作为主要服务对象的保险公司给予一定的拿地优惠、减免营业税、延迟税收等优惠政策。

最后，加强部门之间的协调与相关制度之间的有效衔接。虽然国家对于民间资本涉足养老产业一直持鼓励和支持态度，但促进养老产业发展的政策细则仍然存在许多缺漏，必须加强部门之间的协调，尤其是医疗、民政和社保部门之间的协调配合，并完善相关制度的衔接。争取在保险养老社区内配备医保定点医疗机构，同时完善医保与商业保险给付制度的对接工作。进一步扩大个人税收优惠，完善税务抵扣程序。当前个人税收优惠政策的激励程度相对不足，根据新修订的个人所得税法，当前政策主要惠及个人所得税使用税率20%以上的人群，而且较低的税前扣除额对高收入群体没有吸引力。另外，除了保费税前优惠之外，保险产品在产品设计和保费投资方面没有任何优惠。可以在缴费环节适当提高税前扣除额度，扩大享受税收优惠政策的商业养老保险种类，将商业保险保费收入形成的保险基金界定为养老基金性质，使其享受养老投资的优惠，以进一步发挥其第三支柱的功能。在完善制度衔接时，最重要的是做好三大支柱之间制度政策的衔接，充分利用现有的技术水平和工具，解决好三大支柱之间税收优惠的衔接和账户的互通问题，为老人提供无障碍的多层次养老服务。

（二）统一行业标准

根据我国的基本国策和养老特点，结合河北省现有政策，制定完善的保险公司投资农村养老社区建设、管理和服务方面的相关法规，规范社区养老行为，保障老年人权益，引领社区按适老化要求进行规划及建设，完善社区服务配套设施和服务组织建设，保证国家和地方的保险养老社区服务体系依法有序地运行。

第一，尽快编制、修订和完善社区、住宅的适老化规划设计标准。

在日、美等发达国家，养老社区在规划建设中都会专门制定标准和行业指导手册，比如美国的《医疗保健设施设计指导手册》等。我国国情特殊，城乡又有差异，城乡养老社区规划应有所不同。我国目前的城市建设和老旧城区改造仍沿用传统的规范指导，应当尽快制定老龄化条件下城市建设管理的相关法规和规范，为建设适老城市和社区留出空间；明晰居住宜老、活动便老、设施为老的社区适老化内涵和评价标准，指导城市和社区适老化建设，防止今天的建设成为明天的改造，实现城市未来发展的合理性和持续性，打造以人为本、和谐宜居的社会环境。农村养老社区的建设应该在农村土地政策改革的基础上进行合理规划，必须保证现有耕地用地，规范宅基地流转。河北省农村养老基础较好，可以在农村福利院、养老院等现有养老机构的土地规划中引进保险资金，根据已有的保险养老社区建设经验，依据农村自然生态环境特点，制定适合农村养老社区的规划标准，营造人与自然和谐共处的新型养老社区。

第二，规范保险养老社区配套设施标准。

地方政府在建设和发展养老机构和社区养老服务设施时要统筹考虑、整体规划。在规划条件不落实的情况下，要做好土地预留。新建社区应遵循国家养老规划，按标准要求配套建设养老服务设施，逐步达到满足各生命阶段需求的目标，实现全生命周期的规划和建设。未来，在各类用地出让中，老年人服务设施应当和教育、卫生等一样，成为标准配置。已建成住宅区，特别是在城市棚户区等旧城改造以及城郊和农村社区建设中，要按规划和适老化标准逐步完善社区服务设施，尤其是医疗、保健、护理等与老年人口密切相关的配套设施，必须严格建设标准。根据农村现有基础增加适老设施，具体可以通过购买、置换等方式对现有农村社区进行改造，在具备条件的农村社区配备必要的医疗机构和人员。保险公司在河北省农村投资建设养老社区的配套设施标准必须高于一般养老社区，可以按现有重资产模式自行投资建设医疗机构、完善相关配套设施，也可以寻求合适的合作伙伴，或者有效利用现有的公共医疗服务资源。紧密结合农村和城郊交通现状，先从距离上解决老人就医、护理等需求，同时密切与医保、税务、银行等部门的合作，争取简化医保报销、支付、结转账以及其他相关程序，为社区配备无缝对接的养老服务。

第三，规范保险养老社区的服务标准。

银保监会作为养老地产投资的直接监管部门，首先要明确其监管的对象是保险资金，并且是保险企业整个投资过程中投资链条上流动的所有保险资金；其次必须设立针对保险企业投资养老地产的专项管理规定，以确保保险企业的偿付能力，保障消费者的合法权益。在监管内容方面，不仅要严格规定保险资金的投资范围、投资比例等，还要注重对其给付行为的监管，即对保险养老社区养老服务的监管。可以参照民政部、国家市场监督管理总局对各类养老机构的监管标准，同时结合保险养老社区的不同定位，制定行业最低服务标准。尽量统一服务范围和服务内容的名称，同时核定地理位置相近、户型相近、服务功能相似的社区项目的收费标准的范围和浮动空间。考虑到个性化需求，可以允许养老社区内部提供有特殊名称的个性化服务，根据服务内容差异化定价。同一家保险公司在相似城市的养老社区的收费标准应尽量统一或者不要存在较大差异，比如北京、上海、广州等一线城市的收费标准应该基本一致，以免有违保险公司打造“候鸟式”养老服务的初衷。监管部门要做到正确引导和规范，避免因收费标准差异太大影响整体市场形象。

综上所述，政府应着眼于我国养老产业的长远发展，从顶层设计开始重视对保险养老社区的扶持。在国家政策的指引规范下，河北省政府应尽可能利用现有的优惠政策，因地制宜地制定相关标准，为保险养老社区的建设和运营明确标准规范。一方面，省市级地方政府关注并投资建设基础性、福利性的养老基础项目；另一方面，完善地方政府对养老产业的补贴和扶持政策，尤其是用地、税收、信贷等方面的优惠政策，引导商业资本投资康养、医护等产业，鼓励大型医疗机构配套养老项目服务，增加地方养老服务供给数量，提升养老服务供给质量。

二、坚持创新驱动发展战略，不断提升产品竞争力和综合服务能力

（一）培育创新文化，理念指导行动

文化是关于人生和社会关系的意识。文化由经济承载，经济由文化界定

和导引①。经济建设是物质文化的重要组成部分，文化对经济运行的方式、经济运行的意义都有着重要影响，各种经济行为规则的制定都受到隐藏于其下方的非经济的文化要素的制约②。文化不仅能够为经济建设指明方向，还能直接作用于人力资本，形成经济发展的直接动力。

所谓文化即“人文化成”（《易传》），其意义在于鼓励人们发挥人文素养，提升道德精神，发扬艺术创造，并进而以这些人文的成就来教导民众，转化世俗，使之成为有文明而尊重人性的社会③。西方的“文化”概念于19世纪末由英国民族学家泰勒提出。他认为，文化是“包括知识、信仰、艺术、道德、法律、习俗以及作为社会成员的人所掌握和接受的任何其他的才能和习惯的复合体”（泰勒，2005）。对于人类学家来说，文化“包括一个社会成员共享的理想、价值和信仰，社会成员用它们解释并生成行为，而且它们也反映在他们的行为之中”，以符号为基础，具有共享、习得、整合的特点。多元文化的社会是一些群体按各种不同的规则进行活动（哈维兰，2005）。泰勒和哈维兰对文化的定义，都属于狭义的文化定义。

梁漱溟（2011）将文化定义为“吾人生活所依靠之一切”。他指出，“所谓一家文化，不过是一个民族生活的种种方面，总括起来，不外三个方面：（一）精神生活方面，如宗教、哲学、科学、艺术等是。……（二）社会生活方面……如社会组织、伦理习惯、政治制度及经济关系是。（三）物质生活方面，如饮食、起居种种享用，人类对于自然界求生存的各种是”（梁漱溟，2014）。这是一种广义的文化定义。在此基础上，李亦园（1996，1998）从人类学的角度定义文化为“人类因营生所需而创造出来的所有的东西”，分为可观察的文化和不可观察的文化两部分。就可观察的文化而言，又可分为物质文化（或称技术文化）、社群文化（或称伦理文化）与精神文化（或称表达文化）三部分（梁漱溟，2014）。由此可见，广义的文化是一个包含了所

① 刘永佶．中国政治经济学方法论［M］．北京：中国社会科学出版社，2015：125.

② 马翀炜，陈庆德．民族文化资本化［M］．北京：人民出版社，2004：44.

③ 李亦园．人类的视野［M］．上海：上海文艺出版社，1996：87.

有人类创造物的概念，其外延又被学者们依据不同标准分为不同的部分①。不管怎样，文化是一个整体，其各个组成部分相互联系、相互制约。

一个社会或一个民族无时无刻不在发生着文化的变迁，广义的文化变迁包括发明和革新、借用、文化丧失、涵化和文化恢复②。文化的存在方式不仅包括观念形态方式，还有“公益性文化事业”与“经营性文化产业”两种方式③。文化及相关产业是指“为社会公众提供文化产品和文化相关产品的生产活动的集合”④。随着现代科技的发展，文化产业已经成为现代文化最基本的存在形态和方式，文化产业发展也成为文化发展最重要的动力之一。

与此同时，文化的生产和传播也已经发生了根本变化。互联网作为当前最大的社会现实条件，其依托的互联网技术是人类通信技术的一次巨大革命和创新，提供了一个能够交流沟通、共同参与的互动平台。互联互通已经成为人们生活的常态，互联网技术对人类社会活动已经产生了并且还将不断产生深远的影响。

“互联网+”是以互联网为基础设施和创新要素的经济社会发展的新形态，深度融合了互联网和经济社会各个领域，推动了技术进步、效率提高和组织变革，提升了实体经济的创新力和生产力⑤。它有两层含义：在技术层面表现为互联网与传统产业的联合或者融合；在内涵上表现为传统产业通过互联网化实现产业升级。其本质是不同产业间的组合、企业内部价值链和外部产业链环节的融合、行业的跨界整合并嫁接信息和互联网技术，所形成的新型企业、商业乃至产业的组织形态，即新业态。

随着新型基础设施建设的深入，传统产业与互联网联合，并以互联网化的方式不断升级。“互联网+”通过改变产业结构，不断催生新业态，其中就

---

① 董建波，李学昌．“文化”：一个概念的内涵与外延［J］．探索与争鸣，2004（10）：37-39.

② 汪宁生．文化人类学调查——正确认识社会的方法［M］．文物出版社，1996：45-49.

③ 胡惠林．文化产业学（第二版）［M］．北京：清华大学出版社，2015：48.

④ 国家统计局．文化及相关产业分类（2012）［EB/OL］. http://www.stats.gov.cn tjsjtjbz/201207/ t 20120731_8672. html.

⑤ 国务院．国务院关于积极推进“互联网+”行动的指导意见［EB/OL］. http://www.gov.cn/gongbao/content/2015/content_2897187. htm.

包括文化产业新业态、教育培训新业态、旅游新业态、电子商务新业态以及养老保健新业态等。

随着互联网和信息技术的快速发展，“互联网+养老”成为现实，“互联网+保险”“互联网+保险养老社区”成为可能。当保险养老社区连接上互联网技术，就开辟了一个多维度的精彩世界。从保险公司的角度来看，可以利用互联网技术和信息技术提升产品开发设计的能力和水平，可以通过互联网销售养老社区对接产品，可以在网上介绍养老社区的基本情况，甚至可以开展社区 VR 体验。被保险人则可以足不出户在网上预约参观、体验养老社区，同时享受网上的各种医养服务，通过信息技术不断开创养老服务新模式。

（二）创新保险产品，提升竞争力

作为自负盈亏、自主经营的企业，保险公司以营利为目的，保险资金的来源主要是保费收入，而保费收入主要来自销售保险产品和提供保险服务，只有符合市场需求的保险产品才能吸引投保人购买。随着人们生活水平的不断提高和养老观念的改变，在第一支柱和第二支柱的基础之上，不断产生更高层次、更高品质的养老保障需求，部分老人有意愿也有能力为自己安排更好的养老生活。购买商业保险是满足其高品质养老生活的途径之一，这既是目前我国保险养老社区及其对接产品颇受欢迎的原因，也是保险养老社区不断发展的动力。

但是目前，我国养老保险产品和保险养老社区对接产品与传统保险产品差别不大，医疗、健康和护理类保险产品层次不清、体系不健全，养老保险发展较发达国家成熟保险市场相对滞后。发达国家人身保险保费收入一般约占总保费的 50%，其中养老年金保险保费收入占人身保险保费收入的比重超过 35%。2020 年第三季度我国人身保险保费收入 27768 亿元，占全部保费收入的 75%，但是养老年金类产品原保费收入 551 亿元，仅占人身保险原保费收入的 1.9%。这一方面说明我国养老保险市场空间巨大，另一方面说明当前我国养老保险类产品供给与需求不能匹配，必须创新养老类和相关保险产品。

首先，创新养老类保险产品。养老社区的“准公共物品”属性决定了其产品和服务必须符合社会效益，所以保险养老社区及其对接产品具有经济性和社会性双重性。创新养老类保险产品需要充分考虑保险养老社区的特点，有效发挥保险公司的精算技术优势和风险管理经验优势，结合经济性和社会性合理设计保险产品，从源头上对接养老社区，同时充分利用国家现有的税收优惠政策，将个人税收递延型商业养老保险与保险养老社区对接产品有效对接，让投保人在缴纳保费和领取保险金时都可以享受到一定的税收优惠。在此基础上，结合目前保险养老社区入住老人的情况和城市养老社区运营经验，在农村养老社区建设中深度融合保险产品，在给付标准上对接养老社区。比如，如果入住保险养老社区的老人年龄偏大，养老金领取年龄与养老社区入住年龄对接，可以适当提高领取年龄标准，同时提高给付标准，或者直接提供养老服务，保证老人到了入住年龄入住养老社区后能直接享受养老服务；还可以将给付标准与养老社区费用标准对接，确保老人入住养老社区后有足够的支付能力。将保险养老社区的入住标准及入住后的服务消费在产品开发设计时就加入保险费率的计算中，投保人购买对接产品的同时也意味着接受了养老社区的服务，不必在保险合同之外再签订一个入住资格确认书，完全实现了养老服务的“实物给付”形式，给付标准就是养老社区管理公司提供的各项养老服务。这样，保费标准更加合理，投保以及入住程序适当简化，又可以保证老人享受的养老服务不会因通货膨胀等因素而受到影响（见图 5-2），实现了养老保险产品与养老社区实质性地、内在地深度对接。

其次，创新养老类配套产品。在产品种类方面，充分考虑农村养老社区的需求，设计更多的配套产品，比如医疗健康类、护理类保险产品等，在商业保险层面构建多元化产品体系，丰富保障内容，充分发挥第三支柱的功能。根据已有经验，我国目前入住养老社区的老人多数为高龄老人，对护理的需求迫切，所以保险养老社区对接的配套产品应重点考虑长期护理保险。我国长期护理保险 2016 年开始试点，2019 年政府工作报告提出“扩大长期护理保险制度试点”，至 2019 年底，我国长期护理保险项目覆盖全国 15 个省 35 个城市的 5000 万人，惠及人口 35. 8 万。这些长期护理保险项目共由 14 家保险公司承办，邀请部分公司参与服务护理机构的准入、考核和培训，护理保障方案设计和失能情况评审，信息系统建设等工作①。2020 年 9 月，国家医保局会同财政部印发《关于扩大长期护理保险制度试点的指导意见》，将长期护理保险试点扩大到 49 个城市，扩大了政策覆盖面，保障了政策的落地，对提升参保对象的生活质量也起到了积极的促进作用。但是，保险公司目前主要在政策宣传、资金支付等方面提供服务，其参与长期护理的进入机制、运营机制、风控机制以及退出机制非常不完善。整体上看，保险公司参与长期护理保险制度试点还处于初级阶段，无法保证服务能力和服务质量。保险养老社区作为养护一体的高端养老社区，必须完善对接产品体系中的长期护理责任，加强数据积累与分析，合理设定保障方案，确保保险养老社区对接产品体系的层次性和保障的完整性。比如，保险养老社区提供的养老住房及其设施可以直接体现在与养老社区对接的长期护理保险产品中。

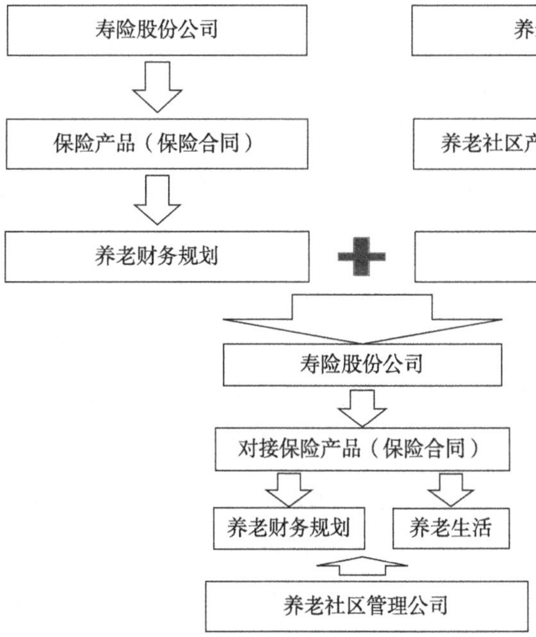

图 5-2　创新型保险养老社区对接产品

① 仇兆燕，朱艳霞．黄洪：开展专属商业养老险试点 提升第三支柱保障水平［N/OL］. 中国银行保险报，［2020-12-17］. http://xw. sinoins. com/2020-12/17/content_375152. htm.

（三）创新保险养老社区管理模式，提升综合服务能力

保险养老社区不仅是一个物理上的空间的概念，更是一个家园，一个为长者提供交流的平台。在这里，老人可以结交新的朋友，发挥余热。作为高端养老社区，保险养老社区必须具备宜居的环境，人性化、多样化的服务内容，物质和精神的双重享受。这不仅需要适老化的硬件设施，还需要科学的管理团队来创新保险养老社区管理模式，将养老养生与养老社区相融合，注重人与自然环境的和谐共处；将健康管理与养老社区相融合，不断提高自我健康管理意识；将医学护理与养老社区相融合，提升老人生活和生命质量；将养老社区与智能软件相融合，打造智慧养老体系，不断提升养老社区的综合服务能力。鉴于目前我国保险养老社区的实际情况，可以通过整合社区现有资源，提升服务水平。

第一，整合社区物质资源，提高利用效率。

目前我国保险养老社区的定位基本都是中高端社区，房屋建筑、公共设施等硬件设备齐全，空间布局合理。不同的生活单元内配备不同的生活设施，老人们可以根据自己的身体状态选择不同的生活区域和服务内容。但是不同的保险公司投资的养老社区及其对接产品之间，各项服务资源完全隔离，没有任何关联性，即使同一家保险公司投资的养老社区，入住资格和收费标准也不统一，导致老人们在选择养老社区时存在一定的障碍。比如，某些保险养老社区在与老人签署入住协议时，规定老人只能选择一个主养老社区，如果需要搬到公司其他的养老社区，该主养老社区保留的房间依然要交相应的费用，也就是说，在这种情况下，老人需要承担两个养老社区的管理费用，这就限制了老人实现“候鸟式”养老的可能。

此外，养老社区的入住率直接影响着其运营情况。如果将不同养老社区的养老服务资源共享，相同或类似的设施和服务水平的收费标准基本相同，实现老人在养老社区间的自由流动，那么一方面可以提升老人的养老生活质量，另一方面可以充分利用社区的资源，提高其利用效率。

对于购买、整合原有养老机构、养老公寓或普通住宅改造保险养老社区

的情况，必须开发利用好社区现有资源，并根据需求持续改进，不断完善社区服务设施，提升服务能力和服务水平。在运营管理过程中，对于社区的增建项目，社区管理者应开阔视野，对社区资源进行审视和评估，不断总结经验，整合社区内不同部门的闲置资源，尽量减少资源浪费和重复建设，同时根据经验，设计建设更符合需求的养老资源。比如扩建或改建养老社区时，根据老人的住房选择情况进行规划，多设计受老人欢迎的住房类型和配套服务，不仅能高效满足需求，还能盘活各种资源，丰富养老服务的内容。

第二，有效利用养老社区人力资源，构建养老志愿服务和互助服务体系。

志愿服务是福利事业中重要的补充力量，可以在保险养老社区中引进志愿者，与其他主体一起，为老人提供丰富多彩的服务。由于我国目前没有参与志愿服务的相关制度规定，也缺乏与之有关的激励体制机制，在一定程度上削弱了人们的志愿服务参与意愿。政府应尽快制定相关制度，积极开发志愿资源，为有意愿并有能力参加志愿服务的各年龄、各阶层人员提供畅通的渠道；同时，构建相应的激励体制机制，扶持志愿性组织，构筑志愿文化土壤，形成志愿氛围；连接新技术，采用时间银行、邻里互助等志愿服务方式，创新激励手段，吸引养老社区内具有一定专业知识以及时间和精力的人参与志愿服务。

养老社区内的老人们可以发挥各自所长，互相帮助。一般可以由不同年龄或不同专长的老人组成互助小组，互助模式可以引入时间银行机制，记录帮助其他老人的行为，形成积分存入时间银行，之后可以根据自己的存储情况享受不同程度的免费服务。保险养老社区会集了不同年龄的老人，来自不同的行业，掌握不同的技术。组成互助小组、构建互助服务体系，既能发挥低龄老人的年龄优势和技术专长，又可以有效利用社区人力资源，为有一技之长的人提供了一个发挥特长的平台。同时，互助小组的成员之间相互帮助、相互交流，不仅可以促进彼此之间的感情，提升社区的凝聚力，对老人的身心健康也非常有利，特别是能够排解老人的孤独，为社区养老服务的供给创造了更好的氛围。

三、健全风险控制体系，平衡盈利性与福利性

保险公司投资养老社区是一项复杂的长期性投资活动，是保险资金运用于不动产投资的主要方面和主要方向之一，一方面有利于提高保险公司的投资收益，增加经营利润，另一方面有利于完善国家多层次养老体系，具有盈利性和福利性共存的特点。由于期限长、资金需求量大、资金回收慢、涉及环节多，保险公司投资养老社区面临着来自投资环节、业务环节和经营管理环节等各个环节的风险。任何一个环节的风险处理不当，都有可能影响整个项目的顺利开展，进而影响保险公司的整体经营效果。因此，在保险公司投资并经营管理养老社区的过程中，必须重视并健全风险控制体系，平衡盈利性与福利性。

（一）健全投资风险控制体系，有效分散风险

保险企业的风险管理工作存在于保险投资活动的各个环节。在不同时期、不同形势下，保险企业的投资风险也有了新的变化。除了旧有的利率风险、流动性风险，还增加了多种新风险。特别是在目前的监管条件下，保险资金运用范围不断拓宽，带来了来自各行业、各环节的复合型投资风险，比如来自房地产领域的市场风险、不同投资组合引致的投资风险等。这些复合型风险值得密切关注和加紧防范。具体来说，健全保险企业投资风险控制体系可以从内外两方面入手：

第一，建立健全保险公司内部风险控制体系。

建立健全保险公司内部风险控制体系源于著名的“螃蟹理论”①，即相互牵制的理论。投资盈利是经营的基础和持续发展的必要条件，也是被保险人与受益人获得保险金的基本保障，风控则是投资成功的关键所在。也就是说，保险公司投资部门、经营部门、财务部门和风险管理部门等各部门是联动互制的关系，相互影响、相互制约。相关学者也证实了该理论的正确性。Daines（1968）等学者认为，保险承保与保险投资融资，尤其是保险投资联

① 董帮应．我国保险投资风险分析及其控制措施研究［D］．合肥：安徽大学，2006：45.

系密切。

由此，建立健全保险公司内部风险控制体系应该首先树立风险管理意识，之后才能主动进行识别风险、衡量风险、处理风险等工作。这种风险管理意识就是一种风险管理的理念。理念是行动的先导，必须将这种理念融入保险公司各部门的具体工作，成为一种自觉行为，营造风险管理的企业文化氛围。

其次，理性的投资行为是保险公司构建风险内控体系的重要方面。在风险管理理念指导下，充分考虑保险企业风险管理优势和特点，合理运用风险管控技术和手段，确定不同性质资金的投资策略，并有效利用投资组合战略，分散投资风险，取得整体的投资利润。

最后，必须有效利用部门间的相互制约关系，构建有效的监督体制机制和奖惩机制。明确各部门职责，完善风险预警机制和危机处理机制，在出现风险事故之初和风险事故发生之后，有效减小风险事故对整体投资效果的影响，在安全的前提下获得最大的盈利。

第二，加强资产负债管理，防止利率风险和非系统性风险系统化。

资产负债管理的基本思想是资产与负债在规模上、期限上和结构上的匹配。运用在保险投资管理中，就是保证投资规模和投资工具合理，防止利率风险和非系统风险系统化。利率风险是目前对我国保险投资影响最大的风险，也是20世纪70年代以来导致国际保险企业发生保险偿付能力危机的重要风险之一①。保险企业在投资过程中必须密切关注利率的变化。同时，加强资产负债在总量、期限和结构上的匹配度。根据资金规模确定投资规模，在风险管理理念指导下，采用合适的投资组合，匹配不同险种的保险基金，实现资产与负债在期限上、结构上的匹配。注意寿险资金长期性的特点，避免长短错配，尤其是要避免非系统性风险系统化②。

第三，加强销售、承保环节的风险管控。

保险公司投资养老社区不仅会面临内部经营风险、投资风险以及新形势

① 马明哲．挑战竞争——论中国民族保险业的改革与发展［M］．北京：商务印书馆，1999：28.

② 周爱玲．论保险企业投融资［D］．保定：河北大学，2007.

下来自各环节的复合型风险，还会面临养老产业的行业竞争风险。大多数保险公司投资的养老社区的成本回收周期非常长，在运营管理中基本能够实现收支均衡，后期扩建项目和购买设备的大量资金主要来自寿险或其对接产品的保费收入。而保费收入本就是保险公司的负债，如果投资管理不当，不仅会影响保险公司投资养老社区的资金链，还会影响整个公司的运营。所以保险公司不仅要加强投资环节的风险管理工作，还要加强销售、承保等内部各环节的风险管控，尤其是要关注销售领域的风险。寿险营销人员的素质参差不齐，个别人还会存在夸大保险责任、误导投保人等不良行为，直接影响保险业的形象，不利于保险产品的销售。此外，来自投保人和被保险人的道德风险，要求营销人员和核保人员必须提高风险意识，并且充分利用拒绝承保的权利，防范道德风险，减少保险欺诈。

（二）探索创新盈利模式，增加盈利点

对于投资养老社区的保险企业来说，养老社区盈利的决定因素是养老社区的运营状况与产品和服务的销售情况。现有城乡养老社区的盈利主要由两部分组成：一是会员费和社区建设成本之间的差额。养老社区作为不动产，必定会有增值溢价。如果能够得到国家相关政策的支持，投资建设养老社区的企业在征购土地时享受相关的优惠政策，那么养老社区的土地成本将大大低于同等商业房产。会员费中包含了每月固定的房租，也就是说，养老社区的房产都能够产生固定的现金流。二是服务费与养老社区运营成本之间的差额。养老社区的运营商通过集体议价和规模效应，能够尽量压低购买各种养老服务的价格并降低单位成本。

为了保持保险养老社区福利性和盈利性的均衡，必须提高其盈利性以确保其福利性。提高盈利的基本途径是降低成本，或提高收益，或二者兼而有之。从经营成本上看，除了不断争取国家和地方政府的支持政策、降低土地成本外，主要就是降低运营管理成本。保险养老社区都是中高端的持续照料养老社区，收取的费用与其服务内容相匹配，盈利空间不会太大。增加保险养老社区盈利，可以尝试创新管理模式。对于大型保险公司，可以在监管政策允许的情况下，在投资初期全部或部分出售自己以重资产模式投资的养老

社区的物业，快速回收一部分资金，待项目运营方式成熟后，再自行管理。这样不仅有利于保险公司保证养老社区的服务质量，还有利于保险公司运用养老社区的平台开发和销售与养老社区对接的保险产品，真正实现保险公司涉老业务链的整合和延伸。而资金实力相对较弱的保险公司，可以采取长期合作的经营模式，有效利用合作企业的资源，在不断积累经营经验的同时积累资金。

在养老社区经营项目中，探索设立社区公益基金、设立公益创投项目，在地产开发、地产经营和养老专业服务等方面争取特许经营、连锁经营销售、综合经营等模式。比如，可以与农业合作社合作，根据住户的饮食需求，从农业合作社定制农业产品和农业服务，为住户提供饮食“一条龙”服务，既保证了饮食卫生，又可以节省许多中间环节，最大限度地节约成本、增加盈利。

根据我国目前的监管要求和实务操作，保险公司投资建设农村养老社区时可以尝试间接投资的方式、多元化投资方式，同时，在风险可控的情况下，适当扩大投资比例，增加盈利的可能性。

四、完善人才培养和激励机制，提升专业服务能力和水平

保险行业包容性强：专业的精算人员可以设计合适的对接养老社区的保险产品，准确核算费率标准，为市场提供更有针对性的保险产品；优秀的保险营销员可以把好核保的第一道关，减少道德风险和逆向选择风险，提高业务承保质量，维护保险公司的信用，保证保险公司的稳定经营和正常利润，确保其偿付能力，最终保障被保险人和受益人的权益；杰出的医疗人员能够保障理赔的公平性与合理性，提升养老社区服务水平；卓越的法律人才可以保障公正的经营环境和保险双方当事人的合法权益，为保险行业保驾护航。保险公司投资农村养老社区需要来自不同领域、不同层次的人才，除了保险业务自身发展需要的精算人才、营销人才、投资人才外，还需要大量风险防控、房地产开发、物业管理、养老服务甚至医疗护理等方面的专业人才。尤其是养老服务人员，在我国一直处于短缺状态。像保险养老社区这种新型

养老社区的专业管理和服务人员，需要慢慢培养。可以考虑与现有高校、职业院校合作进行专业共建、订单式培养，甚至建立企业大学或产业学院，利用高校的科研、人才等资源优势培养应用型人才，为保险养老社区长远发展持续提供动力。而对于保险养老社区急需的人才，则可以采取外部引进、内部培训等方式，注重保险、养老等方面的专业知识的培训。同时，构建科学合理的人力资源管理体系，完善人才激励和考核机制，有效发挥现有人员的潜能，提升专业服务能力与水平。

（一）注重与河北省地方高校、职业院校合作，培养养老社区管理人才

保险公司在河北省农村地区投资建设养老社区，必须注重与地方高校、职业院校等的合作。一直以来，保险公司都非常重视各类人才的培养，早就开始与高校、职业院校合作培养自己需要的优秀人才，比如新华人寿早在2000年9月就与中南财经政法大学合作建立了新华金融保险学院①。在养老社区管理与服务的人才培养方面，也有保险公司已经与高校合作，开展订单式培养。比如，中国人寿与长沙保险职业技术学院合作、太平洋人寿与遵义医药高等专科学校合作都是良好的开端。但是对于保险养老社区这种新兴事物需要的新型管理人才，必须通过正规大学教育系统培养。培育具有首创性、权威或远见的，能执行新组合的企业家，即创新型人才，既是大学教育基本规律的必然要求，也是当前高校培养对象的内在要求。

（二）加强对现有河北省农村养老服务人员的培训，健全人才激励机制

保险养老社区服务人员处于养老服务第一线，他们的素质和专业化水平将直接决定服务水平。目前在我国城乡养老社区工作的服务人员的专业化水平整体不高，多数未经过专业培训，只能提供基本的生活服务或者较低层次的养护服务，难以满足保险养老社区老人的一些专业服务需求。比如，泰康之家各生活单元提供的基础服务中涉及不少专业医护服务（见表5-2）。因此应该加强对基层服务人员的培训，建立岗位标准，实现持证上岗，明确退出机制，通过定期的考核和培训，提高整体素质。

---

① 中南财经政法大学官方网站。

城乡养老社区成功与否的关键在于有没有合适的人才。选择合适的人才是稳定保险养老社区服务队伍的首要步骤。在招纳和选拔养老社区服务人员时，除了注重人才的专业性外，还需要进一步考察应聘人员的职业认同感、职业道德和价值观，为老人提供既专业又有爱心的服务。

培训服务人员的基本技能是城乡保险养老社区建设的重要工作。定期邀请专家对社区管理人员进行系统化、规范化的培训，同时规范考核机制，保证培训的有效性。培训的人员范围不仅要包括在岗职工，还要包括志愿者和加入互助小组的老人，向他们普及护理知识，提高护理水平。国家从政策和资金两方面支持养老护理职业培训工作，不但可以解决一部分劳动力的就业问题，而且可以大大缓解养老护理专业人员供需失衡的状况。

同时，还应完善激励考核机制，适当提高养老社区人员的福利待遇。保证按时足额发放养老社区工作人员的工资，通过补贴等形式提高福利待遇，尽量解决工作人员个人户籍、子女教育等问题；构建科学规范的绩效评估体制和持续改进机制，完善工作人员晋升渠道；保障养老社区服务人员各项待遇科学合理地增长，减少人才流失，稳定服务队伍，促进城乡养老社区服务供给质量的提高。

表 5-2　保险养老社区服务内容——以泰康之家为例

生活单元	服务内容
独立生活单元	入户保洁；清洗床单、被罩、枕套；代买生活用品；个人电子健康档案、慢病管理服务；制定个体的营养、运动等各类处方；用药辅助
协助生活单元	清洗衣物；个人卫生清洁及日常起居照料，如晨晚间洗漱、洗浴、衣物穿脱、用膳、如厕等；协助适当移动，训练使用辅助性工具
专业护理单元	便溺护理等细节照料；常见状况及专业护理服务，如胃肠减压、吸痰、氧疗、口腔护理、创口护理、术后多项症状护理；药物注射、静脉输液等

资料来源：泰康之家·燕园的服务项目和服务内容［EB/OL］. 搜养老，［2020-07-07］. http://www.souyanglao.cominfo2321.html.

参考文献

[1]阿里研究院．“宅经济”报告——经济迈向“云时代”[EB/OL]，[2020-03-11]. http://www.ctoutiao.com/ 2613001.html.

[2]爱德华·泰勒．原始文化[M]. 连树声，译．桂林：广西师范大学出版社，2005：1.

[3]保险公司2020年全年利润超过3400亿元，全年保险资金运用收益共计1.1万亿元[EB/OL]. 券商中国，[2021-01-31]. http://www.china-insurance.com/insurdata/20210131/51729.html.

[4]蔡文源，张竹．企业协同创新：理论视角与移动互联网产业实践中的探索[J]. 管理现代化，2015，35(5)：123-126.

[5]曹凤岐．我国保险资金投资证券市场的渠道及风险控制[J]. 中国金融，2004(20)：41-43.

[6]陈功，黄国桂．时间银行的本土化发展、实践与创新——兼论积极应对中国人口老龄化之新思路[J]. 北京大学学报(哲学社会科学版)，2017，54(6)：111-120.

[7]陈树敏，郝志峰．含不动产项目的保险公司再保险—投资策略[J]. 运筹学学报，2018，22(1)：129-141.

[8]陈婷婷，周菡怡．2020年保险业年终考卷揭晓：投资收益大涨，产险承保利润暴跌51倍[EB/OL]，[2021-05-01]. http://finance.caijing.com.cn/20210201/4736033.shtml.

[9]陈友平．论保险公司的投资策略[J]. 保险研究，2000(7)：12-13.

[10]崇维祥，安娜青．乡村社区养老模式探析[J]. 华北电力大学学报(社会科学版)，2013(3)：75-79，84.

[11]崔浩雄．浅析保险公司发展养老社区现状及策略[J]．中国保险，2013(6):31-33.

[12]戴锦．基于元模式视角的保险养老社区商业模式研究[J]．兰州学刊,2020(5):196-208.

[13]邓大松,李玉娇．医养结合养老模式:制度理性、供需困境与模式创新[J]．新疆师范大学学报(哲学社会科学版),2018,39(1):2,107-114.

[14]丁皓．我国养老地产运营模式及建议[J]．中国经贸导刊,2014(2):32-34.

[15]丁华,徐永德．“福利私营化”、“社会福利社会化”:辨析与反思[J]．江淮论坛,2011(4):132-138.

[16]董帮应．我国保险投资风险分析及其控制措施研究[D]．合肥:安徽大学,2006.

[17]董建波,李学昌．“文化”:一个概念的内涵与外延[J]．探索与争鸣,2004(10):37-39.

[18]杜鹏．中国人口老龄化过程研究[M]．北京:中国人民大学出版社,1994.

[19]多吉才让．积极推进社会福利社会化进程 加快发展社会福利事业[Z]//社会福利社会化工作资料汇编,2000.

[20]方舒．我国社会福利社会化改革的反思与前瞻[J]．天府新论,2010(6):87-91.

[21]付晓静,付志华．连接“体育与人”:“互联网+”时代体育传媒的转型——基于颠覆性创新理论的考察[J]．体育科学,2020,40(7):49-56,97.

[22]高和荣,张爱敏．中国传统民间互助养老形式及其时代价值——基于闽南地区的调查[J]．山东社会科学,2014(4):42-46.

[23]谷月昆,冯长春．综合性养老社区开发运营困境与可行性模式研究[J]．现代城市研究,2020(4):124-130.

[24]郭金龙,胡宏兵．我国保险资金运用现状、问题及策略研究[J]．保险研究,2009(9):16-27.

[25]郭锐欣．人口老龄化背景下保险公司投资养老实体产业研究[J]．改革与战略,2011,27(8):153-156.

[26]国家统计局．文化及相关产业分类(2012)[EB/OL],[2016-09-01]. http://www. stats. gov. cntjsjtjbz/201207/t20120731_8672. html.

[27]国家统计局．文化及相关产业分类(2018)[EB/OL],[2020-09-01]. http://www. stats. gov. cntjsjtjbz /201805/t20180509_1598314. html.

[28]国务院办公厅关于推进养老服务发展的意见[EB/OL],[2021-05-04]. http://www. gov. cn/zhengce/content/2019-04/16/content_5383270. htm.

[29]国务院关于积极推进"互联网+"行动的指导意见[EB/OL],[2015-07-01]. http://www. gov. cn/gongbao/content/2015/content_2897187. htm.

[30]郝演苏．养老社区要成为小城镇建设的重要项目[J]．经济,2013(7):108-109.

[31]贺雪峰．如何应对农村老龄化——关于建立农村互助养老的设想[J]．中国农业大学学报(社会科学版),2019,36(3):58-65.

[32]胡惠林．文化产业学[M]．北京:清华大学出版社,2015:48.

[33]黄泰岩．新发展理念催生新发展理论[J]．杭州(周刊),2016(8):28-29.

[34]黄泰岩．在发展实践中推进经济理论创新[J]．经济研究,2017,52(1):4-12.

[35]纪晓岚,刘晓梅．我国养老社区发展的问题检视与对策[J]．地方治理研究,2016(1):60-66.

[36]康凯,初锟．我国保险公司发展养老社区的现状及策略选择——以泰康人寿保险公司为例[J]．赤峰学院学报(自然科学版),2015,31(8):104-106.

[37]李晨洋．保险资金投资养老地产的优化策略分析[J]．纳税,2020,14(1):177,179.

[38]李文剑．保险公司投资养老社区的可行性[J]．市场观察,2019(10):29.

[39]李文明,吕福玉．"宅经济"的发展状况与引导策略[J]．学术交

流,2014(11):112-116.

[40]李亦园. 人类的视野[M]. 上海:上海文艺出版社,1996:87.

[41]李亦园. 从文化看文学[J]. 中国比较文学,1998(2):101-106.

[42]李致鸿. 险资加速布局康养领域,已有10家保险机构投资47个养老社区项目[EB/OL],[2020-12-05]. http://insurance. hexun. com/2020-12-05/202561364. html.

[43]梁漱溟. 东西文化及其哲学[M]. 上海:上海人民出版社, 2014:20.

[44]梁漱溟. 中国文化要义:第2版[M]. 上海:上海人民出版社,2011:20.

[45]林娟娟. 保险资金参与REITs投资、盘活存量资产的创新探索[J]. 保险理论与实践,2021(1):141-150.

[46]林闽钢,王章佩. 福利多元化视野中的非营利组织研究[J]. 社会科学研究,2001(6):103-107.

[47]林宇阳,钟曼丽. 中国可行性养老模式的路径分析——以社区互助为视角[J]. 农业展望,2015,11(10):36-39,44.

[48]刘冬姣. 人身保险[M]. 北京:中国金融出版社,2001:343.

[49]刘红玉,彭福扬. 马克思关于创新的思想[J]. 自然辩证法研究,2009,25(7):92-96.

[50]刘立峰. 养老社区发展中的问题及对策[J]. 宏观经济研究,2012(1):29-32,66.

[51]刘妮娜. 中国农村互助型社会养老的类型与运行机制探析[J].人口研究,2019,43(2):100-112.

[52]刘晓梅,乌晓琳. 农村互助养老的实践经验与政策指向[J].江汉论坛,2018(1):46-50.

[53]刘永合. 老龄化背景下的保险养老产业[J]. 青海金融,2015(9):53-56.

[54]刘永佶. 中国政治经济学方法论[M]. 北京:中国社会科学出版社, 2015:125.

[55]娄金霞．中国多层次养老服务体系的构建研究——以浙江省为例[J]．改革与战略,2013,29(3):110-112,123.

[56]路德仁．我国社区文化养老方式在传统文化视角下的探讨[J].现代交际,2017(15):54.

[57]吕淑琪．中国养老地产发展模式研究[D]．荆州:长江大学,2017.

[58]马翀炜，陈庆德．民族文化资本化[M]．北京:人民出版社,2004:44.

[59]马克思．资本论:第一卷[M]．北京:人民出版社，1975:174-175.

[60]马明哲．挑战竞争:论中国民族保险业的改革与发展[M]．北京:商务印书馆，1999:28.

[61]马智利,王佳丽．基于指标评价的多代分居养老社区建设研究[J].建筑经济,2015,36(8):22-25.

[62]穆怀中,陈曦．人口老龄化背景下农村家庭子女养老向社会养老转变路径及过程研究[J]．人口与发展,2015,21(1):2-11.

[63]宁波市梅山保险养老研究院,中国保险学会联合课题组，冯占军,等.2018年中国保险养老社区发展研究报告——探索医养结合养老模式[J]．保险理论与实践,2018(11).

[64]欧新煜,赵希男．保险公司投资养老社区的策略选择[J]．保险研究,2013(1):119-127.

[65]潘懋元．教育外部关系规律辨析[J]．厦门大学学报(哲学社会科学版),1990(2):1-7,38.

[66]QuestMobile研究院．QuestMobile2020中国移动互联网秋季大报告[EB/OL],[2020-10-08]．https://www. quest mobile. com. cn/research/report-new/129.

[67]祁峰,高策．发展“时间银行”互助养老服务的难点及着力点[J].天津行政学院学报,2018,20(3):19-25.

[68]仇兆燕,朱艳霞．黄洪:开展专属商业养老险试点 提升第三支柱保障水平[N/OL],[2020-12-17]．http://xw. sinoins. com/2020-12/17/content_375152. htm.

[69]盛松成,李鹏．把握中央一号文件契机 促进保险养老社区建设[J]．上海金融,2018(4):1-3.

[70]睢党臣,曹英琪．共享经济视阈下城乡互助养老模式的构建[J]．长白学刊,2019(2):110-116.

[71]孙正成,秦思敏．保险资金投资健康产业链的研究[C]//清华大学经济管理学院中国保险与风险管理研究中心,伦敦城市大学卡斯商学院,西南财经大学保险学院．2019中国保险与风险管理国际年会论文集．北京:清华大学经济管理学院中国保险与风险管理研究中心,2019:10.

[72]唐烨．保险+养老 险资投资养老社区是赔还是赚?[EB/OL]．综合国际金融报,[2018-12-14]. https://www. sohu. com/a/281882277_611014.

[73]田宝贵．农村社区养老模式的构建研究[J]．安徽电子信息职业技术学院学报,2008(4):89-91.

[74]田北海,钟涨宝．社会福利社会化的价值理念——福利多元主义的一个四维分析框架[J]．探索与争鸣,2009(8):44-47.

[75]田浩．国家创新体系:从概念到研究方法[J]．兰州学刊,2017(6):158-167.

[76]田凯．非协调约束与组织运作——中国慈善组织与政府关系的个案研究[M]．北京:商务印书馆,2004:255.

[77]托马斯·库恩．科学革命的结构[M]．金吾伦,胡新和,译．北京:北京大学出版社,2002.

[78]庹国柱．中国寿险公司发展养老地产的选择和需要解决的问题[J]．中国保险,2012(10):8-13.

[79]汪宁生．文化人类学调查:正确认识社会的方法[M]．北京:文物出版社, 2002:45-49.

[80]王国军．低利率环境下的保险投资[J]．中国保险,2020(11):6-7.

[81]王海燕．发展城市社区养老 应对人口老龄化[J]．理论学刊,2002(3):67-69.

[82]王晓军, 江星, 刘文卿．保险精算学[M]．北京:中国人民大学出版

社, 1995:5.

[83]王绪瑾．关于我国保险投资的再思考[J]．经济学动态,1999(7):37-39.

[84]王绪瑾.《保险学概论》[M]．北京:中央广播电视大学出版社,2004.

[85]王振华．我国保险公司投资养老社区现状探析[J]．山西农经,2019(7):153,163.

[86]王振坡,陈松虎,王丽艳．我国多层次多样化养老社区发展模式研究[J]．建筑经济,2015,36(3):77-82.

[87]威廉·A. 哈维兰．人类文化学(第十版)[M]．瞿铁鹏,张钰,译．上海:上海社会科学院出版社,2005:56-57.

[88]魏丽,李朝锋．保险学(第二版)[M]．大连:东北财经大学出版社,2015:8-9.

[89]吴香雪,杨宜勇．社区互助养老:功能定位、模式分类与机制推进[J]．青海社会科学,2016(6):104-111.

[90]习近平．习近平谈治国理政(第三卷)[M]．北京:外文出版社,2020:270-273.

[91]肖文,谢文武．保险公司投资环境分析[J]．保险研究,2000(10):12-14.

[92]徐为山,严峰．综合经营时代的保险公司投资管理研究[J]．保险研究,2002(11):11-14.

[93]徐志文,侯军歧．农村养老新出路——农村社区养老模式的提出与分析[J]．安徽农业科学,2005(7):1305-1307.

[94]姚兆余．农村社会养老服务:模式、机制与发展路径——基于江苏地区的调查[J]．甘肃社会科学, 2014(1): 48-51.

[95]杨利超．浅析保险公司投资养老社区现状[J]．时代金融,2014(14):258-259.

[96]杨团．社会福利社会化——上海与香港社会福利体系比较[M].北京:华夏出版社,2001:4,114.

[97]杨晓冬,武永祥,姚嘉玉．面向用户满意的养老社区服务体系构建[J]．中国软科学,2016(3):175-183.

[98]易艳阳．医养结合型养老社区:内涵逻辑、实践困囿与优化方略[J]．内蒙古社会科学,2020,41(1):139-145.

[99]袁志刚,陈功,高和荣,等．时间银行:新型互助养老何以可能与何以可为[J]．探索与争鸣,2019(8):4-36,197.

[100]约瑟夫·熊彼特．经济发展理论[M]．北京:商务印书馆,2017:75-76,84-85,90.

[101]张洪涛,庄作瑾．人身保险:第2版[M]．北京:中国人民大学出版社,2008.

[102]张京泽．民族高校铸牢中华民族共同体意识的使命担当——兼论中央民族大学的理论创新与实践探索[J]．中央民族大学学报(哲学社会科学版),2020,47(5):5-11.

[103]张佩,毛茜．寿险业介入养老产业:经验借鉴与现实选择[J].南方金融,2013(3):79-82,87.

[104]张淑．保险委托投资及其风险控制[D]．成都:西南财经大学,2007.

[105]张智华．关于保险公司资金用途的研究[J]．现代商业,2016(27):40-41.

[106]赵立新．论社区建设与居家式社区养老[J]．人口学刊,2004(3):35-39.

[107]郑功成．建构多层次的老年保障体系[N]．21世纪经济报道,2004-09-20(004).

[108]郑功成．论中国社会福利制度的未来发展[J]．社会工作,1997(6):7-9.

[109]郑功成．中国社会福利改革与发展战略:从照顾弱者到普惠全民[J]．中国人民大学学报,2011,25(2):47-60.

[110]中国信息通信研究院．中国数字经济发展白皮书(2020)[EB/OL],[2020-07-04].http://www.cac.gov.cn/files pdf baipishu/shuzijingjif-

azhan. pdf.

[111]中国银行保险监督管理委员会．保险公司偿付能力管理规定[EB/OL],[2021-01-25]. http://www. cbirc. gov. cn/cn/ view/pages/ItemDetail. html? docId=962016&itemId=928&generaltype=0.

[112]中国银行保险监督管理委员会．保险公司非寿险业务准备金管理办法(试行)[EB/OL],[2005-12-21]. http://www. cbirc. gov. cn/cnviewpages/ItemDetail. html? docId=372779&itemId=928&generaltype=0.

[113]钟仁耀,王建云,张继元．我国农村互助养老的制度化演进及完善[J]. 四川大学学报(哲学社会科学版),2020(1):22-31.

[114]周爱玲．关于保险投融资服务地方城市建设的研究——以河北省廊坊市为例[J]. 开发研究, 2010, 146(1): 62-64.

[115]周爱玲．论保险企业投融资[D]. 廊坊:河北大学,2007.

[116]周爱玲．我国保险资金运用存在的主要问题和对策[J]. 职业时空,2009,5(9):5-6.

[117]周爱玲．供给侧视域下保险公司投资养老社区的研究[C]//廊坊市应用经济学会．对接京津——经济强省 绿色发展论文集．廊坊:廊坊市应用经济学会,2018.

[118] 周爱玲,赵闰．城乡融合背景下我国民族地区新型城镇化发展路径研究[J]. 中国农机化学报, 2020, 41(12): 229-236.

[119]周明明,冯喜良．北京养老产业报告(2015)[M]. 北京:社会科学文献出版社,2015:176-177.

[120]周燕珉,林婧怡．我国养老社区的发展现状与规划原则探析[J]. 城市规划,2012,36(1):46-51.

[121]朱亚运．全国人大代表李楠楠建议:加强养老从业人员专业队伍建设[N/OL]. 扬子晚报,[2021-03-07]. https://www. yangtse. com/zncontent/1212888. html.

[122]左进．论我国商业保险与养老结合的模式创新[J]. 保险职业学院学报,2017,31(3):18-20.

[123] Aldridge T J, Patterson A. LETS Get Real: Constraints on the Development of Local Exchange Trading Schemes[J]. Area, 2002, 34(4): 370-381.

[124] Anne P. Glass. Aging in a Community of Mutual Support: The Emergence of an Elder Intentional Cohousing Community in the United States[J]. Journal of Housing for the Elderly, 2009, 23(4): 283-303.

[125] Bailey A H. On the Principles on which the Funds of Life Assurance Societies should be Invested[J]. The Assurance Magazine, and Journal of the Institute of Actuaries, 1862, 10(3).

[126] Baker T, Jonathan S. Embracing Risk: The Changing Culture of Insurance and Responsibility[M]. Chicago, IL: University of Chicago Press, 2002.

[127] Brenton M. Older people's CoHousing Communities[M]// Peace S M, Holland C. Inclusive Housing in an Ageing Society: Innovative Approaches. Bristol, UK: Policy Press, 2001: 169-188.

[128] Brown G R, Matysiak G A. Real Estate Investment: A Capital Market Approach [M]. Harlow: Financial Times Prentice Hall, 2000.

[129] Chappell A. Regulating Residential Care: A Case-study of a Voluntary Home[J]. Disability & Society, 1990, 296(2): 660-666.

[130] Choi J S. Evaluation of Community Planning and Life of Senior Cohousing Projects in Northern European Countries [J]. European Planning Studies, 2004, 12(8): 1189-1216.

[131] Cooper D. Time Against Time: Normative Temporalities and the Failure of Community Labor in Local ExchangeTrading Schemes[J]. Time & Society, 2013, 22(1): 31-54.

[132] Daines R. An Analysis of the Impact of the Underwriting Function on the Investment in Common Stocks for Multiple Line Insurance Companies[J]. The Journal of Risk and Insurance, 1968, 35(3): 357-370.

[133] David B A. Life Insurance Products and Finance[M]. SOA, 2000.

[134] Collom E, Lasker J N, Kyriacou C. Equal Time, Equal Value: Commu-

nity Currencies and Time Banking in the US [M]. London & New York: Routledge, 2012:182.

[135] Lambert E W, Hofflander A E. Impact of New Multiple Line Underwriting on Investment Portfolios of Property-Liability Insurers[J]. The Journal of Risk and Insurance,1966,33(2):209-223.

[136] Evers A. Shifts in the Welfare Mix: Introducing a New Approach for the Study of Transfomations in Welfare and Social Policy[M]// Evens A, Wintersberger H. Shifts in the Wefare Mix:Their Impact on Work,Social Services and Welfare Policies. Boulder colo.: Westview Press,1990:7-30.

[137] Evers A, Olk T. Wohlfahrtspluralismus: Vom Wohlfahrtsstaat zur Wohlfahrtsgesellschaft[M], 1996.

[138] Gordon J N, Canter T A, Webb J R. The Effect of International Real Estate Securities on Portfolio Diversifification [J]. Journal of Real Estate Portfolio Management, 1998(4):2, 83-92.

[139] Heide A. Making Financial Uncertainty Count: Unit - Linked Insurance, Investment and the Individualisation of Financial Risk in British Life Insurance[J]. The British Journal of Sociology, 2020, 71(5): 985-999.

[140] Wolfenden J. The Future of Voluntary Organisations [M]. London: Croom Helm,Ltd.,1978:9-14.

[141] Gao J. The Discussion of Old-age Care House Mode for Shanghai Community[J]. Cross-Cultural Communication,2007,3(1):1-5.

[142] Walsh K, Gannon B. Perceived Neighbourhood Context, Disability Onset and Old Age[J]. Journal of Socio-Economics,2011,40(5):631-636.

[143] Kehl K, Then V. Community and Civil Society Returns of Multi-generation Cohousing in Germany[J]. Journal of Civil Society,2013,9(1):41-57.

[144] Lee R. Moral Money? LETS and the Social Construction of Local Economic Geographies in Southeast England[J]. Environment & Planning A, 1996, 28(8):1377-1394.

[145]Li T, Wang S. How to Improve the Public Trust of the Intelligent Aging Community: An Empirical Study Based on the ACSI Model[J]. International Journal of Environmental Research and Public Health, 2021,18(4):1971.

[146] Lieberman M A. Self Help Groups: Comparisons to Group Therapy [J]. American Psychiatric Association Annual Review,1986(5):744-760.

[147]Lieberman M A. Mutual-Aid Groups:An Underutilized Resource Among the Elderly[J]. Annual Review of Gerontology & Geriatrics,1989,9(1):285-320.

[148]Válek L, Jašíková V. Time Bank and Sustainability:The Permaculture Approach[J]. Procedia-Social and Behavioral Sciences,2013(92):986-991.

[149]Markowitz H M. Portfolio Selection[J]. The Journal of Finance,1952,7(1):77-91.

[150]Hoseli M, Lekander J, Witkiewicz W. Intertional Evidence on Real Estate as a Portfolio Diversifier[J]. Journal of Real Estate Reasearch, 2004(2):161-206.

[151]Pacione M. Local Exchange Trading Systems-A Rural Response to the Globalization of Capitalism? [J]. Urban Studies, 1997,34(8):1179-1199.

[152]Mull S R, Soenen L A. U.S. REITs as an Asset Class in International Investment Portfolios[J]. Financial Analysts Journal, 1997, 53(2):55-61.

[153]Naczyk M, Palier B. Feed the Beast: Finance Capitalism and the Spread of Pension Privatisation in Europe [J]. Chicago: Social Science Electronic Publishing, 2014.

[154]Tamiya N, Noguchi H,et al. Population Ageing and Wellbeing: Lessons from Japan's Long-Term Care Insurance Policy[J]. The Lancet,2011,378(9797):1183-1192.

[155]Seebohm P, Chaudhary S, Boyce M, et al. The Contribution of Self-Help/Mutual Aid Groups to Mental Well-Being[J]. Health & Social Care in the Community, 2013, 21(4):391-401.

[156]Pegler J B H. The Actuarial Principles of Investment[J]. Journal of the Institute of Actuaries, 1948: 179-211.

[157]Drucker P. Changing Families and Communities: An LGBT Contribution to an Alternative Development Path[J].Development in Practice,2009,19(7):825-836.

[158]Wolski R, Zaleczna M. The Real Estate Investment of Insurance Companies in Poland[J]. Journal of Property Investment & Finance, 2011, 29(1): 74-82.

[159]Rose R. Common Goals but Different Roles: the State's Contribution to the Welfare Mix[M]// Rose R, Shiratori R. The Welfare State East and West. Oxford: Oxford University Press,1986:13-39.

[160]Seyfang G. Green Money from the Grassroots : Local Exchange Trading Schemes and Sustainable Development[D]. Leeds Metropolitan University, 1998.

[161]Seyfang G, Smith K. The Time of our Lives: Using Time Banking for Neighbourhood Renewal and Community Capacity Building[J]. BMJ, 2002, 319(4):583.

[162]Seyfang G. Time Banks: Rewarding Community Self-Help in the Inner City? [J]. Community Development Journal, 2004,39(1):62-71.

[163]Stevenson S. International Real Estate Diversification: Empirical Tests Using Hedged Indices[J]. Journal of Real Estate Research, 2000, 19(1/2): 105-131.

[164]Trust C. The Future of Voluntary Organisations: Report of the Wolfenden Committee[M]. Croom Helm, 1978.

[165]United Nations Department of Economic and Social Affairs Population Division. World Population Ageing 2019 [EB/OL]. New York, 2020. https://www.un.org/developmentdesapd/sites/www.un.org.development.desa.pd/files/files/documents/2020/Jan/un_2019_worldpopulationageing_report.pdf.

[166]Williams C C. Local Exchange and Trading Systems: A New Source of Work and Credit for the Poor and Unemployed? [J]. Environment & Planning A, 1996, 28(8):1395-1415.

[167]Williams C C, Windebank J. Self-Help and Mutual Aid in Deprived Ur-

ban Neighbourhoods: Some Lessons from Southampton [J] . Urban Studies, 2000, 37(1): 127-147.

[168]Yi S. Aging of the Population and the Government Responsibility-The Advanced Age Turn of Chinese Population[J]. Asian Social Science,2009,4(9): 116-124.

附　录

附表1　养老社区投资相关政策文件一览表

发布时间	颁发机构	文件名称	文号
2000年10月	国务院	《中共中央国务院关于加强老龄工作的决定》	中发〔2000〕13号
2000年11月	财政部和税务总局	《关于对老年服务机构有关税收政策问题的通知》	财税〔2000〕97号
2005年11月	民政部	《关于支持社会力量兴办社会福利机构的意见》	民发〔2005〕170号
2006年2月	国务院办公厅	《关于加快发展养老服务业意见》	国办发〔2006〕6号
2006年2月	全国老龄工作委员会办公室	《中国人口老龄化发展趋势预测报告》	—
2008年12月	国务院办公厅	《关于当前金融促进经济发展的若干意见》	国办发〔2008〕126号
2010年5月	国务院	《国务院关于鼓励和引导民间投资健康发展的若干意见》	国发〔2010〕13号
2011年9月	国务院	《中国老龄事业发展“十二五”规划》	国发〔2011〕28号
2011年12月	国务院办公厅	《社会养老服务体系建设规划（2011—2015年）》	国办发〔2011〕60号
2012年7月	民政部	《关于鼓励和引导民间资本进入养老服务领域的实施意见》	民发〔2012〕129号

续表

发布时间	颁发机构	文件名称	文号
2013年9月	国务院	《国务院关于加快发展养老服务业的若干意见》	国发〔2013〕35号
2013年9月	国务院	《国务院关于促进健康服务业发展的若干意见》	国发〔2013〕40号
2014年2月	民政部、保监会、全国老龄办	《关于推进养老机构责任保险工作的指导意见》	民发〔2014〕47号
2014年4月	保监会	《保险业服务新型城镇化发展的指导意见》	保监发〔2014〕25号
2014年9月	发展改革委、民政部等九部门	《关于加快推进健康与养老服务工程建设的通知》	发改投资〔2014〕2091号
2014年8月	国务院	《关于加快发展现代保险服务业的若干意见》	国发〔2014〕29号
2014年11月	国土资源部、住房城乡建设部、国家人民防空办公室	《关于减免养老和医疗机构行政事业性收费有关问题的通知》	财税〔2014〕77号
2015年2月	民政部	《关于鼓励民间资本参与养老服务业发展的实施意见》	民发〔2015〕33号
2015年11月	国家卫健委	《关于推进医疗卫生与养老服务相结合的指导意见》	国办发〔2015〕84号
2016年3月	中国人民银行、民政部、银监会、证监会、保监会	《关于金融支持养老服务业加快发展的指导意见》	银发〔2016〕65号
2016年3月	—	“十三五”规划	—
2016年10月	中共中央、国务院	《“健康中国2030”规划纲要》	—
2017年2月	国务院	《“十三五”国家老龄失业发展和养老体系建设规划》	国发〔2017〕13号
2017年6月	国家发展改革委	《关于印发〈服务业创新发展大纲〉(2017—2025)的通知》	发改规划〔2017〕1116号
2017年10月	国家卫健委	《康复医疗中心基本标准》	国卫医发〔2017〕51号
2017年10月	国家卫健委	《护理中心基本准则》	国卫医发〔2017〕51号
2017年10月	—	党的十九大报告	—

续表

发布时间	颁发机构	文件名称	文号
2018 年 10 月	国务院办公厅	《完善促进消费体制机制实施方案（2018—2020 年）》	国办发〔2018〕93 号
2019 年 9 月	民政部	《关于进一步扩大养老服务供给促进养老服务消费的实施意见》	—
2020 年 1 月	银保监会、国家发展改革委、教育部、民政部、司法部、财政部、人力资源社会保障部、自然资源部、住房城乡建设部、商务部、国家卫生健康委、税务总局、医保局	《关于促进社会服务领域商业保险发展的意见》	银保监发〔2020〕4 号
2020 年 9 月	银保监会	《中国银保监会关于优化保险机构投资管理能力监管有关事项的通知》	银保监发〔2020〕45 号

附表 2　我国保险资金运用政策的演变

时间	政策名称	对保险资金可投资范围的规定
1984 年 11 月	《关于加快发展我国保险事业的报告》	批准保险公司在从收取的保险费中扣除赔款、责任准备金、费用和税收之后，可以对剩余的资金进行投资
1985 年 3 月	《保险企业管理暂行条例》	从法规角度明确了保险企业可以自主运用资金
1995 年 6 月	《中华人民共和国保险法》	保险公司的资金运用，限于银行存款、买卖政府债券、金融债券和国务院规定的其他资金运用形式
1996 年 9 月	《保险管理暂行规定》	又一次明确指出保险资金的运用范围仅限于银行存款、买卖政府债券、买卖金融债券，以及国务院规定的其他资金运用方式
1998 年 1 月	《中国人民银行关于保险公司加入全国同业拆借市场有关问题的通知》	保险公司被允许进入全国银行同业拆借市场，不过仅可从事债券现券交易
1999 年 7 月	中国人民银行批准	在国务院批复的额度内购买信用评级在 AA+级以上的中央企业债券
1999 年 10 月	国务院批准	保险公司可以通过证券投资基金间接进入证券市场
1999 年 10 月	《保监会关于转发〈中国人民银行关于同意商业银行试办保险公司协议存款的复函〉的通知》	期限不低于 5 年、存款额不小于 3000 万元的协议存款
1999 年 10 月	《保险公司投资证券投资基金管理暂行办法》	保险公司可通过证券投资基金间接进入证券市场
2002 年 10 月	《中华人民共和国保险法》修改案	保险公司的资金不得用于设立证券经营机构，不得用于设立保险公司以外的企业
2003 年 6 月	《保险公司投资企业债券管理暂行办法》	放宽保险资金投资企业债券范围，提高投资比例
2004 年 1 月	《国务院关于推进资本市场改革开放和稳定发展的若干意见》	明确指出“支持保险资金以多种方式直接投资资本市场”

续表

时间	政策名称	对保险资金可投资范围的规定
2004 年 2 月	《保险资产管理公司暂行规定》	直接投资股市，购买非上市银行的股权、投资固定资产和开展境外投资等，须交由保险资产管理公司展开
2004 年 2 月	《关于保险资金股票投资有关问题的通知》	明确保险机构投资者股票投资应符合比例规定
2004 年 2 月	《保险机构投资者股票投资管理暂行办法》	明确了保险机构投资者从事或者委托符合规定的机构从事股票、可转换公司债券等股票市场产品交易的行为的相关规定
2004 年	保监会批准	保险资金可以投资中央银行票据
2004 年 8 月	《保险外汇资金境外运用管理暂行办法》	中资银行境外分行和长期信用评级在 A 级（以上）外国银行的银行存款和债券
2004 年 10 月	《保险机构投资者股票投资管理暂行办法》	境内公开发行并以人民币认购和交易的股票、可转换公司债券
2006 年 1 月	《关于保险机构投资商业银行股权的通知》	允许保险机构投资境内国有商业银行、股份制商业银行和城市商业银行等未上市银行的股权
2006 年 3 月	《保险公司间接投资基础设施项目试点管理方法》	投资范围主要包括交通、通信、能源、市政、环境保护等国家级重点基础设施项目，不包括房地产
2006 年 6 月	《国务院关于保险业改革发展的若干意见》	提出在风险可控的前提下，鼓励保险资金直接或间接投资资本市场，逐步提高投资比例，稳步扩大保险资金投资资产证券化产品的规模和品种，开展保险资金投资不动产和创业投资企业试点
2006 年底	《保险资金境外投资管理办法（征求意见稿）》	保险资金可以投资全球成熟资本市场
2007 年 4 月	《同业拆借管理办法》	保险公司可进入全国银行间同业拆借市场
2007 年 6 月	《保险资金运用管理暂行办法》草案	将保险资金投资对象的范围进行了进一步细分和拓展，其中“不动产投资”被首次明确写入文件
2007 年 7 月	《保险资金境外投资管理暂行办法》	加强保险资金境外投资管理
2008 年 10 月	《关于债券投资有关事项的通知》	保险公司投资企业（公司）债的上限从上季度末总资产的 30%提高到 40%

续表

时间	政策名称	对保险资金可投资范围的规定
2008 年 12 月	《关于保险机构投资无担保企业债券有关事宜的通知》	对险企投资无担保债券从 3 个角度规定了上限
2009 年 2 月	《中华人民共和国保险法》	买卖债券、股票、证券投资基金份额等有价证券；增加规定了保险资金可投资于不动产的规定
2009 年 4 月	《基础设施债权投资计划产品设立指引》	稳步推进保险资金以债权形式间接投资基础设施项目
2009 年 4 月	《关于增强保险机构债券投资品种的通知》	调整了债券投资政策，拓展投资范围，增加投资品种，改善资产配置，防范资金运用风险
2009 年 4 月	《关于保险资金投资基础设施债权投资计划的通知》	保险机构可以投资保险资产管理公司、信托公司等专业管理机构发起设立的债权投资计划
2010 年 2 月	《保险公司资金运用管理暂行办法》	保险资金运用具体形式，明确了保险公司各类投资的比例和结构，未上市企业股权和产业基金、不动产、债权投资计划等非利率敏感性资产的投资比例
2010 年 7 月	《保险资金运用管理暂行办法》	首次对保险资金投资不动产和未上市企业股权的投资比例进行规定，整合并简化了保险资金投资比例；明确支持保险资金投资医疗机构和养老实体
2010 年 9 月	《保险资金投资不动产暂行办法》	明确了保险资金投资不动产的资格、标准、方式及风险控制与监督管理
2010 年 9 月	《保险资金投资股权暂行办法》	明确保险资金可以直接投资企业股权或者间接投资企业股权
2011 年 8 月	《中国保险业发展“十二五”规划纲要》	促进保险业务和投资业务协调发展。整合保险产业链，支持保险资金投资养老实体、医疗机构等相关机构股权。在风险可控的前提下，稳步推动保险资金投资不动产、未上市股权和战略性新兴产业
2012 年 2 月	《关于加强和改进保险资金运用比例监管的通知》	规定了三类比例，不同比例实行差异化监管
2012 年 7 月	《关于保险资金投资股权和不动产有关问题的通知》	明确保险资金投资的股权投资基金范围

续表

时间	政策名称	对保险资金可投资范围的规定
2012 年 7 月	《保险资产配置管理暂行办法》	拓宽投资领域，将存款、债券、基金、股票、股权和不动产纳入投资范围
2012 年 7 月	《保险资金投资债券暂行办法》	进一步明确了保险资金投资债券的相关规则
2012 年 10 月	《保险资金境外投资管理暂行办法实施细则》	规范保险资金境外投资
2012 年 10 月	《关于保险资金投资有关金融产品的通知》	保险资金可以投资金融产品的具体范围和规定
2012 年 10 月	《保险资金参与金融衍生产品交易暂行办法》	规定保险资金可参与金融衍生产品交易
2012 年 10 月	《保险资金参与股指期货交易规定》	明确保险机构参与股指期货交易的规则
2014 年 2 月	《中国保监会关于加强和改进保险资金运用比例监管的通知》	投资不动产类资产比例
2014 年 4 月	《保险业服务新型城镇化发展的指导意见》	鼓励保险资金支持民生项目建设，参与养老养生、医疗健康产业的投资运营，积极争取投资优惠政策
2014 年 8 月	《关于加快发展现代保险服务业的若干意见》	再度明确了商业保险在养老保障体系建设和养老产业投资中的作用、定位和相关支持政策
2014 年 10 月	《保险资产风险五级分类指引》	明确固定收益类资产
2015 年 7 月	《养老保障管理业务管理办法》	养老保障管理基金投资账户的资产配置范围
2015 年 12 月	《关于加快推动北京保险产业园创新发展的实施办法》	鼓励保险机构设立不动产、基础设施、养老、健康等专业保险资产管理机构
2016 年 3 月	《关于金融支持养老服务业加快发展的指导意见》	发挥保险资金长期投资优势，以投资新建、参股、并购、租赁、托管等方式，兴办养老社区和养老服务机构；鼓励保险公司在风险可控的前提下，通过多种形式，为养老服务企业及项目提供中长期、低成本的资金支持
2016 年 6 月	《保险资金间接投资基础设施项目管理办法》	保险资金以投资计划形式间接投资非基础设施类不动产等项目

续表

时间	政策名称	对保险资金可投资范围的规定
2017 年 6 月	《关于加快发展商业养老保险的若干意见》	鼓励商业保险机构投资养老服务产业，积极兴办养老社区以及养老养生、健康体检、康复管理、医疗护理、休闲康养等养老健康服务设施和机构，为相关机构研发生产老年用品提供支持，增加养老服务供给
2018 年 1 月	《保险资金运用管理办法》	明确保险资金运用形式和运用模式；明确保险资金投资的不动产的概念等内容
2020 年 1 月	《关于促进社会服务领域商业保险发展的意见》	促进养老服务产业发展；推动保险资金加大社会服务领域投资力度
2020 年 11 月	《中国银保监会关于保险资金财务性股权投资有关事项的通知》	明确保险资金财务性股权投资有关规定，取消投资行业限制

附表 3　河北省养老相关政策一览表

发布时间	颁发机构	文件名称（文号）	主要内容
2003 年 7 月	河北省人口和计划生育委员会	《河北省人口与计划生育条例（2003 年 7 月 18 日）》［河北省第十届人民代表大会常务委员会公告（第 7 号）］	在有条件的农村，根据政府引导、农民自愿的原则，逐步建立独生子女家庭和两女家庭养老保障制度，实行多种形式的养老保障办法
2005 年 6 月	河北省人民政府办公厅	《河北省人民政府办公厅转发关于全省城市化工作部署的分工意见和 2005 年全省城市化重点工作安排意见的通知》（办字〔2005〕4 号）	建立健全被征地农民社会保障制度，尽快出台《被征地农民养老保险实施方案》，积极开展试点工作
2006 年 8 月	河北省人民政府办公厅	《河北省人民政府关于加强金融生态环境建设的指导意见》（冀政〔2006〕68 号）	统筹发展城乡商业养老保险和健康保险，大力发展责任保险，积极为重大项目建设提供保险支持，不断提高保险服务水平
2006 年 11 月	河北省人民政府办公厅	《关于加快经济结构战略性调整推进经济增长方式转变有关情况和意见的函》（冀政办函〔2006〕56 号）	壮大社区服务、社会化养老和物业管理等新兴服务业
2009 年 6 月	河北省人民政府办公厅	《河北省人民政府关于加快金融业改革发展的若干意见》（冀政〔2007〕94 号）	统筹发展城乡商业养老保险和健康保险；引导保险资金投向河北省基础设施和主导产业领域
2011 年 6 月	河北省国土资源厅	《养老服务设施用地指导意见》（国土资厅发〔2014〕11 号）	优先安排养老服务设施用地，简化审批程序，规范供地方式
2011 年 7 月	中国人民银行石家庄中心支行	《关于河北省金融支持环首都绿色经济圈发展的意见》（银石发〔2011〕124 号）	不断加大信贷支持力度，有效支持养老、健身、休闲度假、宜居生活基地等“六基地”的建设
2011 年 7 月	中国人民银行石家庄中心支行	《关于金融支持河北沿海经济隆起带发展的意见》（银石发〔2011〕142 号）	积极发展保障型保险产品，鼓励商业保险参与、补充城乡基本养老医疗保险服务